결박과 보상

북중관계의 방정식을 푸는 열쇠

현대사총서 058

결 박 과 보 상

북중관계의 방정식을 푸는 열쇠

초판 1쇄 발행   2020년 6월 6일
초판 2쇄 발행   2020년 6월 22일

지은이 | 조창상
펴낸이 | 윤관백
펴낸곳 | ☒도서출판선인

등 록 | 제5-77호(1998.11.4)
주 소 | 서울시 마포구 마포대로 4다길 4(마포동 324-1) 곳마루 B/D 1층
전 화 | 02)718-6252 / 6257
팩 스 | 02)718-6253
E-mail | sunin72@chol.com

정가   27,000원
ISBN   979-11-6068-383-7   93320

결박과 보상

북중관계의 방정식을 푸는 열쇠

조창상 저

도서출판 선인

▲ 김정일과 후진타오

▲ 조중공동지도위원회 제3차 회의 모습

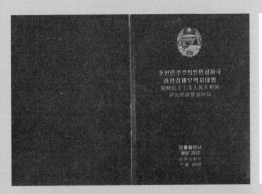

▲ 라선경제무역지대법

▲ 조중라선무역구 홍보물

▲ 제7회 중국길림 · 동북아시아투자무역 박람회

▲ 조중라선무역구 홍보책자

▼ 북·러 두만강 철교, 중국 방천(북·중·러 접경)

▼ 중국(도문) 조선공업원

▲ 두만강(도문 – 남양)

▼ 남양역

▲ 압록강/압록강단교

▲ 중국 권하세관

◀ 북한 원정리 세관(구관)

북한 원정리 세관(신관) ▶

▲ 제2차 라선국제상품전시회

▲ 제5차 라선국제상품전시회

▲ 라선지역 항만

▼ 라선지역 전경

▲ 함경북도 무산광산 전경

경제건설과 핵무력건설병진로선은 사회주의 강성국가건설과 조국통일을 앞당기는 보검

《경제건설과 핵무력건설을 병진시키는것은 외세의 지배와 간섭을 철저히 배격하고 우리 민족의 최대의 숙원인 조국통일의 력사적위업을 앞당기기 위한 절박한 요구로 나섭니다. 우리의 핵은 통일조국의 룡성번영을 영원히 담보하는 민족공동의 귀중한 재부입니다.》

김정은

우리 공화국의 평화적위성발사와 자주적인 지하핵시험을 걸고 미제와 그 추종세력들이 벌리는 《키 리졸브》, 《독수리》 합동군사연습을 단호히 짓뭉개 버리자!

▲ 군사 선전 포스터

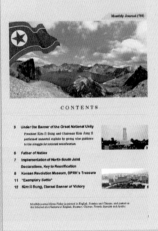

▲ 『KOREA TODAY』(영문)

▲『조선』

▲『로동신문』

▲『조선』특간호

▲ 러시아 블라디보스토크의 북한 노동자들

1949년 공식적으로 국교를 맺은 북한과 중국은 70여 년간—당 대 당 관계로 시작된 북중관계는 1930년대 공동 항일투쟁 등을 통해 형성되었기 때문에 사실은 80여 년간— 관계를 지속해 오고 있다. 동일한 사상을 기반으로 항일투쟁 등을 통해 다져진 북중관계는 혈맹관계로 출발했지만 다른 나라들의 관계와 마찬가지로 많은 우여곡절을 거쳐 현재에 이르고 있다. 북중관계는 일반인들이 예측하거나 이해하기 어려운 난해한 관계라고 할 수 있다. 특히 그 관계 설정 과정과 작동 메커니즘을 모르면 더욱 그러하다. 북한 핵문제 해결, 한반도 통일 등을 위해 북중관계에 대한 정확한 분석과 이해가 중요하기 때문에 그동안 북중관계를 이해하고자 하는 국내외의 연구나 노력이 다수 있었지만 양국관계를 규율하는 통시적인 메커니즘 또는 이 책에서 방정식이라고 부르는 양국관계의 일정한 작동원리를 찾기보다는 주로 2000년 이후의 양국관계에서의 지속성과 변화 등에 치중한 것이 대부분이었다. 이런 차원에서 이 연구의 의미나 가치는 북중관계 전체 시기를 대상으로 분석했다는 점과, 전체 시기를 관통하는 메커니즘이나 작동원리를 찾아 북중관계의 예측성이나 이해를 높였다는 점이다. 즉 이 연구는 일견 불규칙적이고 혼란스럽게 인식되는 북중관계라는 방정식을 푸는 열쇠를 찾는 작업이었다고 할 수 있으며 필자가 찾은 북중관계, 특히 이 책의 주요한 분석 대상인 북중 경제관계의 방정식을 푸는 열쇠는 바로 '결박과 보상'이라는 인과관계이다.

북중관계의 이면인 북중 경제관계는 북한이 중국이 원하는 정치적 결박에 응해줄 경우에는 중국이 북한에 경제적 보상을 부여해 줌으로써 호조세를 보이거나 개선되었다. 김일성, 김정일, 김정은 등 북한의 최고지도자가 중국을 방문하거나 반대로 중국 최고지도자가 북한을 방문하여 수뇌회담(정상회담)이 이루어지는 경우 단 한 번의 예외도 없이—구체적인 보상 규모가 파악되지 않은 경우도 있지만— 중국은 북한에 경제적 보상을 부여했다. 그러나 북한이 중국이 원하는 결박에 응하지 않거나 심지어 결박을 거부함으로써 수뇌회담이 개최되지 못한 경우에는 중국은 북한에 보상을 부여하지 않거나 이미 부여하고 있었던 보상을 박탈함으로써 북중 경제관계는 약화되고 침체되었다.

이러한 북중 경제관계를 규율하는 결박과 보상의 작동원리는 1950년 이후 지난 70년에 가까운 기간 동안 예외 없이 작동되었다는 것이 필자가 본 연구에서 얻은 결론이다. 특기할 만한 것은 북중관계가 정부가 수립되기 이전부터 당제(黨際)관계로 시작되었기 때문에 중국 공산당과 북한 조선노동당의 두 수뇌가 만나서 비교적 작은 사안까지도 직접 협의해서 결정하는 전통을 만들었다는 점이다. 특히 1956년 소위 '8월 종파사건'과 1958년 중국인민지원군의 북한에서의 완전한 철군을 계기로 중국은 북한을 통제하고 관리할 별도의 장치가 필요했던 것이다. 중국은 중소분쟁으로 접어드는 시점에서 북한이 소련 쪽으로 경사될 경우 자국이 고립됨은 물론이고 상당한 안보위협이 될 것으로 인식하고 중국 공산당과 북한 조선노동당 수뇌부 간 상호방문 회담에 관한 특수한 메커니즘을 구축하여 북한을 자국 편에 붙잡아두고 관리하고자 했던 것이다. 북한은 이러한 메커니즘을 통해 결박에 응해 주는 보답으로 1950년 이후 현재까지 체제유지와 경제재건에 필요한 물자, 장비, 무기 등을 중국으로부터 지원받을 수 있었다. 북한은 1950년대에 경제에서의 '자립적 민족경제노선'을 표방하고 자력갱생을 도모했지만 성공하지 못했고 오히려 대외의존적인 경제체제를 형성하기에 이르렀다. 이에 중국과의 교역, 중국의 대북한 투자 및 원조 등이 북한경제의 회생, 유지 및 발전에 생명줄과 같은 역할을 해 왔던 것이다. 특히 1990년대 들어 구소련이 붕괴하고 동구권 사회주의 형제국가들이 사회주의 체제를 버리고 경제체제를 전환함에 따라 북한의 경제적 고립과 고통은 이루 말할 수 없을 정도였다. 북한의 1990년대 중후반 이른바 '고난의 행군'도 중국과의 관계 악화에 따른 지원 감소 등이 원인이 되었다. 본문에서 보시다시피 2000년대 들어서는 북한의 중국에 대한 경제적 의존이 과도할 정도로 심화된다. 국내외적으로 '중국의 동북4성' 등 우려가 쏟아져 나왔던 것도 무리가 아니었다.

북중관계라고 하면 흔히 중국에 의해 주도되는 일방적인 관계라고 오해하기 쉬우나, 북한은 다른 나라와의 관계에서와 마찬가지로 중국과의 관계에서도 강한 '자주성'을 견지해 왔다. 특히 여러 차례에 걸쳐 친중파를 제거함으로써 중국의 영향력을 철저하게 차단해 왔던 것이다. 이런 이유로 중국은 북한을 관리하기 위한 별도의 장치인 결박-보상 메커니즘을 고안하게 된 것이었다.

2018년 3월 김정은의 전격적인 방중 이후 2019년 6월 습근평의 방북까지 총 5차례의 북중정상회담이 개최됨으로써 북중 경제관계는 호전되었다. 그러나 이후 추가적인 정상회담 개최가 불발되고, 특히 최근 코로나 바이러스 사태로 북중 간 국경이 폐쇄됨에 따라 결박-보상 메커니즘에 비추어 북중 경제관계가 악화되었을 것임을 쉽게 짐작할 수 있다.

필자는 경제관계를 결과하는 정치관계나 정치적 요인에 관심이 크다. 사회주의 국가 간의 관계는 기본적으로 정치관계다. 따라서 북중관계도 기본적으로 정치적 고려나 요인에 의해 결정되고 경제적 고려나 요인이 개입할 여지는 거의 없다. 어느 경우에도 전략적·정치적 이익이 경제적 이익을 능가하기 때문이다. 경제전문가들이 북중관계에서도 경제적 요인을 우선시하는 경향이 있는데 이럴 경우 제대로 된 분석이나 처방을 하기는 어렵다고 본다. 이런 이유로 이 책의 바탕이 되는 박사논문을 쓰는 과정에서 필자는 북중 경제관계에 미치는 정치적 요인을 중심으로 분석했다.

한편, 결박과 보상의 국가관계는 비단 북중관계에만 적용되는 것이 아니다. 그런 의미에서 결박-보상 메커니즘은 다른 국가들의 양자관계에도 적용될 수 있으며, 과거의 중국과 주변국들의 관계, 미국과 동맹국들의 관계 등을 분석하는 데에도 유용성이 있다고 할 것이다.

이 책은 많은 분들의 지도와 후원과 도움으로 완성되었다. 먼저 이 책의 바탕이 되는 박사논문을 지도해 주셨던 경남대학교 김동엽, 양문수, 김근식, 이수훈, 이상만 교수님과 서울연구원 이민규 박사님께 감사드린다. 그리고 사위가 박사학위를 받을 수 있도록 석사과정 때부터 가장 열렬하게 변함없이 후원해 주신 사랑하는 장모님께 깊은 감사의 말씀을 드린다. 한편 필자의 박사학위 논문("북중 경제관계 변화의 정치적 요인 연구:

결박 – 보상의 메커니즘을 중심으로")을 부분적으로 보완하여 책으로 발간하는 과정에서, 중국 동북지역에서 학위를 마치고 교수로 재직하여 1990년대부터 최근까지 20여 년간을 중국 동북지역에서 보내신 윤승현 교수님은 북중관계와 북중 접경지역 개발 관련한 국내 최고의 전문가로서 많은 조언을 해 주시고 사진과 화보도 제공해 주셨기에 큰 은혜를 잊을 수 없다. 그동안 수많은 학위논문들을 책으로 발간해 오셨고 이 책 발간도 흔쾌히 수락해 주신 도서출판 선인의 윤관백 대표님과 편집팀 직원 분들께 심심한 감사를 표한다.

2020년 6월
조 창 상

차례

표 차례

제1장 〉

서 론

제1장

서론

제1절 연구의 목적

북중 경제관계를 포함하는 북중관계는 2006년 이후 진행된 북한의 여섯 차례의 핵실험과 수차례에 걸친 미사일 시험발사를 계기로 북한에 대한 국제적인 제재가 본격적으로 시행되면서 세간의 이목을 집중시켰다. 유엔 중심의 대북제재가 시행중인 가운데 북중 간의 교역이 오히려 늘어나는 등 북중 경제관계가 핵실험 이전보다도 개선되는 모습을 보였기 때문이다. 강력한 제재를 통해 북한의 핵개발과 미사일 시험발사를 저지하려던 국제사회의 당초 의도와는 달리 강도 높은 국제 제재하에서도 북한의 핵 및 대륙간탄도미사일 개발이 더욱 고도화되었고 심지어 핵과 대륙간탄도미사일을 완성했다는 주장까지 제기되는 상황은 국제사회를 곤혹스럽게 하였고, 양국 간의 경제관계를 의심어린 눈초리로 보게 만들었다.

2006년 10월 북한의 제1차 핵실험에 따른 유엔안보리 대북제재 결의 1718호가 본격 시행된 2006년과 그 이듬해인 2007년에 북한의 전체 대외교역은 전년 대비 각각 0.2%와 1.8% 감소했지만 중국과의 교역은 각각 7.5% 및 16.1% 증가했다. 또한 2013년 2월 북한의 제3차 핵실험을 계기로 그해 3월 기존의 대북제재를 강화하는 내용의 대북제재 2094호가 채택되었지만 북중교역은 오히려 전년 대비 8.9% 늘어났고, 2016년 제4차 핵실험에 따른 대북제재 2270호 시행에도 불구하고 그해 교역은 전년에 비해 6.1% 증가했다.

주목할 것은 북한의 2006년, 2009년, 2013년 및 2016년에 걸친 네 차례 핵실험에 따른 유엔안보리 대북제재 결의 1718호, 1874호, 2094호 및 2270호가 시행된 가운데 북한의 대중국 교역이 오히려 더욱 증가하면서 2006년 56.7%, 2009년 78.5%, 2013년 89.1%, 2016년 92.7%로 심화되는 교역의존도에서도 보듯이 북한경제가 중국에 전적으로 의존하는 구조로 급격하게 변화하고 있다는 점이다.

2000년대 들어 2015년까지 북한의 전체 대외교역은 19.6억 달러에서 62.5억 달러로 크게 증가했음에도 불구하고 북한은 오히려 중국에 편향된 교역관계를 유지하고 있다. 교역뿐만 아니라 중국의 대북한 투자도 2006년 1,106만 달러, 2007년 1,840만 달러, 2008년 4,123만 달러로 급증했다. 이와 같이 중국의 대북한 경제적 영향력 및 북한의 대중국 경제적 의존이 정상적인 수준을 넘어 급격히 과도하게 증대됨에 따라 북한경제의 '대중국 예속론'이나 '중국의 동북4성론' 등 우려가 대두되었다.

2009년 10월 온가보(溫家宝) 중국 국무원 총리의 방북과 2010~2011년 기간 중에 이루어진 김정일 국방위원장의 세 차례 방중 정상회담을 계기로 북중 경제관계는 이전에 볼 수 없었던 단계로 비약적인 발전을 했다. 소위 '신북중경협시대'라 일컬어질 정도였다. 북한의 중국에 대한 광물자원 수출 급증 등으로 양국 교역이 증가세를 유지하는 가운데 중국의 대북투자를 기반으로 한 교역증가도 이루어졌다.

　중국은 더 나아가 요녕성(遼寧省) 연해경제벨트 개발계획, 장길도(長吉圖) 개발계획 등 북중 변경지역을 공동 개발하는 방안에 대해 북한과 합의하고, 이러한 프로젝트 실행을 위한 대규모 사회간접자본 투자에 자국의 국유기업들을 참여시켰다. 이처럼 중국의 동북3성과 북한의 변경지역을 묶는 단일경제권으로 개발하여 연계성 강화를 모색하고 있다. 중국은 또한 북한체제의 장기적인 안정을 위해 북한을 개혁개방 시키는 것이 중국의 전략적인 이익에도 부합한다고 판단하고 경제적 영향력을 확대시키려는 차원에서 개혁개방을 유도하는 방향으로 정책을 선회했다. 2000년 이후의 북중 경제관계가 그 이전 시기와 일견 다른 양상으로 전개된 것으로 볼 수도 있지만, 관계의 기저를 이루는 근본적인 메커니즘이나 작동원리가 변화한 것은 아니었다. 2000년 이후의 북중 경제관계가 그 이전 시기보다 크게 활성화된 것이 큰 변화였다.

　따라서 2000년대의 북중 경제관계를 올바르게 이해할 수 있기 위해서는 북중관계 형성기인 냉전기 및 1990년대에 북중 경제관계가 어떤 계기로, 어떻게 형성되었는지에 대한 정확한 이해가 필요하다. 제3장에서 상세히 살펴보겠지만 사회주의 체제적 성격으로 인해 정치관계가 양국관계를 지배하고 형성했던 냉전기와 1990년대의 경우 경제관계는 정치관계 유지를 위해 정치적 고려에서 중국이 북한에 제공하는 보상과 같은 성격이었다. 중국이나 북한 모두 철저하게 정권 및 국가의 이익을 앞세우고 양국관계를 형성·발전시켰다고 할 수 있지만 국가 수립 이전 당제관계로 시작된 양국관계의 관성, 소위 '혈맹'으로 다져진 우호관계의 전통, 1세대 지도자 중심의 인적 유대 등 냉전기에 양국관계를 규정했던 특성들이 양국경제관계에도 짙은 그림자를 드리웠다고 할 수 있다.

경제관계의 한 축인 교역의 경우에 국영무역체제를 운영했던 중국과 북한 간 우호가격을 적용하는 구상무역을 통해 기본적으로 원조성의 특혜무역을 이어갔다. 북한의 상습적인 대중국 무역적자도 크게 문제될 것이 없었다. 중국은 또한 1990년대 초반에 일시 중단한 적도 있었지만 1950년대 초반 한국전쟁 시기부터 줄곧 북한에 대해 대규모 원조를 제공[1]했다. 심지어 2000년대에도 식량, 원유 등의 전략물자를 무상으로 지원했다. 투자의 경우에는 1990년대까지도 저조한 편이었으나, 2000년대 동북3성 소재 중국기업들이 북한의 자원 및 에너지 개발 사업 참여 등을 위해 유휴설비와 기술 이전을 동반한 투자를 확대했다.

이 연구는 냉전기 이후 2016년까지의 약 60년 이상 지속되어 온 북중 경제관계를 형성하는 데 있어 어떠한 정치적 메커니즘이나 요인들이 영향을 미쳤는가 하는 문제의식에서 출발한다. 정치관계 중심으로 이루어지는 사회주의체제 내에서의 국제관계 특성상 북중관계가 정치관계 중심으로 전개되었기 때문에 북중 경제관계에 대해서도 정치적인 요인의 영향이 컸을 것임에는 의심의 여지가 없지만 구체적으로 어떤 정치적 요인이 작동하였는지에 대해서는 깊이 있게 연구된 바가 없다. 특히 2000년대 후반에 들어 북중 경제관계는 기존의 양상과는 매우 다르게 전개되었는데, 이 시기에 정치적 요인이 어떻게 영향을 미쳤는지에 대해서도 심도 있는 연구가 부족한 실정이다.

---

[1] 1950년대부터 시작된 중국의 대북한 경제원조는 일설로는 8,000억 위안(약 100조원)에 달할 것이라고도 한다. 중앙과 지방을 통합한 종합적이며 정확한 통계는 없으나 과거 당 중앙정치국 상무위원회 요직에 있으면서 대외경제협력부(현 상무부) 부장을 맡은 이붕칭(李風淸)이 "조선의 위장에는 걸신이 들어있다"고 비유하며 한탄했을 정도로 중국의 대북원조 규모는 막대하다. 어우양산(박종철·정은이 옮김), 『중국의 대북조선 기밀파일』(파주: 한울, 2008), pp. 27, 240.

본 연구는 이러한 문제의식을 가지고 그동안 북중 경제관계가 북중 양국 간의 정치적 요인의 영향을 받아 형성되었다는 주장을 검증하기 위해 북중 경제관계가 구체적으로 어떤 정치적 요인의 영향에 의해, 그리고 중국과 북한 간의 어떤 메커니즘이나 작동원리에 의해 형성되었는지를 규명하고자 한다. 또한 이 과정에서 주요 행위자인 정부가 어떤 역할을 수행했는지에 대해서도 분석하고자 한다.

제2절 연구의 내용 및 방법

1. 연구의 내용 및 범위

본 연구는 북중 경제관계는 중국의 북한 결박에 대한 보상의 차원에서 형성된다는 시각에서 논의를 전개한다. 그리고 이러한 경제관계 전개 과정에서 당을 포함한 정부가 어떤 역할을 했는지에 대해 분석하고자 한다. 중국은 전략적·지정학적으로 중요한 자국의 접경국가이면서 정치·군사·경제적으로 사활적 이익을 공유하는 북한을 자기의 세력권 내에 두고 관리·통제하기 위해 '결박'하기를 원했으며, 결박을 실행하기 위해 1961년 자신이 주도해서 북한과 체결한 북중군사동맹조약에 양국의 이익에 영향을 주는 중요 국제사안에 대한 '상호 협의 및 통보'를 규정하기에 이른다. 중국이 북한 결박을 구현하기 위해 고안해 낸 '상호 협의 및 통보'는 중국이 여타 주변국들과의 관계에서는 찾아보기 어려운 북중 간의 특수한 장치라고 할 수 있다. 중국은 북한이 자신이 의도하는 결박의 요체인 정상 상호방문 정상회담을 통한 '상호 협의 및 통보'에 응하여 중국의 북한

관리·통제가 작동할 경우에는 그에 상응하여 원조 지원, 특혜무역협정 체결 등을 통해 북한에 대한 보상을 실시했다.

　이 연구는 북중 경제관계가 시작된 1950년부터 김정은 집권기까지의 66년간의 기간을 후술하는 바와 같이 두 개의 시기로 구분하여 각 시기별로 먼저 북중 경제관계가 어떠한 흐름을 보였는지, 즉 활성화되었는지 또는 침체되었는지 등에 대해 살펴본 뒤, 이러한 전개 양상의 원인을 중국과 북한 간의 '결박－보상 메커니즘'의 작동의 관점에서 분석한다. 중국의 북한 결박 작동 여부를 보여주는 양국 정상회담이나 고위급회담 개최가 중요한 지표로 활용된다. 그리고 이러한 북중 경제관계의 진전 과정에서 정부가 어떤 역할을 수행했는지에 대해서도 분석해 본다.

　본 연구에서 사용하는 시기 구분에 대해 논의해 본다. 먼저 기존 연구에서의 시기 구분을 살펴보면, 한중수교 이후의 북중무역을 중심으로 북중 경제관계를 분석한 이석은 한중수교 이전 시기의 북중무역을 먼저 살펴본 뒤, 1992년 한중수교 이후 2015년까지의 기간을 불안정기(1992~99년), 안정화기(2000~09년), 전일화기(2010~15년)로 나누어 분석한다.[2] 2010년을 기점으로 시기 구분한 것은 천안함 사태에 따른 5·24 대북제재 조치로 2000년 이후 지속되었던 남북경협의 '북한지지 교역구조'가 붕괴되고 북중교역의 전일화기로 접어들었다는 점을 중시하기 때문이라고 할 수 있다. 이러한 시기 구분이 일면 타당한 측면도 있지만 2009년 10월 온가보 총리 방북 이후 양국 경제관계는 '신북중경협기' 국면에 들어섰고 그러한 흐름이 김정은 집권기까지도 이어졌기 때문에 이를 종합적으로 보는 것이

---

2) 이석, "경제관계," 이기현 외, 『한중수교 이후 북중관계의 발전: 추세분석과 평가』(서울: 통일연구원, 2016), 99~141쪽.

더 적절하다고 판단된다.

탈냉전기 이후 2010년까지 약 20년 기간의 북중 경제관계를 분석 대상으로 한 최수영 등은 탈냉전기의 북중 경제관계를 1990년대(경제관계 침체기)와 2000년대(경제관계 확대기)로 구분하고 있다.[3] 이 시기 경제관계의 전개 양상에 따른 것이다.

경제지정학적 관점에서 북중 경제관계를 분석한 이금휘는 북중 경제관계의 성격이 1949년 북중 수교 이후 북중 간 순망치한의 고전지정학적 가치가 강하게 추구되던 시기로부터 점차 약화되는 과정, 이어서 경제지정학적 가치가 태동하면서 점차 심화 발전되는 과정 등을 기준으로 고전지정학적 관계의 형성 · 발전기(1949~92년), 고전지정학적 관계의 약화와 경제지정학적 관계의 태동기(1992~2000년), 경제지정학적 관계의 발전 · 심화기(2000~13년)의 세 시기로 구분한다.[4]

본 연구에서는 이러한 기존 연구의 시기 구분을 참고하고 중국과 북한 간의 '결박ー보상 메커니즘'의 양상 변화 등을 감안하여 앞서 적시한대로 1950년부터 2016년까지 66년에 걸쳐 전개된 북중 경제관계를 1950년부터 1999년까지의 기간(북중 경제관계 형성 · 발전기), 2000년부터 2016년까지의 기간(북중 경제관계 도약기)으로 구분한다.

덧붙여 논의하자면, 냉전기와 1990년까지는 중국의 북한에 대한 '결박ー보상 메커니즘'이 구축되는 시기인 반면, 북중 경제관계가 크게 도약하는 2000년부터는 중국의 북한에 대한 '결박ー보상 메커니즘'이 다른 양

---

3) 최수영 외,『중국의 대북한 정책: 영향력 평가와 대응방향』(서울: 경제 · 인문사회연구회, 2010), 121~127쪽; 최수영,『북 · 중 경제관계와 남북경협의 대북 파급효과 비교분석』(서울: 통일연구원, 2010), 7~13쪽.
4) 이금휘,『북한과 중국의 경제지정학적 관계와 경협 활성화』(서울: 선인, 2014), 129~222쪽.

상으로 보다 강화된다. 이에 따라 냉전기 및 1990년대와 2000년 이후로 양분하여 시기를 구분하게 된 것이다.

2. 연구의 방법과 구성

본 연구는 북중교역을 중심으로 하는 북중 경제관계가 호전되거나 악화된 시기를 중심으로 그 원인과 결과를 '결박-보상 메커니즘'의 시각에서 분석하고 있다. 특정 시기나 연도에 북중 정치관계가 전개된 상황에 대해 개관한 뒤, 중국의 북한 결박 정도를 보여주는 지표라고 할 수 있는 정상회담이나 고위급회담의 개최 실적과 결박에 대한 보상 성격을 대표할 수 있는 북중교역의 흐름을 연관시켜 가설을 입증하는 방식으로 논의를 전개한다.

경제관계에 대한 연구이기 때문에 교역, 투자, 원조 등의 통계자료를 활용하지만 계량적으로 엄밀하게 계측하려는 것은 아니고 결박 여부에 따라 북중 간 교역 등이 유의미한 변화를 보였는지를 가늠해 보기 위한 차원에서 필요 최소한도에 그친다.

냉전기부터 김정일 집권기인 2016년까지의 북중 양국 간 경제관계를 분석함에 있어 양국관계의 비대칭성을 감안하여 중국의 대외경제관계 및 정책 맥락에서 본 양국관계를 분석하고자 한다. 논의 전개의 필요에 따라 북한의 시각이나 정책이 고려되지만 기본적으로는 중국의 시각에서 북중 경제관계를 분석해 보고자 하는 것이다. 북한 대외관계를 연구함에 있어 북한 측 자료의 제약에 따른 문제를 극복하고 북한 측 시각과 입장을 넘어서 균형적인 관점에서 보기 위한 측면도 있다.[5]

북한연구의 특성상 연구대상과 관련한 국내외 자료를 바탕으로 문헌

연구의 방식으로 진행하고자 한다. 양국 정치관계에 대한 중국과 북한의 의도를 객관적으로 보여줄 수 있는 정부 공식성명, 협정의 체결, 회담결과 공개자료 등과 함께, 경제관계에 대한 공식 데이터인 중국해관통계자료나 조선중앙년감에 수록된 1차 자료를 통해 분석했다. 아울러 이 분야에 대한 연구결과물인 단행본, 논문, 보고서 등 2차 자료에 대한 문헌분석을 실시했다.

본 연구는 일반적인 학술 논문과 같이 절차적으로는 북중 경제관계를 좌우한 요인에 대한 설명력을 가진 가설을 설정한 후 분석 틀을 통해 가설을 검증하고, 검증결과를 바탕으로 현상을 설명하고 미래를 예측하는 방식으로 진행해 나가고자 한다.

각 장은 다음 같이 구성한다. 먼저 제2장에서는 본 연구의 출발점과 방향성을 제시해 주는 선행 연구자들의 북중관계, 북중 경제관계 또는 북중 경제협력 등에 대한 기존 연구에 대해 검토하고, 본 연구의 이론적 토대가 되는 국제정치학의 동맹이론에서 제시하는 동맹기능 중 하나인 '결박'에 대해 살펴본 뒤, 본 연구의 논의전개 틀인 '결박－보상 메커니즘'의 도출 과정을 제시한다. 이러한 선행연구 검토 결과와 이론적 검토를 바탕으로 본 연구의 가설과 이를 검증할 분석의 틀을 제시한다.

본 연구의 본론에 해당하는 제3장과 제4장에서는 각각 1950년부터 1999년까지와 2000년부터 2016년까지의 기간을 대상으로 각 시기별로 먼저 북중 경제관계가 어떠한 양상으로 전개되었는지에 대해 살펴본 뒤, 이러한 전개 양상의 원인을 중국의 북한에 대한 결박－보상 메커니즘의 작동의 관점에서 분석한다. 앞서 적시한 바와 같이 중국의 북한 결박의 작동

---

5) 세종연구소 북한연구센터 엮음,『북한의 대외관계』(파주: 도서출판 한울, 2007), 243쪽.

여부는 '상호 협의 및 통보'의 요체이면서 중국의 북한 결박 메커니즘인 양국 정상회담 및 고위급회담의 개최를 통한 중국의 북한 관리·통제 여부를 통해 가늠해 본다. 그리고 이러한 북중 경제관계의 진전 과정에서 정치논리에 충실한 정부가 어떤 역할을 수행했는지에 대해서도 분석해 본다.

제5장에서는 제3~4장의 논의 내용을 종합하여 결론을 도출하고 본 연구의 미진한 부분과 후속 연구에서 보완할 사항 등을 제시한다.

이론적 논의와
분석 틀

제2장

이론적 논의와
분석 틀

제1절 선행연구 검토

　본 연구가 분석의 대상으로 하는 북중 경제관계에 대한 기존의 연구들을 살펴보기에 앞서 통시적인 맥락에서 북중관계 지속성과 변화의 주요한 요인이었던 국제관계, 공산권 내부의 권력구도, 북중 동맹관계, 중국과 북한의 내부 문제 등 정치적 요인들에 의해 북중관계가 어떻게 전개되었는지에 대해 분석한 연구들의 내용을 간략히 짚어보는 것은 북중관계의 일부분이라고 할 수 있는 북중 경제관계를 제대로 이해하는 데 있어서 도움이 된다. 특히 냉전기와 1990년대까지의 북중 경제관계는 순전히 양국 간 정치적 관계 내지는 정치적 요인에 의해 형성되어 왔기 때문에 반드시 필요하다고 할 것이다.

1. 북중관계에 관한 연구

북중관계에 대한 연구는 냉전기에도 시도되었으나 자료 접근성 문제 등으로 활성화되지 못했으며 주로 통일부나 국가정보원 등 정부기관 중심으로 기초연구보다는 정책적 수요에 의한 대공산권 대항논리 개발 등이 주류를 이루었다. 탈냉전기 특히 한중수교 이후에 중국 현지에서 유학한 학자 등을 중심으로 북중관계에 대한 연구가 활발하게 진전되어 왔으며, 본 연구와 관련하여 의미 있는 연구들을 구분해 보면, ①북중관계를 냉전시기부터 최근까지 통시적으로 분석한 연구,[1] ②탈냉전기 이후 북중관계의 보편성과 특수성에 주목하는 연구,[2] ③북중관계가 동맹관계에서 일반적 국가관계로 변모하고 있음을 분석하는 연구[3] 등이 있다.

[1] 이종석, 『북한-중국관계 1945~2000』(서울: 중심, 2000); 최명해, 『북한·중국 동맹관계: 불편한 동거의 역사』(서울: 오름, 2009); 송종규, "북한과 중국의 관계변화에 관한 연구," 부경대학교 대학원 정치학 박사학위논문(2013).

[2] 북중관계의 보편성에 주목하는 연구로는 문흥호, "후금도 집권기 중국의 대북한 인식과 정책: 변화와 지속," 『북한, 어디로 가는가?』(서울: 도서출판 플래닛미디어, 2009); 김재철, "북한·중국 간 외교관계: 특수관계에서 보편적 관계로," 윤정석 편, 『통일환경론』(서울: 오름, 1996); 이단, "북·중관계의 변화와 지속성에 관한 연구," 전남대학교 대학원 정치학 박사학위논문(2003); Andrew Scobell, *China and North Korea: From Comrades-In-Arms to Allies at Arm's Length* (Pennsylvania: U.S. Army War College Strategic Studies Institute, 2004); Chen Jian, "Limits of the 'Lips and Teeth' Alliance: An Historical Review of Chinese-North Korean Relations," in *Woodrow Wilson International Center for Scholars Asia Program Special Report*, No. 115 (September 2003). 반면, 북중관계의 특수성을 주장하는 연구로는 히라이와 슌지, 『북한·중국관계 60년: '순치관계'의 구조와 변용』(서울: 선인, 2013); 문대근, "탈냉전기 중국의 대북정책 결정요인 연구," 북한대학원대학교 정치학 박사학위논문(2013); 박창희, "지정학적 이익의 변화와 북중동맹관계: 기원, 발전, 그리고 전망," 『중소연구』, 통권 113호(2007년 봄); 채규철, "북한과 북중관계의 미래," 『북·중 관계: 구조와 이슈』(북·중 관계 전문가 집중토론회 자료집, 성균관대학교 동아시아지역연구소, 2008).

[3] 이희옥, "북·중관계의 변화와 한국의 대응," 『중국의 부상에 따른 한국의 국가전략 연구 Ⅰ』(서울: 대외경제정책연구원, 2009); 김흥규, "중국의 동반자외교 소고: 개념, 전개 및 함의에 대한 이해," 한국정치학회, 『한국정치학회보』, 제43권 2호(2009); 김흥규, "습근평 시기 중국 외교와 북중관계," 『JPI 정책포럼』, 2015-04호(2015); 이동률, "북핵문제에 대한 중국의 인식과 전략," 『북·중 관계: 구조와 이슈』(북·중 관계 전문가 집중토론회 자료집, 성균관대학교 동아시아지역연구소, 2008); 박두복, "중국의 대한반도 정책의 신추세와 한중관계의 발전 방향," 외교안보연구원, 『정책연구시리즈』, 2000-5호(2001); 정덕구·추수룡 외, 『기로에 선 북중관계: 중국의 대북한 정책 딜레마』(서울: 중앙북스, 2013).

1) 북중관계에 관한 통시적 연구

1945년부터 2000년까지 북중관계의 흐름에 대한 연구의 기틀을 마련
한 것으로 인식되고 있는 이종석의 연구는 북중관계를 국공내전 시기, 한
국전쟁 시기, 냉전 시기, 탈냉전 시기 등 네 개의 시기로 구분하여 북중관
계가 탈냉전과 동북아 세력균형의 변화 등 국제정치 환경 요인, 기존의 동
맹적 관성, 북중 내부 사안 등이 복합적으로 작용하면서 '전략적 협력관계'
로 변화하는 것을 분석했다. 그는 탈냉전은 이데올로기 중심의 북중관계
를 경제적 실용주의로 전환하여 전통적 동맹관계를 전략적 협력관계로 변
화시켰고, 혁명 1세대의 퇴장과 사망은 북중 간 정의적(情誼的) 관계를 해
체했으며, 사회발전단계에 대한 인식 차이, 개혁개방에 대한 인식과 대응
차이 및 사회주의 붕괴에 대한 분석과 처방 차이 등 국가발전 전략상의
차이와 함께 세계경제와 전쟁문제에 대한 시각차가 양국 관계를 변화에
영향을 미치는 동인이었다고 설명한다. 또한 2000년 이후의 북중관계는
북한의 핵실험 및 미사일 발사 등으로 국제적으로 고립이 심화된 가운데
경제난과 후계체제 안착 등을 위해 중국에 대한 의존을 확대함에 따라 '동
맹 성격을 가미한 전략적 협력관계'로 이행하고 있다고 주장한다.[4] 이종
석의 연구는 중국과 북한의 항일투쟁기부터 2010년대까지의 양국관계의
전개 상황과 특성을 객관적으로 분석하고 있다는 데 의의가 있다.

북중동맹관계를 심도 있게 분석한 최명해는 외부 세력 및 위협에 대
한 '균형'을 위한 동맹의 외적 기능과 모험주의적 동맹국 관리 차원에서

---

4) 이종석, 『북한―중국관계 1945~2000』(서울: 중심, 2000), 288~299쪽; 이종석, 『2차 핵실
   험 이후 북한―중국 관계의 변화와 함의』(성남: 세종연구소, 2012).

영향력 행사 및 행위 제한을 위한 '결박'이라는 동맹의 내적 기능을 모두 고려한 동맹의 양면적 · 이중적 기능에 주목하였다. 그는 중국과 북한이 각기 어떤 동인에 의해 동맹조약을 체결하게 되었는지에 대해 주목하여 중국은 북한의 행동을 제어하는 동맹의 내적 기능인 결박을, 북한은 동맹의 외적 기능인 외부 위협에 대한 균형을 중시하였다고 주장한다. 그는 중국이 '조 · 중조약'의 내적 기능, 즉 상호 이해갈등 관리를 위한 결박의 기능을 통해 북한과의 관계를 일관되게 안정적으로 유지하고자 했을 뿐이라고 하면서, 중국이 대북 안보공약을 '모호하게' 유지하면서 '우호관계 유지'라는 수단을 통해 북한의 행보를 '관리'하려는 '계산된 모호성'을 지속했다고 주장한다.[5] 이러한 최명해의 연구는 중국이 북한과 동맹을 체결한 이유가 북한의 모험주의적이고 예측 불가능한 미래의 행위를 차단하고 방지하기 위한 차원에서 동맹의 내적 기능인 '결박'에 충실하였다는 것을 입증함으로써 북중동맹의 동학을 체계적으로 설명하고 있다는 점에서 의미가 있다고 하겠다.

송종규는 북중관계를 혈맹형성기(1945~1965), 갈등과 냉각기(1966~1978), 대변화와 제한적 협력기(1978~1999), 의존과 혈맹복원기(2000~현재)의 네 개의 시기로 구분하여, 국제정세 및 주변 강대국 관계, 동맹 형성 등 양국관계 흐름, 중국 및 북한의 내부 요인 등 정치적인 요인들이 양국관계에 어떤 영향을 미쳤는지에 대해 분석한다.[6]

---

[5] 최명해, 『중국 · 북한 동맹관계: 불편한 동거의 역사』(서울: 오름, 2009), 46~51쪽, 385쪽.
[6] 송종규, "북한과 중국의 관계변화에 관한 연구," 부경대학교 대학원 정치학 박사학위논문(2013).

2) 북중관계의 보편성 및 특수성에 관한 연구

문흥호는 호금도 집권기 중국의 대북정책이 중국의 정치·경제·사
회적 변화와 탈이념화, 북핵문제의 돌출, 한반도 주변 정세의 변화 등과
결부되어 기존의 '특수성'을 축소하고 '보편성'을 확대하는 방향으로 현실
화되었다고 한다. 특히 중국의 대북한 인식과 한반도 인식은 고정불변이
아니며 중국의 미국, 일본, 러시아, 한국 등에 대한 인식, 정책, 전략의 변
화와 연계된다고 한다. 다만, 북중관계가 여전히 기대와 불신, 협력과 갈
등을 교차하는 이중구조를 탈피하지 못하는 것은 북한의 전략적 가치를
유지하려는 중국과, 다른 마땅한 의존대상이 없는 국제적 고립 상황에서
중국에 의존할 수밖에 없는 북한의 불가피한 선택에 따른 것이라고 한다.
질적인 변화에 직면한 북중관계는 기본적으로 이념보다는 현실, 전통보다
는 미래, 인적 유대보다는 제도적 협력에 치중함으로써 북중관계를 보편
적, 정상적 국가관계로 전환하고자 하는 중국의 정책 변화에 기인한다고
한다.[7]

김재철은 중국의 개혁개방 이후 양국 관계가 '혈맹관계'에서 '보편적
관계'로 변화했으며, 이러한 관계 변화의 주요한 요인은 탈냉전 도래, 중소
갈등의 해소, 중국의 국내정치적 변화 등이라고 주장한다.[8]

북중관계를 변화와 지속성 측면에서 분석한 이단은 북한과 중국의

---

[7] 문흥호, "호금도 집권기 중국의 대북한 인식과 정책: 변화와 지속," 『북한, 어디로 가는
가?』(서울: 도서출판 플래닛미디어, 2009), 187쪽, 198쪽; 문흥호, "중국의 대북한 인식과
정책: 전략적 유용성과 한계," 『북·중 관계: 구조와 이슈』(북·중 관계 전문가 집중토
론회 자료집, 성균관대학교 동아시아지역연구소, 2008).

[8] 김재철, "북한·중국 간 외교관계: 특수관계에서 보편적 관계로," 윤정석 편, 『통일환경
론』(서울: 오름, 1996).

'순치적 동맹관계'가 국제체제, 국내체제, 상대국체제라는 3가지 차원의 요인에 의해 조정·협력적 동맹관계로 전환되고 있는 것을 분석하며 탈냉전체제, 중국의 개혁개방, 북한의 폐쇄정책 등이 북중관계를 변화시키고 있는 요인인 반면 동북아 세력관계, 중국의 대응정책, 북한의 노선 조정 등이 여전히 기존의 특수성을 지속하게 하는 요인이라고 주장한다.[9]

앤드류 스코벨(Andrew Scobell)은 중국과 북한은 서로 상대방에 대한 의존을 줄이려 하면서도 다른 의지할 곳이 없기 때문에 친밀한 관계를 유지하고 있다고 본다. 중국의 북한에 대한 영향력은 중국이 북한에 대해 어떤 조치를 취할 수 있을 것인지와 그 조치가 어떤 효과를 발휘할 것인지의 양 측면에서 상당히 제한적인데, 그 이유는 중국이 북한에 대해 강한 압력을 행사하려 하지 않고 있을 뿐만 아니라 북한도 중국의 압력에 대해 중국이 원하는 방향으로 움직여주지 않기 때문이라고 한다.[10]

첸 지안(Chen Jian)은 지난 50년간의 북중관계는 전반적으로는 친밀했다고 할 수 있지만 조화로운 관계는 아니었으며, 중국의 북한에 대한 영향력은 심지어 대규모 병력을 파병했던 한국전쟁 기간에도 매우 제한적이었고, 중국은 1956년 연안파가 대규모로 숙청된 8월 종파사건을 막지 못했다. 탈냉전기 들어 북중은 국제질서에 대해 다른 견해를 가지게 되고, 특수관계를 유지하는 데 결정적인 역할을 했던 1세대 지도부가 퇴장함에 따라 양국관계가 소원해졌다. 중국이 북한에 대해 영향력을 행사할 수 있는 것은 북한의 대중국 의존 때문인데, 중국지도부가 이러한 경제적 지렛

---

9) 이단, "북·중관계의 변화와 지속성에 관한 연구," 전남대학교 대학원 정치학 박사학위 논문(2003).

10) Andrew Scobell, *China and North Korea: From Comrades-In-Arms to Allies at Arm's Length* (Pennsylvania: U.S. Army War College Strategic Studies Institute, 2004).

대를 사용하지 않을 경우 북한은 중국의 입장을 감안하지 않게 되고, 반면에 원조 중단 등 경제적 수단을 사용하게 될 경우 이는 북한의 경제·사회적 붕괴를 유발할 수 있고 결과적으로 중국 자신의 이익에 큰 타격을 줄 수 있게 되어 중국지도부가 딜레마에 처해 있다고 주장한다.[11]

심지화(沈志華)는 냉전구조가 고착되면서 역사적으로 북중관계에 영향을 주던 지연적 요소와 감정적 요소가 점차 퇴색하고 혁명적이고 정치적인 요소가 짙어졌으며, 냉전을 배경으로 한 북중관계가 본질적으로 일종의 '정치 연인(政治 聯姻)'일 뿐이며, 양국이 선전하고 있는 또는 사람들이 표면상 밝혔던 것과 같은 '순치 상의'적인 자연적 연맹이 아니라고 주장한다. 그는 중국이 6·25전쟁 참전을 원치 않던 상황에서 끌려 들어갔던 것이라고 보며, 모택동이 북중동맹을 결성한 이유도 아시아혁명의 이익 추구 및 중국공산당의 국제공산당운동에서의 지도권 장악을 염두에 둔 조치였다고 주장한다.[12] 한편, 북중관계 변화를 외교제도 측면에서 보면 전통적인 종번관계(宗藩關係)가 현대라는 조건하에서 실질적이고 독립적인 평등한 국가관계로 변하는 과정이라고 한다.[13]

스즈키 마사유키(鐸木昌之)는 북중관계를 항일투쟁, 중국인민해방전쟁, 한국전쟁 등 과정에 양국 인민이 공동 참여하여 형성한 '피로 맺어진 특별한 관계'로 규정하며, 최고지도자 간의 정의(情誼)관계, 역사적·문화

11) Chen Jian, "Limits of the 'Lips and Teeth' Alliance: An Historical Review of Chinese-North Korean Relations," in *Woodrow Wilson International Center for Scholars Asia Program Special Report*, No. 115 (September 2003).

12) 이금휘, 『북한과 중국의 경제지정학적 관계와 경협 활성화』(서울: 도서출판 선인, 2014), 51~52쪽, 재인용. 원문은 沈志華, "'唇齒相依' 還是 '政治聯姻: 中朝同盟的建立及 其延續(1946~1961)," 『近代史硏究所集刊(臺灣)』, 第63期(2009).

13) 션즈화(沈志華), 『최후의 천조: 모택동 김일성 시대의 중국과 북한』(서울: 도서출판 선인, 2017), 899쪽.

적 배경이 있는 지도층 간의 관계, 당 중앙위원회 간 빈번한 교류를 핵심으로 하는 당제관계 등을 특징으로 한다고 본다.[14]

문대근은 탈냉전기의 북중관계를 소원기(1991~1999), 복원·조정기(1999~2006), 냉각기(2006~2009), 정상화기(2009~2011)의 4개 시기로 구분하고 중국의 대북정책이 행위자 요인보다는 강대국과 관련된 지정학적·전략적인 구조 요인에 의해 더 큰 영향을 받으며, 북중관계가 실리에 기반한 일반 정상국가 관계의 모습을 일부 보여줌에도 불구하고 동북아의 구조요인이 근본적으로 변하지 않는 한 중국의 대북정책도 근본적인 변화가 없을 것이라고 한다.[15]

박창희는 북중관계를 지배해 온 지정학적 이익을 '안보'와 '체제안정'의 두 요소로 본다. 북중 양국이 이러한 안보와 체제안정이라는 지정학적 이익을 상호 공유할 수 있을 경우에는 우호적인 관계를 유지할 수 있으나, 그렇지 못한 경우에는 갈등 또는 대립의 관계를 보였는데, 북중관계는 최고 지도자들 간의 친분관계나 선전성이 다분한 '혈맹' 등의 구호가 아니라 바로 냉철한 '국가이익'에 의해 결정되었다고 한다.[16]

채규철은 북중관계를 갈등론적 시각으로만 설명할 수는 없으며, 그동안 중국이 북한에 대해 어떤 국가보다도 적극적이고 시혜적인 원조를 제공해 왔는데, 이러한 중국의 태도는 결국은 자국의 영향력을 유지하고 강화하기 위한 노력 그 이상은 아니었다고 한다. 중국의 대북지원은 냉전

---

14) 鐸木昌之, "북한·중공의 특별한 관계,"『공산권연구』, 제113호(1988, 7), pp, 50~61.

15) 문대근, "탈냉전기 중국의 대북정책 결정요인 연구," 북한대학원대학교 정치학 박사학위논문(2013).

16) 박창희, "지정학적 이익의 변화와 북중동맹관계: 기원, 발전, 그리고 전망,"『중소연구』, 통권 113호(2007년 봄).

기간 중에는 소련과의 경쟁을 고려해서, 그리고 탈냉전 이후에는 미국의 위협에 대한 완충지대로서 북한의 전략적 가치를 활용하고자 했기 때문이라고 한다.[17]

　　왕준생(王俊生)은 중북 간 특수관계는 한반도가 갖고 있는 복잡한 전략환경하에서 다양한 요인의 영향을 받아 탄생한 것으로서 중국은 지역정치구조, 정치경제 이익, 역사 및 실현이익 등에서 평형을 유지하여야 하며 그 목적은 변하지 않는 국가의 이익에 있다고 주장한다.[18]

　　이상의 연구들은 양국관계의 보편성과 특수성의 연원이나 변화와 지

---

[17] 채규철, "북한과 북중관계의 미래,"『북·중 관계: 구조와 이슈』(북·중 관계 전문가 집중토론회 자료집, 성균관대학교 동아시아지역연구소, 2008).

[18] 王俊生, "中朝特殊關係的邏輯:複雜戰略平衡的産物,"『東北亞論壇』, 2016年 1期(2015). 왕준생은 등소평(鄧小平) 시기 이전의 중북관계는 전형적인 동맹관계에 속하며, 2011년 말부터 지금까지 양국 관계의 발전 및 미래 발전 방향에 있어서는 비교적 큰 논의가 있었는데 적지 않은 학자들은 지금이 바로 '보통국가관계(普通國家關係)'로 가고 있거나 또는 '보통국가관계'의 방향으로 발전하여야 한다고 생각하고 있다. 냉전 후 중국의 북한 포기론(棄朝論)에서 말하는 '포기'는 결코 북한 자체를 포기하는 것이 아니며, 중북 간의 특수관계를 포기할 것인지 여부에 관한 논의가 그 본질이다. 중북 간 특수관계는 의식 형태나 어떤 지도자의 주관적인 성향에 의해 제한되어 만들어진 것이 아니며, 중북 특수관계의 본질은 복잡하게 뒤얽혀 있는 한반도의 전략환경 아래 진행된 평형전략의 산물이다. 그러나 평형전략의 진행 또한 그 자체가 목적은 아니며 중북 특수관계의 본질적 목적은 중국이 한반도의 평화와 안정을 위해 취한 수단 방식인 것이다. 어떤 양자관계든지 모두 그 특수성을 동일하게 구비하고 있으며, 중국이 북한에게 갖고 있는 이러한 '특수관계'의 실체는 중국의 발전이 반영된 대북관계의 중점이고 발전방향일 뿐이며, 이는 중국외교부 대변인이 발언하고 있는 소위 중북은 보통국가관계의 논리가 포함되는 것이다. 한중수교 이후 중국과 북한 및 한국은 지속적인 등거리 평형관계의 유지를 시도하였고, 중국 외교부의 입장표명은 오직 한 방향만의 사실만을 진술한 것으로서, 중북관계의 어떠한 이정표적인 의미를 가질 수 없다. 이미 비록 한반도를 둘러싼 전략환경이 거대한 변화를 시작했으나, 중국 전략평형의 진행에 본질적인 영향을 주는 요소는 결코 변화하지 않았다. 이에 따라 중국은 여전히 대북 정책관계의 전략평형 진행이 필요하며, 이는 중국이 원칙이 없는 것이 아니고 상황의 옳고 그름을 시종 유지하여 북한에게 전달하는 뚜렷한 신호이다. 이 의미는 제18차 당대회(2012년 11월) 이후 중국이 북한에게 전달하는 '중국 국가이익 유지에는 두 개의 기준이 없이 어떠한 국가에게도 모두 동일하다'에서 나타나는 이정표적인 의미이다. 王俊生, 위의 논문, 53~63쪽.

속성 등을 분석하는 데 크게 기여했으며 정치적 관계를 중심으로 형성되어 온 양국관계를 정치적인 요인에 집중해서 연구한 것은 높이 평가할 만하다고 하겠다.

3) 북중관계의 성격 변화에 관한 연구

이종석은 중국이 이미 1990년대 초반에 양국 관계를 동맹관계에서 실용주의적 협력관계로 전환시키려 시도한 바 있지만 북한의 경제난 심화로 인한 '북한체제의 붕괴 가능성'이 대두되자 양국관계를 실용주의적 기조 위에 동맹관계적 성격을 가미한 '전략적 협력관계'[19]로 전환시키는 것

19) 이종석에 의하면 '전략적 협력관계'는 ①북한의 존립을 좌우하는 문제에서는 북한을 적극 옹호한다(핵문제를 둘러싼 북한에 대한 강제제재 반대, 북한에 대한 경제지원재개 및 강화가 여기에 해당). ②북한의 존립을 직접 해치지 않는 문제는 국제관례에 따름으로써 실리를 취한다(유엔 동시가입, 북한 핵개발 반대, 4자회담에 대한 긍정적인 태도 등). ③중국의 이해관계가 크게 걸리지 않는 문제는 최대한 북한의 뜻을 수용한다. 이 관계는 기존의 동맹이라는 형식 위에서 내용을 변화시킨 것으로서, 중국이 북한체제를 포기할 수 없는 전략적 이익으로 간주하고, 다른 한편 일방적인 대북 지원이 아닌 상호 이익이 되는 시장질서에 기초한 실용주의적 관계를 지향해야 할 필요성을 절충하면서 형성되었다. 즉 전략적 이익에서 출발하는 동맹관계를 유지하면서도 보편적인 국제적 관행이 통용되는 양국관계를 좀 더 가미하려는 것이 전략적 협력관계라고 할 수 있다. 예컨대 중국이 식량난이나 정권붕괴와 같은 북한체제에 위협을 주는 사안들에 대해서는 적극 대처하여 북한체제의 안정을 도모하되, 북한의 핵 개발이나 장거리 미사일시험 발사와 같이 비록 정치군사 영역이라도 북한체제에 크게 영향을 미치지 않는다고 판단한 사안들에 대해서는 반대 입장을 분명히 하는 것이다. 또한 북한이 국제관례에 어긋나게 행동하는 것을 비판하며 북한의 개혁개방을 유도하는 것이다. 이처럼 북중 간 전략적 협력관계에는 중국이 '북한체제의 안정'을 양보할 수 없는 국익으로 인식하는 데서 드러나듯이 동맹적인 요소가 선택적으로 남아있다. 그러나 다른 한편에서는 중국이 자신의 대북정책에 대한 국제사회의 평가를 의식하여 국제협조를 강화하면서 대북제재에 동참하거나 경제지원을 대북 정치관계의 지렛대로도 활용하는 등 실용주의적 성격이 부각되었다. 이종석,『북한－중국관계 1945~2000』(서울: 중심, 2000), pp286~287); 이종석,『2차 핵실험 이후 북한－중국 관계의 변화와 함의』(성남: 세종연구소, 2012), 9~11쪽.

이 그들의 국익에 적합하다고 판단했고, 바로 이러한 판단하에서 중국은 양국 관계에서 실용주의를 강조하면서도 한편으로는 북한에 대해 대규모 원조를 제공했다고 한다. 그는 북중관계를 전략적 협력관계로 만들어주는 핵심요인은 냉엄한 현실적 이해관계에서 도출된 북한의 생존전략과 중국의 대북정책 기조라고 한다. 내부자원의 고갈상태에서 외부지원을 목적으로 대외관계를 확장하고 있는 북한의 입장에서 전통적인 우방인 중국의 지원은 체제생존을 위한 최저 조건으로 작용하고 있다고 한다. 반면 중국의 대북정책 기조는 한반도의 현상유지(status quo)이고, 이는 현 상황에서 북한체제의 동요 방지로 요약되며, 중국이 개혁개방을 통해 안정적인 경제성장을 달성하기 위해서는 한반도의 안정이 필수적이라는 인식을 갖고 있다는 것이다.[20]

이희옥은 중국이 '북한변수'를 핵심적 이익(core interest)이 아닌 미중 관계라는 보다 큰 틀 속에서 인식하고 있다는 점, 중국과 북한 지도부의 혁명적 연고에 따른 인적 유대가 갈수록 약화되면서 외교정책 결정 과정에서도 경제적 합리성이 중시되기 시작한 점, 북중 간 이념적 연대가 상대적으로 약화된 점 등을 들어 북중관계가 기존 '동맹'의 틀을 강화하기보다는 '국가 대 국가'라는 현재의 관계가 강화될 가능성이 크다고 한다. 다만 북중관계의 역사적 궤적을 보면 북중관계는 순망치한의 지정학적 이익이라는 구조적 틀 내에서 움직이고 있는 것도 사실이기 때문에 중국과 북한 모두 동맹의 포기와 연루의 위험을 고려하여 최적의 이익을 추구할 수밖에 없다고 한다.[21]

20) 이종석, 『북한-중국관계 1945~2000』(서울: 중심, 2000), 284~286쪽.
21) 이희옥, "북·중관계의 변화와 한국의 대응," 『중국의 부상에 따른 한국의 국가전략 연구 Ⅰ』(서울: 대외경제정책연구원, 2009), 182쪽, 211쪽.

전병곤은 북중관계는 냉전기 혈맹관계를 유지하다가 탈냉전기에는 보편적 국가 간 관계로 이행하고 있다고 평가한다. 아직 혈맹적 요소도 남아있을 뿐만 아니라 공식적으로 전통우호협력관계의 틀을 유지한 채 정책적으로 전략적 협력관계에 있다는 것이다. 이러한 전략적 협력관계는 북중 양국의 필요에 의한 것이라고 주장한다. 중국은 경제성장을 위한 평화로운 주변 환경을 창출하기 위해 한반도의 평화와 안정을 유지하고자 하며, 이에 따라 북한체제의 유지와 북핵문제의 평화적 해결이 긴요하며 이를 위해서는 북한과의 협력이 필요하다. 또한 평화적 부상에 대한 주변국의 협조와 지지를 얻고 한반도 및 동북아지역에서의 영향력 확대를 위해서도 북한과의 관계 유지가 중요하다고 한다.[22]

김흥규는 북중관계는 냉전시기 조차도 협력과 우호관계보다는 구조적 불안정과 갈등이 더 일반화된 관계라고 하면서 호금도 시기 '당 대 당 관계'가 '국가 대 국가 관계'로 전환되었다고 한다. 1961년 맺은 북중군사동맹조약이 여전히 유효한 상황이라 종종 준동맹관계로 평가되기도 하지만 공식적으로는 '전통적 우호협력관계'에 속하며, 이는 중국외교 유형에서 전략적 동반자관계에 속하지 못하고 심지어는 주요 주변국과 체결한 동반자관계에도 속하지 못하는 일반 국가관계 수준이라고 하면서 중국은 21세기 들어 북한과의 관계에서 '혈맹'이라는 표현을 자제해 왔고 북한과의 관계를 정상적인 국가 대 국가 관계로 전환시키기 위해 노력하고 있다고 한다. 특히 습근평 집권 이후 강대국으로서의 자아정체성을 지닌 중국은 정상적인 국가관계의 관점에서 대한반도 정책을 구사하며, 호금도 집

22) 전병곤, "중북관계," 한국국제정치학회 중국분과, 『중국 현대국제관계』(서울: 도서출판 오름, 2008), 201~202쪽.

권기에 제정된 북한과의 정상적인 국가관계 정책 방향을 관철하고자 하는 의지를 확고히 하고 있다고 한다.[23]

이동률은 중국과 북한 관계는 기존의 '전통적 혈맹관계'에서 '정상적인 국가관계'로 변화하고 있으며, 중국에게 있어 북한은 역내 강대국들과의 관계에서 영향력 확대를 위한 '북한카드'로서 유용성이 증대되고 있다고 한다. 즉 한·미·일 동맹 강화, 북한체제 위기, 미중관계 악화 등에 대한 전략적 지렛대로서 의미가 있다고 한다. 중국은 이러한 북한카드를 유지하기 위한 차원에서 북한체제 붕괴, 미북관계 급진전 등을 예방하기 위해 북한체제 유지에 필요한 최소한의 지원을 하고 있다고 주장한다.[24]

이태환은 북중관계가 냉전기의 '순망치한'의 동맹관계에서 탈냉전기의 실용주의적인 우호협력관계로 전환되고 있다고 평가한다. 냉전기에는 지정학적 요인, 개인적 유대, 이데올로기적 요인과 지도부 간의 상호 인식 등을 포함하는 여러 가지 대내외적 요인의 영향으로 인해 양국 관계가 동맹관계를 유지하면서도 밀월기와 갈등기를 반복하며 변화해 왔으나, 탈냉전기에 들어오면서 북중관계는 이데올로기적 요인과 개인적 유대 요인이 퇴조하고 지정학적 요인을 포함한 체제 유지와 같은 국가 이익이 더 중요한 요인으로 작용하고 있다고 주장한다.[25]

박두복은 1997년 제15기 전당대회를 통해 출범한 강택민을 중심으로

---

23) 김흥규, "중국의 동반자외교 소고: 개념, 전개 및 함의에 대한 이해," 한국정치학회, 『한국정치학회보』, 제43권 2호(2009); 김흥규, "습근평 시기 중국 외교와 북중관계," 『JPI 정책포럼』, 2015-04호(2015); 김흥규, "한중 '전략적 협력동반자 관계와 북중관계," 『북·중 관계: 구조와 이슈』(북·중 관계 전문가 집중토론회 자료집, 성균관대학교 동아시아지역연구소, 2008).

24) 이동률, "북핵문제에 대한 중국의 인식과 전략," 『북·중 관계: 구조와 이슈』(북·중 관계 전문가 집중토론회 자료집, 성균관대학교 동아시아지역연구소, 2008).

25) 세종연구소 북한연구센터 엮음, 앞의 책.

한 '제3세대 기술관료집단'인 신지도부에게는 대한반도 정책 수립에 큰 영향을 미쳤던 모택동의 유산에서 벗어나 북한과의 특수관계를 청산·조정할 수 있는 여건이 마련되었고, 한국과의 관계를 정치·안보관계까지를 포함하는 전방위적 영역으로 확대하였다고 한다.[26]

정덕구·추수룡(楚樹龍) 등은 습근평을 중심으로 한 신지도부의 신형대국관계와 책임대국론 지향 대외정책, 북한의 3차 핵실험(2013.2) 이후 비핵화 우선의 대한반도 정책으로의 전환, 북한의 핵실험에 대한 중국 내 여론 악화 등 요인이 북중관계를 냉각시키고 중국의 대북정책에 영향을 미치고 있다고 주장한다.[27]

이와 같은 여러 연구는 북중관계가 탈냉전기에 들어서면서 냉전기와는 다른 양상으로 전개되고 있는 점에 주목하고 주요한 변화요인 및 특징, 변화 양상을 설득력 있게 분석해 주고 있다.

이외에 북중동맹에 대한 연구[28]나 중국의 대북정책에 대한 연구[29]

---

26) 박두복, "중국의 대한반도 정책의 신추세와 한중관계의 발전 방향," 외교안보연구원, 『정책연구시리즈』, 2000-5호(2001).

27) 정덕구·추수룡 외, 『기로에 선 북중관계: 중국의 대북한 정책 딜레마』(서울: 중앙북스, 2013).

28) 최명해, 앞의 책; 최명해, "1960년대 북한의 대중국 동맹 딜레마와 '계산된 모험주의'," 『국제정치논총』, 제48권 제3호(2008년 가을); 이상숙, "데탕트시기 북중 관계의 비대칭 갈등과 그 영향," 『한국정치학회보』, 제42권 제3호(2008년 가을); 고수석, "북한·중국 동맹의 변천과 위기의 동학: 동맹이론의 적용과 평가," 고려대학교 대학원 박사학위논문(2007); 박흥서 "중국의 부상과 탈냉전기 중미 양국의 대한반도 동맹전략: 동맹전이 이론의 시각에서," 『한국정치학회보』, 제42권 제1호(2008년 봄); 박흥서, "북핵위기시 중국의 대북 동맹안보 딜레마 관리연구: 대미관계 변화를 주요 동인으로," 『국제정치논총』, 제46권 제1호(2006년 봄); 박창희, 앞의 글; 김예경, "중국의 부상과 북한의 대응 전략: 편승전략과 동맹, 유화 그리고 현안별 지지정책," 『국제정치논총』, 제47권 제2호 (2007년 여름); 이기현, "중국의 대북정책 변화 가능성에 대한 소고: 2000년 이후 미중관계 변화와 중국의 대북 딜레마를 중심으로," 『국가안보와 전략』, 제16권 1호(통권 61호)(서울: 국가안보전략연구원, 2016); 이준우, "중국-북한 동맹관계사 연구," 건국대학교 대학원 정치학 박사학위논문(2016).

도 다수 있으나 상기의 연구들과 마찬가지로 중국과 북한 간 정치·군사
관계나 동맹관계의 지속과 변화에 관한 연구나 중국과 주변강대국과의
관계에 따른 북중관계의 변화, 북한 핵실험에 따른 북중관계 등이 대부분
이다.

2. 북중 경제관계에 관한 연구

1) 북중 경제관계 일반에 관한 연구

북중 경제관계에 주목한 연구들은 2000년대 중반부터 중국과 북한
간의 교역과 중국의 대북한 투자 및 관광 등이 활성화되면서 본격화되었
다고 할 수 있다. 북중 경제관계를 분석한 연구는 주로 북한의 대중국 경
제적 의존이 증대되고 있거나 북중 경제관계가 확대·심화되고 있는 현상
과 그 원인을 규명하는 데 초점을 두고 있다. 대체로 ①북중 경제관계가
경제외적 요인(주로 정치적 요인)과 경제적 요인에 의해 영향을 받고 있다
는 주장, ②정치적 요인 등과는 무관하게 주로 경제적 요인에 의해 영향을

---

29) 문대근, 앞의 논문; 이희옥·박용국, "중국의 대북한 동맹안보딜레마 관리: 대미인식과
북한지정학의 재구성을 중심으로,"『중소연구』, 제37권 제3호(2013 가을); 박병광, "북
한의 3차 핵실험과 중국의 대북정책 변화,"『KDI 북한경제리뷰』, Vol. 15 No. 3(2013);
최수영 외,『중국의 대북한 정책: 영향력 평가와 대응방향』(서울: 경제·인문사회연구
회, 2010); 박형준, "중국의 대북정책 결정 요인과 영향력 연구: 북한 핵실험을 중심으
로," 동국대학교 대학원 북한학 박사학위논문(2015); Samuel Kim, "The Making of China's
Korea Policy in the Era of Reform," David Lampton, *The Making of Chinese Foreign and
Security Policy in the Era of Reform, 1978-2000*(2001); Scott Snyder, *China's Rise and the
Two Koreas: Politics, Economics, Security*(2009); 楚樹龍, "東北亞戰略形勢與中國,"『現代
國際關係』, 2012年 第1期(2012); 于美華, "中朝關係究竟怎麼樣,"『世界知識』, 2008年 第4
期)(2008).

받고 있다는 주장, 그리고 ③기타 경제지정학적 요인 등에 의해 영향을 받는다는 주장으로 대별할 수 있다.

먼저, 북중 경제관계가 정치적 요인과 경제적 요인에 의해 영향을 받는다는 연구를 살펴보면, 북중 경제관계 확대의 배경을 정치적 요인과 경제적 요인으로 나누어 분석하고 있는 최수영은 북중 경제관계 확대의 정치적 배경으로는 북한체제 안정 유지, 대북 영향력 확대 및 북한 선점, 북한의 국제적 고립에 따른 선택 등을 제시하고 있고, 경제적 배경으로는 경제발전을 위한 북한 활용, 동북진흥전략과의 연계, 2000년대 북한의 경제정책 변화 등을 들고 있다. 또한 주로 탈냉전 이후, 특히 1990년대 후반부터 2007년까지 기간의 북중 경제관계를 분석하고 있다.[30]

양문수는 북중경협 확대에는 정치적 요인과 경제적 요인이 병존하고 있다고 본다. 정치적으로는 북한의 국제적 고립, 북한에 대해 사실상 유일한 정치적 후견국으로서 중국의 존재, 북한에 대한 영향력 유지 등의 요인이 있고, 경제적으로는 중국의 고도성장 지속, 동북3성 개발, 북한의 시장화 진전, 양국의 지리적 근접성, 중국 상품의 가격 경쟁력, 변경무역의 관세 특혜, 상대적으로 작은 경제적 격차 등으로 인한 양국 경제의 보완성 향상 등의 요인이 있다고 본다.[31]

이석은 1992년 한중수교 이후 주로 북중무역의 전개 과정에 초점을 맞춰 북중무역에 영향을 미치는 정치적·경제적 변수들과 함께 한국을 비롯한 여타 국가들이 이들 국가와 맺게 되는 국제적 관계의 변화 역시

---

30) 최수영, 『북·중경제관계 확대와 대응방안』(서울: 통일연구원, 2007), 10~22쪽.

31) 양문수, "북중경협 확대와 통중봉남의 미래," 『황해문화』, 가을호(서울: 2011), 243쪽; 양문수 "북중 경제관계의 몇 가지 이슈," 『북·중 관계: 구조와 이슈』(북·중 관계 전문가 집중토론회 자료집, 성균관대학교 동아시아지역연구소, 2008), 121쪽.

감안하면서 북중무역은 이러한 여러 변수들의 종합적인 반영물이라고 주
장한다.[32]

　　박종철은 2009년 이후 북중 경제협력은 글로벌 차원의 중국의 부상
과 중미갈등, 한반도를 둘러싼 한미동맹, 한일군사협력 논의, 한중갈등 등
과 함께, 북한의 체제위기의 심화를 배경으로 하고 있으며, 특히 제2차 북
핵실험 이후 한반도에서 긴장 고조와 접경개발은 밀접한 상관관계를 맺고
있다고 평가한다.[33]

　　이재호 등은 탈냉전기 양국 간의 관계에 경제적 요인 외에 정치 · 외
교 · 안보적 요인들이 복합적으로 작용하며, 중국은 탈냉전기에도 미국과
의 직접적인 대립을 막아주는 일종의 완충지대적 역할이 줄어들지 않고
있는 북한의 존재가 중국의 입장에서도 필요한 측면이 강하기 때문에 지
역안정을 위해 북한과의 경제관계 유지 및 대북지원을 통해 현상유지적
차원에서 지역안정의 위해요인들을 배제하는 것이라고 주장한다.[34]

　　배종렬은 각각 2001년과 2003년을 기점으로 급진전되고 있는 북중무
역과 중국의 대북투자 등 양국 간의 경제밀착은 심화되는 인플레이션 타
개책, 경제재건을 위한 종합적인 중장기계획 수립 등의 북한 측 요인과 함
께, 경제성장에 필요한 광물자원의 확보, 동북진흥전략에 따른 유휴설비
증대 등을 해결하기 위한 중국 측의 이해가 맞물린 측면도 있지만 이러한
경제적 차원을 넘어서는 항만 확보를 전제로 한 개발전략, 후계체제 지원

32) 이석, "경제관계," 『한중수교 이후 북중관계의 발전: 추세분석과 평가』(서울: 통일연구
　　원, 2016), 99쪽.
33) 박종철, "중국의 대북 경제정책과 경제협력에 관한 연구," 『한국동북아논총』, 제62호
　　(2012), 96쪽.
34) 이재호 외, 『동북아 분업구조하에서의 북중 경제협력: 현황과 전망, 그리고 정책적 시
　　사점』, 연구보고서 2010-08(서울: 한국개발연구원, 2010), 87~89쪽.

등 경제외적 요인이 작용하였음을 지적하고 있다.[35]

임수호 · 최명해는 북중 경제밀착은 북한경제의 중국 종속이나 '동북4성화'가 아니라 중국과 북한의 물류와 인프라 구축, 자원 및 노동력 확보 등의 경제적 요인과 함께 중국 입장에서 북한변수의 안정적 관리, 점진적 개혁개방 유도를 위한 대북 영향력 확보의 정치적 요인에 의한 것이라고 본다.[36]

조동호 · 남영숙은 중국의 정치적 변화와 경제적 변화를 분리하여 접근하였던 기존의 접근법에서 탈피하여 중국의 정치적 변화와 경제적 변화의 상호작용과 예상되는 결과를 분석하며, 이를 토대로 북한에 대한 영향의 방향을 살펴보고 있다.[37]

양장석 · 우상민은 북중 경제관계 심화의 배경을 중국의 전략적 이익 극대화, 북한의 국제적 고립에 따른 선택 등 정치적인 배경과 함께 중국의 경제성장 과정에서 북한 이용, 북한의 대중 투자 유치를 통한 경제난 해소 등 경제적인 배경으로 나누어 설명하고 있으나 개괄적인 분석에 그치고 있다.[38]

김철은 2010년 8월 호금도-김정일 정상회담 시 양국 경협관계에서 정부가 주도적인 역할을 수행한다는 새로운 북중경협 방침에 합의한 것을 주목하면서 양국 간 경제체제의 차이 해소, 양국 간 공동발전과 조화발전,

35) 배종렬, "북 · 중 경제관계의 특성과 변화전망," 『수은북한경제』, 2006년 가을호(서울: 한국수출입은행, 2006), 63~67쪽; 배종렬, "최근 北中경제관계의 특징과 시사점," 『수은북한경제』, 2010년 겨울호(서울: 한국수출입은행, 2010), 40~43쪽.

36) 임수호 · 최명해, "북 · 중 경제밀착의 배경과 시사점,"(삼성경제연구소, 2010), 27~28쪽.

37) 조동호 · 남영숙, 『중국의 정치경제 변화에 따른 북한경제의 진로와 남북경협의 방향』, 연구보고서 13-16(서울: 대외경제정책연구원, 2013), 27쪽.

38) 양장석 · 우상민, "북한의 對中 경제의존도 심화와 전망," 『수은북한경제』, 2005년 겨울호(서울: 한국수출입은행, 2005), 75~80쪽.

경협의 규범화 · 정규화 · 제도화 등을 위한 양국 정부 주도의 경협방식을 제시하고 있다.[39]

둘째, 북중 경제관계가 경제적 요인에 의해 좌우되고 있다는 연구를 살펴보면, 김석진은 북중경협의 확대가 중국이나 북한의 정책 변화나 정치적인 이유보다는 중국경제의 성장과 구조 변화 등 경제적인 요인에 따른 부수적인 현상이며, 북한경제의 대중국 의존도가 높아져 중국경제에 흡수될 것이라는 주장에 반대한다.[40]

이영훈은 북한경제의 대중국 의존도 증가는 중국의 의도적인 정책보다는 중국 상품의 가격 경쟁력, 중국의 대북한 원자재 수요 급증, 북중 간 지리적인 인접성, 변경무역의 세제감면 혜택 등 중국의 고성장과 그에 따른 자연스러운 영향력 확대에 크게 기인한다고 본다.[41]

기타 북중 경제관계가 양국 간의 경제지정학적 관계나 국제적인 요인 등에 의해 영향을 받는다는 주장을 살펴보면, 이금휘는 북중 경제관계, 특히 북중 경협 활성화가 국경을 맞댄 북중 양국 및 주변국들이 이루는 동북아지역 구도와 상호작용하여 어떠한 현실을 만들어 내는지를 경제지정학[42]적 측면에서 분석하고 있으며, 동북아 지역구조 및 동북아 지역구

39) 金哲, "중 · 북 경협을 활성화하기 위한 정부의 주도적 역할," 『KDI 북한경제리뷰』, 2011년 9월호(서울: 한국개발연구원, 2011), 92~94쪽.

40) 김석진, "북중경협 확대 요인과 북한경제에 대한 영향," 『KDI 북한경제리뷰』, 2013년 1월호(서울, 한국개발연구원, 2013), 117쪽.

41) 이영훈, "최근 북 · 중 경제관계의 특징과 시사점," 『KDI 북한경제리뷰』, 2006년 3월호(서울: 한국개발연구원, 2006), 16쪽; 이영훈, "북 · 중무역의 현황과 북한경제에 미치는 영향," 『금융경제연구』, 제246호(서울: 한국은행, 2006), 43~45쪽.

42) 경제지정학을 지리적 상황에 지정학의 제 요소 중 경제적 요인이 세계질서 변화 추세와 걸맞아 발전 심화되어 일어나거나 전개되는 국제관계 내지 국제정치를 연구하는 학문이라고 개념 규정한다. 이금휘, 『북한과 중국의 경제지정학적 관계와 경협 활성화』(서울: 선인, 2014), 103쪽.

조를 구성하는 요소 간의 상호작용에 대한 복합적인 연구를 위해 '복잡계 이론'[43]을 원용하고 있다.[44]

이종운은 북한경제가 무역구조, 투자유치, 외화획득 등의 대외관계 측면에서 중국에 과도하게 의존하고 있다는 점을 지적하면서 구조적인 측면에 대해 분석하고 있다.[45]

유승경은 북중무역의 급신장, 북한과 중국의 개발계획 연계구상 등 북한경제의 대중국 의존성 심화는 북핵문제로 인한 국제사회의 대북제재나 일본·한국의 대북제재로 인한 특수한 상황에 기인하는 것으로 분석하고 있다.[46]

2) 북중 간 교역·투자 동향 관련 연구

이외에 북중 간의 무역 변동[47]이나 중국의 대북한 투자 증감[48] 등

---

[43] 이금휘는 복잡계이론과 그 분석도구는 시스템의 거시적 패턴과 미시적 변화를 동시에 고찰하여, 거시적 패턴 속에서 미시적인 하나의 규칙('전략적 지렛대')을 발견할 수 있도록 해 주며, 이 미시적 변화가 동북아 지역구도라는 거시적 패턴의 변화를 가져올 '전략적 지렛대'로 작용할 수 있을지 찾아볼 수 있을 것이라고 한다. 이금휘, 앞의 책, 21쪽.

[44] 이금휘, 앞의 책, 115~126쪽.

[45] 이종운, "북중 경제관계의 구조적 특성과 함의," 『KDI 북한경제리뷰』, 2014년 1월호(서울: 한국개발연구원, 2014), 63~67쪽.

[46] 유승경, "북한경제의 중국 의존 깊어지고 있다," 『LG Business Insight』(서울: LGERI, 2010), 22~33쪽.

[47] 임호열 외, 『북한무역의 변동요인과 북한경제에 미치는 영향』(세종: 대외경제정책연구원, 2015); 임강택, "최근 5년간 북한 대외무역의 주요 특징 및 전망," 『KDI 북한경제리뷰』, 2013년 2월호(서울: 한국개발연구원, 2013), 41~61쪽; 홍익표, "최근 북한의 대외무역 및 경제협력," 『KDI 북한경제리뷰』, 2008년 5월호(서울: 한국개발연구원, 2008), 21~42쪽; 김철, "북한-중국 경제무역 합작 현황 분석," 『KDI 북한경제리뷰』, 2008년 5월호(서울: 한국개발연구원, 2008), 56~72쪽; 김상기, "북한의 대외무역동향," 『KDI 북한경제리뷰』, 2011년 6월호(서울: 한국개발연구원, 2011), 57~68쪽;

에 대한 동향분석 등의 연구는 다수가 존재한다. 정부의 정책을 뒷받침하기 위한 통일연구원, 한국개발연구원, 대외경제정책연구원 등 국책연구기관이나 한국수출입은행 등 북한 관련 업무를 수행하고 있는 기관들의 정기적인 동향분석 등 연구가 많으며, 민간경제연구소의 연구도 상당수 있다.

3) 중국의 대북한 원조에 관한 연구

중국의 북한에 대한 원조와 관련해서는 임방순의 연구가 대표적인데, 임방순은 한국전쟁이 끝난 1953년부터 중국과 북한이 소원한 관계를 회복한 1970년까지를 분석의 대상으로 하며, 원조제공 배경인 중소관계 변화를 기준으로 ①중소 우호기, ②중소분쟁 태동기, ③중소분쟁 격화기의 세

양운철, "북중 광물자원 교역의 증가에 따른 북한경제의 대중국 종속 가능성에 관한 논의,"『세종정책연구』, 2012-20호(성남: 세종연구소, 2012), 3~34쪽; 남진욱, "북한 광물자원 수출유형 분석: 무역통계를 중심으로,"『KDI 북한경제리뷰』, 2016년 9월호(서울: 한국개발연구원, 2016), 21~47쪽; 김규철, "북 · 중 무연탄 무역 연구: 무연탄가격을 중심으로,"『KDI 북한경제리뷰』, 2017년 2월호(서울: 한국개발연구원, 2017), 3~23쪽; 이종규, "북한의 대중 무연탄 수출 감소: 원인과 의미,"『KDI FOCUS』, 통권 제57호(세종: 한국개발연구원, 2015), 1~8쪽; 윤인주, "5 · 24 조치 이후 남 · 북 · 중 간 수산물 교역 변화,"『KDI 북한경제리뷰』, 2015년 2월호(서울: 한국개발연구원, 2015), 29~65쪽.

48) 배종렬 · 윤승현,『길림성의 대북경제협력 실태 분석: 대북투자를 중심으로』(서울: 통일연구원, 2015); 전병곤 외,『북한 접경지역에서의 남 · 북 · 중 협력방향 모색』(서울: 통일연구원, 2015); 배종렬, "길림성의 대북투자: 현황과 유형,"『KDI 북한경제리뷰』, 2016년 5월호(세종: 한국개발연구원, 2005), 51~76쪽; 배종렬, "중국의 북한 석탄 수입수요 급증과 라진항 진출,"『수은북한경제』, 2011년 겨울호(서울: 한국수출입은행, 2011); 김주영, "중국의 최근 북한지역 개발 동향과 향후 전망,"『수은북한경제』, 2010년 여름호(서울: 한국수출입은행, 2010), 63~76쪽; 배종렬, "라선특별시 지정배경과 개발과제,"『수은북한경제』, 2010년 여름호(서울: 한국수출입은행, 2010), 1~24쪽; C4ADS and The Asan Institute for Policy Studies, *In China's Shadow: Exposing North Korea's Overseas Networks*(Seoul: The Asan Institute for Policy Studies, 2016).

개 시기로 구분하고 있는 바, 이 기간은 중소관계가 변화되면서 중국은 북한을 두고 소련과 경쟁한 시기이면서 북한의 경제발전계획단계와도 대체적으로 일치한다고 본다. 즉 원조가 절실했던 전후인민경제복구건설기(1954~1956년)와 경제발전을 위해 중소에 원조를 요청했던 제1차 5개년 인민경제발전계획(1957~1960년), 그리고 제1차 7개년 인민경제발전계획(1961~1967년) 기간이 포함되어 있다. 임방순은 중국은 막대한 원조를 제공했지만 북한은 1965년에 중국을 이탈하여 소련으로 편향되었기 때문에 중국의 대북한 원조는 성공하지 못했다는 일각의 주장을 반박하면서 북한의 일시적인 소련 편향이 있었지만 중국의 대북한 영향력이 지속적으로 확대되었다는 사실에 주목하여 중국의 원조는 일시적으로 효과를 거두지 못한 기간도 있었지만 전체적으로 소기의 목적을 달성하였다고 평가한다. 한편 임방순도 기존의 북중관계 연구가 정치적 분야와 경제적 분야로 분리되어 있었다는 문제점을 지적하며, 정치와 경제를 통합한 시각으로 북중관계를 분석하고 있다.[49]

이상의 논의를 종합해 보면, 첫째로 북중 경제관계의 변화와 관련하여 냉전기부터 현재까지의 기간을 대상으로 한 연구가 없다는 것을 알 수 있다. 북중 경제관계가 크게 주목을 받게 된 2000년 이후를 대상으로 하는 연구는 다수 존재한다. 둘째, 이러한 2000년대에 이루어진 연구들의 특징은 북중 경제관계가 정치적 요인과 경제적 요인의 영향에 의해 형성·발전되어 왔다는 점을 주장하고 있지만 요인에만 집중한 연구가 대부분이며 냉전기 이후 북중 경제관계를 관통하는 어떤 메커니즘이나 구조적인 측면

---

49) 임방순, "중국의 대북한 원조에 관한 연구: 중－소 관계변화의 영향," 북한대학원대학교 북한학 박사학위논문(2014), 14~16쪽.

에 천착한 연구는 찾아보기 어렵다. 중국과 북한이 당 대 당 관계를 바탕으로 한 정치적 관계를 중심으로 양국관계를 발전시켜 왔음에도 불구하고 일관된 메커니즘이나 구조적 측면에 대한 분석은 이루어지지 못했다고 할 수 있다.

이에 본 연구는 북중 경제관계가 급진전되고 북한의 대중국 의존이 우려할 만한 수준으로 심화되면서 '중국의 제4성론' 등이 대두되는 가운데, 북중 경제관계의 진전과 향후 가능한 발전경로를 제대로 이해하고 가늠해 보기 위해서는 이를 형성하는 요인과 함께 양국 간에 고유하게 형성된 특수한 메커니즘에 대한 연구가 필요하지만 기존 연구에서 이러한 주제를 다루고 있지 않다는 점에 착안하여 깊이 있는 연구를 수행해 보고자 하는 것이다.

덧붙여 상기 대부분의 선행연구는 북중 경제관계가 정치적 요인뿐만 아니라 경제적 요인의 영향도 받았다고 주장하고 있으나, 필자는 정치관계가 기본이 되는 사회주의 국가 간의 제반 관계는 주로 정치적 요인에 의해 결정되고 경제적 요인은 부차적인 역할을 한다고 판단하여 정치적 요인 중심으로 분석하였음을 밝혀둔다. 이는 후술하는 본 연구의 보조가설에도 명시하였다.

본격적인 논의에 들어가기에 앞서 본 연구에서 사용할 몇 가지 용어에 대해 간략히 정의하고자 한다.

먼저, '북중 경제관계'는 통상적으로는 북중 경제협력과 유사한 개념으로 사용되고 있지만 본 연구는 북중 경제관계를 북중 경제협력보다 포괄적인 개념으로 보고 있다. 무역, 투자, 원조 등이 양자에 모두 포함되고 있어 유사하다고도 할 수 있어 논의 중에 일부 통용해서 사용하기도 했지만 북중 경제관계는 경제협력 외에도 경제외교 등을 포함시켜 보다 포괄적인 개념으로 정의하고자 한다.

둘째, 본 연구에서 사용하는 '결박'의 개념 정의에 대해서는 제2장에서 상세히 후술할 것이기 때문에 간략히 논의한다. 국제정치학에서 사용하는 일반적인 개념보다는 한정적인 의미로 사용하고 있다. 즉 북중군사동맹조약 제4조에 기반한 중국과 북한 '양국 정상 및 고위급 간 상호 협의 및 통보를 통한 중국의 북한 관리·통제'이고, 따라서 결박의 작동 여부를 가늠할 수 있는 지표는 중국의 북한 결박 메커니즘인 '정상 및 고위급 상호방문을 통한 정상회담 및 고위급회담 개최'라고 할 수 있다.

셋째, 본 연구에서 사용하는 중국의 인명(人名), 지명(地名) 등은 불가피하게 중국식으로 표현해야 할 경우를 제외하고는 가급적 북한의 언론이나 논문에서 사용하는 방식을 따른다. 예를 들어 마오쩌둥, 저우언라이, 덩샤오핑, 장쩌민, 후진타오, 원자바오, 시진핑 등 중국식 이름 대신 모택동, 주은래, 등소평, 강택민, 호금도, 온가보, 습근평 등 한자(漢字)식 이름을 사용한다. 북한자료 인용 시의 혼란을 피하고 일관성을 유지하기 위함이다. 지명의 경우에도 마찬가지로 베이징, 상하이, 랴오닝성, 지린성, 헤이룽장성 등 중국식 이름 대신 북경, 상해, 요녕성, 길림성, 흑룡강성 등 한자식 이름을 사용한다.

제2절 이론적 논의와 연구의 분석 틀

1. 북중군사동맹조약의 '결박' 기능

국제정치학에서 동맹은 일반적으로 외부 세력 및 위협에 대한 '균형'

과 동맹국 상호관계를 관리하는 수단인 '결박'의 양면적인 기능을 수행한다고 본다. 이러한 동맹의 양면적인 기능은 동맹관계를 맺은 북중관계에도 그대로 적용된다고 볼 수 있다. 약소국인 북한이 '균형'의 기능에 큰 비중을 두고 있다면, 강대국인 중국 입장에서는 '결박'의 기능에 치중[50]한다고 할 수 있다.

결박의 기능을 상호 적대감의 봉쇄 내지 통제라는 본질적 목적에 주목하여 그 주요한 특징을 '상호 반목의 관리' 또는 '상호 제한의 합의(agreement of mutual restraint)'로 이해하는 경우가 많으나, '결박' 동맹은 이처럼 상호 적대감의 봉쇄 내지 통제라는 본질적 목적 이외에도 중요한 전술적 부수효과를 수반한다. 즉 동맹 파트너가 또 다른 동맹을 형성하는 것을 선제적으로 예방할 수 있으며 보다 진일보한 제휴의 가능성과 협력을 증진시킬 수도 있고, 자국의 부담을 경감시킬 수 있다. 또한, 잠재적 적대국의 능력이 자국으로 시현되지 않도록 보증할 수 있다.[51]

본 연구는 이러한 '결박' 동맹의 본질적 및 부수적 목적을 인정하는 가운데 1961년 7월 11일에 양국 간에 체결된 후 폐기되지 않고 아직까지 존속하면서 북중 양국관계를 실체적으로 규율하고 있는 법규인 북중군사동맹조약[52] 제4조[53] "체약 쌍방은 양국의 공동 이익과 관련되는 일체 중

---

[50] 중국은 북중군사동맹조약을 통해 미국의 반공봉쇄정책에 대항하려는 의도 못지않게 중국과 소련 사이에서 북한이 취할 행보를 조약이라는 형식을 통해 예방적으로 결박 (tethering) 시키고자 하는 의도가 있었던 것이다. 최명해, "북·중 동맹조약 체결에 관한 소고," 『한국정치학회보』, 제42집 제4호(2008), 333쪽.

[51] 최명해, 「중국·북한 동맹관계: 불편한 동거의 역사」(서울: 오름, 2009), 48~49쪽.

[52] 劉金質·楊淮生 主編, 『中國對朝鮮和韓國政策 文件汇編』(北京: 中國社會科學出版社), 1279~1280쪽.

요한 국제문제들에 대하여 계속 협의한다."는 내용을 있는 그대로 충실하게 해석하여 '결박'의 기능을 북한과 중국의 '양국 정상 및 고위급 간 상호 협의 및 통보를 통한 중국의 북한 관리·통제'라는 제한적인 의미로 사용하고자 한다. 이러한 북중 '양국 정상 및 고위급 간 상호 협의 및 통보를 통한 중국의 북한 관리·통제'를 통해 극심한 안보위협에 시달리던 중국이 의도한 것은 자신의 적대세력인 소련 및 미국의 위협이 가시적인 상황에서 북한이 중국의 적대세력에 편승하는 것을 방지하고 중국 입장을 지지하도록 하는 것이었다고 판단된다. 즉 '양국 정상 및 고위급 간 상호 협의 및 통보'는 북중 간의 주요한 이슈에 대한 최고지도자 및 고위급 간의 협의 체제를 구축하여 중국이 동맹국인 북한의 행동을 관리·통제하고자 하는 의도에서 만든 것으로 볼 수 있다는 것이다.

53) 이 제4조는 '중·조 수뇌방문에 관한 협정'(상호 협의 및 통보제)을 법적으로 명문화한 것에 지나지 않는 것으로 알려지고 있다. 수뇌방문협정 존재 자체가 국가기밀 사항이어서 누설할 경우에는 중형에 처해질 수 있기 때문에 중국 공무원이나 학자가 그 내용은 물론이고 존재 자체도 확인해 주기는 어렵다고 할 수 있다. 이 수뇌방문협정의 존재를 최초로 주장한 오진용은 중국이 김일성을 보다 확실하게 자기편으로 묶어둘 수 있는 장치를 생각한 데서 동 비밀협정을 체결하게 된 것이며, 동 비밀협정은 사실상 북한에 주둔하고 있던 중국인민지원군의 철수를 위한 전제조건이나 다름없었다고 주장한다. 오진용, 『김일성시대의 중소와 남북한』(서울: 나남출판, 2004), 26쪽; 그러나 최명해는 1956년에 모택동과 김일성 간에 직접 체결되었다고 하는 오진용의 주장을 반박하면서 주은래가 1958년 2월 14~21일 방북해서 이 '중·조 수뇌방문협정'을 체결했다고 주장한다. 북한 관련 업무를 주로 담당해 왔던 전직 중국외교관에 의하면, 1956년 중북 양국 간에 상당한 긴장감이 조성되어 있었던 정황적 근거로 보아 당시 동 협정이 체결되었을 가능성은 희박하다고 보고 있다. 또한, 그는 그와 같은 협정은 정부 간의 공식적인 외교사안인 만큼 모택동이 직접 협상 당사자일 가능성이 없다고 언급했다. 실제 모택동은 단 한 번도 북한을 방문한 적이 없다. 또한 1956년 김일성이 중국을 방문한 흔적은 발견되지 않고 있다. 이 협정이 체결되게 된 배경은 1956년 '8월 종파사건' 이후 북한 당·정·군 내 '연안계'가 숙청됨으로써 북중 간의 인적 채널이 소멸되었고, 6·25전쟁 이후 북한에 주둔 중이었던 중국인민지원군 마저 완전히 철수함으로써 조·중 연합군 체제가 소멸되었다. 이러한 상황에서 중국은 북한이 김일성의 유일지배체제하에 독자적인 행동을 강화해 나가자 김일성 '개인'을 통제함으로써 북한의 행보를 관리해야 할 필요성을 인식하고 동 협정을 체결했다고 주장했다. 최명해, 앞의 책, 106~107쪽 및 각주 108호를 참조.

중국은 이 제4조를 동북아 냉전구도라는 보다 거시적이고 전략적인 환경을 고려하여 포함시켰던 것으로 판단된다. 자국의 전략적 이해에 관계될 수 있는 '일체'의 문제에 대해 협의해야 한다는 의무 규정은 상대적으로 약소국인 북한의 행보를 철저히 통제 및 관리하겠다는 의미와도 같았다. 이후 이 제4조 규정은 중국이 김일성의 북한을 '관리'해 나가는 수단의 근거가 되었다.[54]

중국이 북한과의 관계에서 '결박-보상 메커니즘'을 도입한 것은 비대칭동맹 관계에서 일반적으로 적용되는 '안보-자율성 교환' 모델이 북중 간에는 작동되지 않고 북한에 대한 중국의 영향력 행사가 매우 제한되었기 때문인 것으로 보인다.

즉 양국관계는 동맹이되 강대국이 약소국에 대해 정치적 영향력을 행사하는 데 제약을 갖는 '내정 불간섭형 비대칭동맹'이라는 특수한 관계로 정착되었다. 양국은 '약소국인 북한이 강대국 중국에 대해 정치적 자율성을 확보한 동맹'으로 발전했던 것이다.[55]

결국 중국이 북한을 '결박'하기 위해 맺은 군사동맹조약이 실질적으로 의도한 것은 '양국의 공동 이익과 관련되는 일체 중요한 국제문제들'에 대해 '양국 정상 및 고위급 간 상호 협의 및 통보'를 실현함으로써 북한을 관리·통제[56]하는 것이었으며, 이를 위해 중국의 최고지도자와 김일성 간

---

54) 최명해, 앞의 책, 180쪽.

55) 이종석, 『'문화대혁명'시기 북한-중국 관계 연구』(성남: 세종연구소, 2015), 6쪽.

56) 양국관계의 기본조약으로 간주되는 비밀협정인 '중조 수뇌방문협정'의 이행 과정을 보면 모택동은 평생 한 번도 북한에 가지 않았다. 주로 김일성이 빈번하게 북경을 방문했다. 김일성과 중국지도자들의 대화를 보면 아주 작은 세세한 일까지 양국의 지도자가 서로 상의했음이 드러나고 있다. 중국은 이런 협의 과정을 통해서 김일성의 사고방식을 이해했고, 이런 최고위층 접촉을 북한을 '통제'하는 장치로 이용했다. 이런 체제하에서 중국은 동맹의 통제효과를 만끽했다. 반면 김일성은 이런 확고한 중국의 지지를 통해서 대내적으로 절대적인 독재체제를 구축할 수 있었다. 오진용, 앞의 책, 27~28쪽(각주 21 포함).

정상회담 또는 그를 대신한 양국 고위급회담의 개최[57)는 반드시 필요했다. 즉 중국은 양국의 공동 이익과 관련된 중요 현안에 대한 정상 및 고위급 간 '상호 협의 및 통보'를 통해 김일성의 독자적인 행동을 통제하고 불확실성 높은 북한을 '관리'하고자 했던 것이라고 판단된다. 북중 '정상 및 고위급 간 상호 협의 및 통보'를 결박으로 이해할 경우 그 결박을 실행할 수단은 바로 '양국 정상회담 및 고위급회담 개최'였던 것이다.

북중 정치관계에서는 정상외교가 가장 중요한 제도적 장치라고 할 수 있다. 역사적으로 북한과 중국 간에는 매우 독특한 방식으로 외교적 의사소통이 진행되었다. 소통 채널이 제도화되지 않고 최고 정상 간 직접 대면 방식으로 진행된 것이다. 이러한 '정상외교' 방식은 현재는 이상할 것

---

57) 중국이 어느 한 나라와의 관계를 발전시키면서 두는 중요도를 쉽게 알 수 있게 하는 지표는 최고지도부가 그 나라를 방문한 빈도라고 할 수 있다. 최고지도부의 방문이 중국의 외교적 우선순위를 보여준다고 믿는 것은 다음과 같은 이유 때문이다. 첫째, 최고지도부의 해외방문은 그들이 국내에서 하는 정상적인 업무 처리를 못하게 됨에 따라 발생하는 막대한 기회비용 때문에 상당한 자원을 투입하게 만든다. 이 기회비용은 중국의 정치시스템에서 특히 높은데, 이는 당총서기, 국가주석 또는 국무원 총리가 자신들의 우선순위를 위해 의사결정과 정부의 집행력 동원에 있어서 중요한 상징적이고 기능적인 역할을 수행하기 때문이다. 둘째로 최고지도부의 해외 방문은 실무자들과 주재 공관이 최고의 광범위한 준비를 하게 한다는 점이다. 실무자들은 최고지도부가 해외방문 시에 체결할 경제 및 기타 협정들을 사전에 협의하기 위한 준비 차원에서 그 나라를 여러 차례 방문한다. 중국지도부가 해외 방문을 할 때 대체로 많은 정부인사들과 기업인들을 수행원으로 대동하며 중국의 그 나라에 대한 원조 공여나 투자 성사 건에 대한 발표가 있거나 정치·경제 관련 협정 체결이 이루어진다. 그래서 한 명의 최고지도자의 해외 방문은 중국정부의 상당한 경제적·외교적 자원을 투입하게 만든다. 셋째, 최고지도자가 어떤 나라를 방문할지를 그 자신이 최종 결정하는 구조이기 때문에 최고지도부의 방문은 다른 어떤 외교적인 사안보다 중국지도부의 우선순위를 보다 직접적으로 보여주게 된다. 끝으로, 최고지도부의 해외방문은 중국외교의 우선순위와 책무를 보여주는 가장 중요한 지표라고 할 수 있다. 중국 최고지도부는 양자관계의 목적과 목표들을 설정하기 위해 종종 정상회담을 활용하는데, 중국의 정치시스템에서 최고지도부의 승인은 그들의 우선순위 과제들에 대한 관심과 자원을 결집시키는 데 있어 중요한 수단이 된다. Scott L. Kastner & Phillip C. Saunders, "Is China a Status Quo or Revisionist State?: Leadership Travel as an Empirical Indicator of Foreign Policy Priorities," *International Studies Quarterly* (2012), p. 165.

이 없으나 냉전시대에는 매우 드문 일이었다. 이는 양국 지도부 간 불신의 역사적 경험에 기인한다. 1956년 '8월 종파사건'으로 북한 당·정·군 내 모든 '연안계'가 숙청되어 중국의 대북 인적 채널이 소멸된다. 그리고 1958년 중국인민지원군 철수로 '조중연합군체제'도 종결된다. 이에 따라 중국은 김일성의 유일지배체제가 확립된 상황에서 북한 최고지도자 '개인'을 통제함으로써 북한의 행보를 관리해야 할 필요성이 있었다. 반면에 북한은 최고지도자의 유일지배체제를 위협하는 정치적 도전세력을 중국이 후원할 가능성을 경계해 왔으며, 번거로운 절차 없이 중국 최고지도부에 직접 접근하여 필요한 문제를 해결하고자 했다. 이러한 역사적 경험이 '정상외교' 중심의 의사소통 구조를 만들었고, 이는 탈냉전 시기에도 지속되었다.[58]

이와 같이 북중 양국 최고지도자 간 상호왕래를 통한 의사소통이 북중관계에서 가장 중요한 정치적 수단[59]이 되었으며, 정상회담 개최 또는 이를 대신한 고위급회담 자체가 중국 입장에서는 '정상 및 고위급 간 상호 협의 및 통보'의 작동 여부를 가늠할 수 있는 시금석이었다고 할 수 있는 것이다.

따라서 중국의 북한 결박이 작동되는지를 보여주는 대표적인 지표인 북중정상회담은 물론이고 양국 최고지도자들의 지시하에서 최고지도자들의 의지를 실현하기 위한 고위급회담을 통해 중요 사안에 대한 '상호 협의 및 통보'가 이루어져 중국의 북한 결박이 이루어질 경우에는 중국의 대북

58) 최명해, "2013 북중관계 동향과 향후 전망," 국립외교원 중국연구센터, 『2013 중국정세보고』(서울: 국립외교원, 2014), 202쪽.

59) 송종규, "북한과 중국의 관계 변화에 관한 연구," 부경대학교 대학원 정치학 박사학위논문(2013), 103쪽.

한 보상이 제공되어 북중 경제관계가 호전되지만 중국의 북한 결박이 이루어지지 않을 경우에는 중국의 대북한 보상도 제공되지 않거나 중국이 북한에 이미 부여한 보상을 박탈하거나 보상을 중단함으로써 북중 경제관계가 악화되는 양상을 보인다는 것이다.

2. 연구의 분석 틀: '결박과 보상'

본 연구는 앞서 적시한 바와 같이 분석에 필요한 가설을 제시하고 이를 검증하는 방식을 택한다. "북중 경제관계는 중국의 북한 결박에 대한 보상 차원에서 형성된다"를 주가설로, "이러한 보상 성격인 북중 경제관계에서 당을 포함한 중국정부는 정치적인 논리에 치중한다"를 보조 가설로 설정한다.

즉 본 연구가 밝히고자 하는 것은 중국이 북한을 관리·통제하기 위해 동맹조약에 규정해 놓은 결박 메커니즘이라 할 수 있는 중국과 북한의 '정상 및 고위급 간 상호 협의 및 통보를 통한 중국의 북한 결박이 이루어질 경우에는 중국의 대북한 보상이 이루어져 북중 경제관계가 호전되지만 그렇지 못할 경우에는 북중 경제관계가 악화되는 양상을 보인다는 것이다.

본 연구가 북중 경제관계를 중국의 북한 결박에 대한 보상으로 이해하게 된 가장 큰 이유 중 하나는 '양국의 공동 이익과 관련되는 일체 중요 국제문제들에 대해 계속 협의' 즉 '결박'을 규정한 북중군사동맹조약 제4조와 '경제적·기술적 원조 및 경제·문화·과학기술적 협조'를 규정한 제5조[60] 간에 연관성이 있다고 보았기 때문이다. 제4조와 제5조는 일견 상호 독립적이고 아무런 연관성이 없어 보일 수 있지만 냉전기 이래 개최된 북중 간의 모든 정상회담에서 예외 없이 제4조가 규정한 '중요 국제문제들에 대한 협의'와 함께 제5조가 규정한 '중국의 대북한 원조'가 논의되고 있음을 감안하면 양자는 상호 무관한 것이 아니고 긴밀히 연관되어 있는 것이라고 할 수 있다. 이는 한편으로는 북중군사동맹 조약을 체결한 중국과 북한의 주요한 관심과 당초의 의도가 각각 다른 것임을 입증하는 것이기도 하다.

중국 입장에서 북중군사동맹조약은 대내외적인 난제들을 극복하고 외교에서 새로운 상황을 창조하기 위한 전략적인 선택이었다. 1950년대 말과 1960년대 초 중국의 대외적인 환경에서 북한과의 동맹 형성은 필수적인 문제였다. 중국지도부는 특히 대소외교에서의 새로운 상황을 조성하기 위해 북한의 외교적 지지가 전략적으로 반드시 필요하다고 판단했으며, 이런 이유로 1960년 3월 모택동은 북한과의 동맹조약 체결에 대한 기존의 입장을 바꿔 북한과 동맹조약 체결을 서둘렀다. 중소대립이 격화될수록 중국은 북한을 자신의 편에 붙들어 두기를 원했다. 북소군사동맹조약 체결이 가시화되면서 중국은 심한 압박 속에 북한을 자국 편으로 만들기 위해 북소동맹조약이 제공하는 것보다 강력한 약속, 예를 들어 경제원조 제공 등을 통해 자국의 안보에 중요한 국가인 북한과의 관계를 더 이상 미해결된 상태로 내버려 두기를 원치 않았다. 1961년 체결된 북중군사동맹조약은 김일성의 리더십에 의한 것이 아니라 중국의 국가이익에 기반한 전략적 행위의 산물이라고 보는 것이 적절하다.[61] 따라서 양국관계의 특

---

60) "체약 쌍방은 주권에 대한 호상 존중, 내정에 대한 호상 불간섭, 평등과 호혜의 원칙 및 친선 협조의 정신에 계속 입각하여 양국의 사회주의 건설사업에서 호상 가능한 모든 경제적 및 기술적 원조를 제공하며 양국의 경제, 문화 및 과학기술적 협조를 계속 공고히 하며 발전시킨다."

61) Dongjun Lee, "An Uneasy but Durable Brotherhood: Revisiting China's Alliance Strategy and North Korea," *GEMC Journal*, No. 6 (March 2012), pp. 130~131.

징은 1961년 체결한 군사동맹조약에 대한 중국의 전략적인 사고에서 나온다고 할 수 있다.[62]

앞서 이론적인 논의에서 이미 적시한 바와 같이 본 연구에서 결박은 북한과 중국의 '정상 및 고위급 간 상호 협의 및 통보를 통한 중국의 북한 관리·통제'의 제한적인 의미로 사용되며, 결박－보상 메커니즘의 작동 여부를 보여주는 가늠자는 북중정상회담 및 고위급회담 개최이다. 그리고 북중 경제관계를 결박에 대한 보상으로 본 이유는 북중 경제관계를 이루는 무역과 원조가 특히 냉전기에는 북한이 중국이 원하는 바를 충족시켜 줌으로써 양국 정치관계가 우호적인 상태를 유지할 경우 중국이 북한에 제공하거나 북한이 중국의 결박에 응하도록 관리하고 유인하는 데 사용한 '당근(보상)'의 성격이 강했기 때문이다.

〈표 2-1〉 본 연구의 독립변수와 종속변수

독립변수	종속변수
결박: 정상 및 고위급 상호 협의 및 통보를 통한 중국의 북한 관리·통제 ⇨	보상: 북중 경제관계(무역·투자·원조)

출처: 필자 작성.

뒤에서 상세히 살펴보겠지만 북중 경제관계는 중국의 북한 결박이 잘 작동되어 정치관계가 호전될 경우에는 경제관계도 강화되는 양상을 보였지만 중국의 북한 결박에 북한이 응하지 않는 경우에는 보상이 중단되거나 박탈됨으로써 북중 경제관계도 침체되거나 냉각되는 것을 경험했다.

특히 냉전기에는 중국지도자들은 북한 김일성을 결박하기 위해 특혜

---

62) Dongjun Lee, op. cit., p. 121.

무역, 원조 등 경제관계를 당근과 채찍으로 활용했다. 북한이 중국의 결박에 응해 정상회담을 통해 중요 사안에 대한 사전 협의 및 통보를 실행할 경우 그에 대한 보상으로 경제관계는 확대되거나 활성화되었다.

냉전기 및
1990년대의 북중 경제관계

냉전기 및
1990년대의 북중 경제관계

제1절 북중 경제관계의 전개 양상: 점진적 개선·확대와 부침

1. 북중교역: 국영무역 중심

북중교역은 1950년대 초 한국전쟁 직후부터 본격화되었으며, 소련이 붕괴되기 전까지 중국은 소련 다음으로 북한의 주요 교역상대국이었다. 1950년대 북중무역은 북한의 대중 수출이 극히 미미한 상태에서 (상환 부담이 없는) 중국의 대규모 원조물자가 북한에 유입되는 형식으로 진행되었다고 볼 수 있다. 북중무역의 출발 자체가 상업적 동기가 아니라 비상업적인 정치적 동기에 의해 추동되었다. 1953년 11월 김일성이 북한대표단을 이끌고 중국을 방문해 북중 '경제문화교류협정'을 체결했고, 양국 간의 연간 교역 내역과 규모 등을 정한 '물물교환협의서'도 매년 체결했다.

〈표 3-1〉에서 보는 바와 같이 1950년대 북중교역은 1950년 650만 달

러에 불과했으나 1954년 8,231만 달러,[1] 1959년 1억 1,584만 달러로 가파르게 증가했다. 1960년대 들어서도 1963년 1억 5,138만 달러, 1966년 2억 322만 달러로 급증하여 2억 달러를 돌파한 이후 1967년부터 급감하기 시작하여 1969년에는 9,215만 달러로 1억 달러 밑으로 떨어졌고 1966년의 절반에도 못 미치는 수준으로 내려앉았다. 1950~60년대 북중교역은 북한이 자체 조달이 어렵거나 부족한 물자를 중국에서 원조를 받거나 수입하는 형태로 이루어지면서 북한은 중국과의 무역에서 막대한 무역적자를 볼 수밖에 없는 구조였다.

1970년대 초반 북한의 적극적인 대외무역[2] 기조로의 정책 전환 등에 따라 1970부터 1980년까지 북중교역은 지속적으로 증가했으며, 1979년 6억 4,722만 달러로 6억 달러를 넘어선데 이어 1980년에는 6억 7,757만 달러에 달했다.

1981년부터 중국의 경제개혁이 본격적으로 추진됨에 따라 중국경제가 고도성장 국면으로 진입했으며, 그 여파로 중국의 북한에 대한 수출은 1981년부터 감소세로 접어들었다. 중국의 경제개혁이 본격화되었던 1982년 이후 1987년 무렵까지는 중국경제의 수요폭발 등으로 중국의 대북한

---

[1] "대외무역은 지하자원 개발의 증대와 민주 진영 나라들과의 국제주의적 협조의 강화로 말미암아 통상 총액의 현저한 증가를 가져왔다. 1954년 수출계획은 110%로 초과 실행되었다. (중략) 중국에 수출한 주요 상품은 화학 제품, 농림 수산물 및 약초류 등이다. (중략) 중국으로부터는 환강, 아연화, 면사 등 자재들이 수입되었다." 『조선중앙년감』, 1956, 118쪽.

[2] 1970~80년대 북한 대외무역정책의 가장 큰 특징은 무역다원화라고 할 수 있다. 무역다원화는 무역대상국 구조의 다변화, 무역방식의 다양화, 수출입 상품의 다각화 등을 내용으로 한다. 이 시기 대외무역방식에서도 일반무역 외에 차관도입과 무역의 결합방식, 위탁가공무역, 삼각무역 등 다양한 무역방식들이 출현하였다. 1980년대에는 대외무역을 확대하기 위해 지방의 대외무역권한을 확대하는 분권화조치들을 취했다.

수출 또는 원조 능력이 제약되었고, 북한이 소련과의 관계를 개선함으로써 북중관계는 침체국면으로 접어들었기 때문이었다.

요컨대 1970년대까지의 북중교역이 북중 정치관계 등 정치적 요인의 영향력이 강력한 가운데 공식적인 국영무역 중심으로 실행되었다면 1980년대부터는 공식 무역 외에 비공식 무역이 출현했다. 국경지역을 중심으로 기업 또는 개인의 보따리무역 등 밀무역이 시작되었다.

한편, 1990년대 북중교역은 1993년까지는 가파른 증가세를 보였다. 소련 및 동구사회주의권 붕괴에 따른 교역 감소의 상당부분이 북중교역으로 전환되는 등의 요인이 작용했기 때문이었다. 1990년 4억 8,280만 달러에 불과했으나 1993년 8억 9,960만 달러로 거의 2배 수준으로 증가했다. 그러나 1994년과 1995년에 각각 30.7%, 11.8% 감소함으로써 1995년에는 6억 달러 밑으로 떨어졌다. 이에 따라 1995년에는 1990년 이후 중국이 줄곧 차지했던 대북교역 1위 자리를 일본에게 넘겨주었다. 1996년과 1997년에 증가세로 돌아섰다가 1998년과 1999년에 다시 급감하여 1999년에는 3억 7,037만 달러로 4억 달러 수준에도 못 미쳤다.

북중교역은 1993년부터 경화결제방식으로 전환되고 이전의 국영무역 위주에서 변경무역,[3] 중개무역, 가공무역, 협정무역 등으로 다양화되

3) 변경무역이라는 명칭은 중국에서 정한 것으로 '중국정부가 지정한 특정 국경지역에서 변경무역을 할 수 있는 자격을 획득한 회사 및 개인(중국국적)에 의해 이루어지는 무역'을 말하며, 변경호시무역(邊境互市貿易)과 변경소액무역(邊境少額貿易)으로 구분되며, 중국 해관(세관) 통계에서는 변경소액무역만 집계하고 있다. 따라서 변경무역이라 함은 후자인 변경소액무역만을 지칭한다. 정은이·박종철은 북중교역 행위자(actor)에 대한 현지조사를 실시했다. 중국의 국경도시 가운데 북한과의 교역이 가장 활발한 단둥에 거주하는 50명의 대북교역 종사자를 문화적 동질성을 중심으로 중국한족, 중국조선족, 북한화교, 조교 및 한국인으로 분류하고, 이들을 대상으로 무역 시작 시기, 무역 동기 및 형태 등을 조사했다. 그 결과 북중교역을 시작한 시기를 보면 1990년대 중반이 가장 많은 편인데, 중국조선족과 북한화교가 가장 먼저 시작한 것으로 나온다.

었다. 북한의 대외 경제관계에서 규모의 축소가 있었지만 다른 한편으로 냉전시기보다 북한의 대외경제관계 영역이 다변화되는 변화의 기회를 맞게 되었다.[4]

〈표 3-1〉 냉전기 및 1990년대(1950~99) 북중교역 추이 (단위: 만 달러)

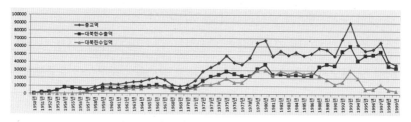

출처: 임금숙, "북한의 대외무역정책에 관한 연구," 창원대학교 대학원 경제학 박사학위 논문, (2010), 21쪽, 32쪽; KOTRA, 『1990~2000년도 북한의 대외무역동향』(서울: KOTRA, 2001), 73쪽.

이 시기 중국과 북한 모두 국영무역체제를 운영했다. GATT는 사회주의국가의 모든 무역을 국영무역으로 간주하고 있지만, 국영무역을 보다 엄밀하게 정의하면 '정부가 개입하는 무역'으로서 사무역과 대비되는 개념이며, '정부가 단순히 무역행위에 관한 규정들을 설정하는 대신 무역의 한 당사자로 행동하는 경우 (또는 사기업들로 하여금 그와 같이 행동하게 만드는 경우)를 말한다고 할 수 있다. 정부의 개입정도와 관련하여 판단해 보면, 국영무역은 ①국가가 무역기업을 소유하는 경우, ②국가가 사기업

이들은 이미 1980년대에 무역을 시작했으며, 그중에서도 중국에 연고가 있고 북한에서 상대적으로 거주의 자유가 있는 북한화교는 1980년대 이전부터 보따리장사를 시작했다. 정은이·박종철, "중국의 대북한 무역에 관한 연구: 무역 관행과 형태 및 행위자의 변화추세에 따른 역동성을 중심으로,"『통일문제연구』, 제26권 2호(2014), 299~336쪽.

[4] 권영경, "김정은시대 북중 교역관계의 특징 분석과 유엔 2270호 제재 이후 전망,"『통일문제연구』, 제29권 1호(2017), 2쪽.

의 무역활동에 대해 허용될 수 있는 수준 이상의 직접통제를 하는 경우, ③국가가 무역기업에 대해 시장에서 불완전경쟁을 유발할 수 있는 배타적이거나 특별한 권한을 부여하는 경우 등인데 각각 소유권, 직접통제, 간접통제 등으로 구분된다.[5]

사회주의 무역은 통상 국가에 의해 독점되며 중앙집중적으로 운영된다. 이러한 특징은 여타 경제활동의 중앙집중적 성격과 수출입을 연차적 경제계획에 맞추어야 하는 계획당국의 당면과제를 감안하면 불가피한 것이다. 즉 사회주의국가의 무역은 그 의사결정이 시장기능에 의존하지 않고 계획기능에 의존한다는 특징을 가지며, 중앙계획당국의 행태가 반영될 뿐만 아니라 정부의 제반 정책적 목표들도 직접 반영되고 있다.

개혁개방 이전의 중국경제도 전형적인 중앙계획경제였고 무역도 그러한 경제계획의 일부로서 국가가 독점했다. 생산자와 수요자를 의사결정에서 배제한 채 대외무역부 산하 특정부문별로 배속된 위계적 조직인 대외무역공단으로 하여금 정부의 무역계획목표들을 수행하게 하는 무역제도였다. 중국은 GATT 가입을 추진하면서 1979년 계획적 상품경제를 목표로 무역제도를 대대적으로 개혁했다.[6]

이와 같이 냉전기에 북한과 중국을 포함한 사회주의국가들의 대외무역은 국가계획 당국의 수출입계획에 따라 주로 여타 사회주의국가들을 대상으로 이루어졌다. 소위 유무상통이라는 원칙에 따라 사용가치의 교환을 목적으로 자국에서 생산할 수 없거나 필요한 재화를 사회주의국가들과의 교역을 통해 수입함으로써 자립적 민족경제를 구현하고자 했다. 경제적

---

[5] 김효율, "中·蘇의 國營貿易制度와 GATT 加入," 성균관대학교 대학원 경제학 박사학위 논문(1991), 15~16쪽.
[6] 김효율, 앞의 논문, 93~94쪽.

논리나 비교 우위보다는 정치·외교적 논리를 더 중시한 사회주의권의 대외교역은 국가계획 당국이 작성한 무역계획에 따라 교역상대인 여타 사회주의국가와의 협상을 통해서 품목과 규모가 정해졌다. 이러한 대외무역은 사회주의국가 간의 상호 국제적 의무로 여겨졌고,[7] 사회주의체제가 붕괴되기 직전인 1990년까지 구상무역 방식에 의한 청산결제로 시행되었다. 수출입 가격, 품목 및 수량 등은 국가 간의 호혜원칙에 따라 이루어졌으며, 이때 적용된 물품의 가격은 대부분 국제시장 가격의 절반에도 못 미치는 경우가 많았다.

사회주의국가 간의 대외무역은 통상적으로 정부 간 무역협정을 체결하는 방식으로 진행되었다. 정부 간 무역협정은 먼저 무역상대국 간 무역에 관한 기본협정이 체결되고, 이를 기초로 양국 간 5년 단위의 중장기 무역협정이 체결된다. 중장기 무역협정에는 무역상대국이 상호 교환할 거래대상 품목과 수량, 결제방식, 분쟁해결 절차 등을 명시한다. 그런 다음 매년 연초 혹은 연말에 한 해의 구체적인 물자교환 합의서를 체결[8]한다.

---

[7] 북한이 1990년대 초반까지 비교적 일관되게 유지해 온 대외무역의 기조는 ①'정경연대', ②'자립경제건설', ③'국가독점' 등이다. 특히 정경연계란 정치적인 목적이 경제적인 목적에 우선한다는 것을 의미하며, 구체적으로 사회주의국가와의 무역에 우선적인 의의를 두면서 '정치적 경제관계'를 유지하며 필요에 따라서 자본주의국가와의 교역을 추진하되 순수한 경제관계만을 맺는다는 것이다. 사회주의국가와의 무역에 우선순위를 두는 이유는 경제적 목적(자국민의 욕구 충족)과 정치적 목적(타국과의 연대 강화)을 동시에 달성할 수가 있으며, 국가경제의 계획적인 운용에 적합하기 때문이다. 임강택, 『북한 대외무역의 특성과 무역정책 변화전망』(서울: 통일연구원, 1998), 20쪽.

[8] 중국과 북한은 1954.9.4., 1956.1.12., 1957.1.24., 1958.1.21., 1958.11.19., 1960.2.29., 1961.3.18., 1962.1.5., 1963.10.13., 1964.9.24., 1965.12.14., 1966.12.3., 1968.3.4., 1969.1.24. 일에 물물교환합의서 내지는 물물교환협정서를 체결하였으며, 1966년 문화혁명 기간에도 매년 체결했다. 임금숙, "북한의 대외무역정책에 관한 연구," 창원대학교 대학원 경제학 박사학위논문(2010), 23쪽 각주 30을 참고하여 필자가 정리.

사회주의국가들이 정부 간 무역협정 방식을 통해 대외무역을 진행해 온 주요한 원인은 계획경제체제하에서 수출입도 경제계획 내에 포함되어야 하기 때문이다. 북한은 중국과의 무역에서도 소련과의 무역에서와 동일한 방식을 채택했다. 정부 간 무역협정은 결제방식에서 통상적으로 청산결제 방식을 채택했다. 청산결제 방식은 무역 쌍방이 수출입 품목, 수량 및 금액을 협상한 후 상대방 국가의 은행에 계좌를 설정하는 것이다. 상품 수출입이 발생하면 각자의 은행계좌 장부에 지출, 수입을 기록하고 연말에 결산할 때 차액 부분을 외화로 상환하거나 다음 연도에 이입(移入)한다. 이러한 청산결제 방식을 통한 구상무역은 당시 사회주의국가들의 외화 부족을 반영하였다.[9]

2. 중국의 대북투자: 중국의 라선특구 투자

북한이 1991년 12월 라진·선봉자유경제무역지대를 선포하기 이전 중국의 북한에 대한 투자는 3건에 불과했다. 1989년에는 중국이 북한과 합영으로 해산물 가공을 위해 함경북도 청진시에 옌진합영해산물주식회사를 설립하였고, 1990년과 1991년에는 평양에 각각 청춘관과 제2청춘관을 합영으로 설립했다.[10]

1991년 12월 이후 중국의 대북한 투자는 주로 라진·선봉자유경제무역지대를 중심으로 이루어지고 있으며, 그 외에 평양 등에서 일부 이루어

[9] 임금숙, 앞의 논문, 23~24쪽.

[10] 배종렬, "북한 외자정책과 대북투자 활성화 방안," 평화문제연구소, 『통일문제연구』, 6권 1호(1994), 140쪽.

졌다. 라진·선봉특구에 대한 중국의 투자를 살펴보면 1998년 중반까지 중국의 대북한 투자기업은 63개로서 라진·선봉특구에 진출한 전체 외국기업 113개 중 56%를 차지하고 있다. 연변현통그룹, 대련화홍집단, 연변국제무역청사유한책임회사, 훈춘신성무역회사 등이 대표적인 중국계 투자기업이다. 라진·선봉특구에 투자한 중국계 기업의 투자 분야는 주로 식당, 상점, 중개무역 등과 관련한 소규모의 서비스 업종이 주를 이루는 것으로 알려지고 있으며, 일부 제조업 분야도 포함되어 있는 것으로 파악되고 있다.

라진·선봉특구에 투자한 홍콩계 기업의 경우는 전체 투자기업수의 10% 미만으로 투자기업 수는 적으나 투자액은 전체의 35%를 차지하고 있는 것으로 집계되고 있다. 투자 분야가 중국계 기업에 비해서 훨씬 다양하고 상대적으로 대규모였다.[11]

〈표 3-2〉 라진·선봉경제무역지대에 대한 중국 및 홍콩의 투자액 (단위: 만 달러)

		1995	1996	1997	1998
중국	계약	2,946	21,458	3,765	28,160
	실행	416	560	352	1,328
홍콩	계약	8,104	22,700	1,050	31,854
	실행	849	318	677	1,845

출처: KOTRA.

한편, 중국의 대외무역경제합작부가 발표한 자료에 따르면 1993년 이후 북한의 대중국 직접투자(실행액 기준, 누계)는 6,700만 달러로 나타

---

11) 조동호 외, 『북한경제 발전전략의 모색』(서울: 한국개발연구원, 2002), 199~200쪽.

낳으며, 협의기준(중국정부 비준)으로는 총 260건 1억 7,000만 달러에 달했다. 특히 북한의 40여 개 업체가 길림성에 식당 경영, 자동차 수리, 식료품 가공 및 식료업 등에 1,000여 만 달러를 투자했다.[12]

이 시기 중국기업의 북한 진출은 중국 지방정부의 묵인하에 제한적으로 민간기업이 주도하던 경제교류의 성격을 보여준다고 할 수 있다.[13] 중국기업들은 투자 여건이 열악한 북한 내 다른 지역보다는 외국인투자 유치를 위해 특구를 개설한 라진·선봉지역을 선호했다.

〈표 3-3〉과 〈표 3-4〉는 각각 중국기업들과 홍콩소재 기업들의 라진·선봉지구에 대한 대북투자 내역이다.

홍콩계 주요 진출 기업으로는 ①단독투자계약 1호로 라진·선봉지역에 주류, 청량음료 공장을 건설하고 선봉국제공항과 헬기 착륙장 건설에 투자를 시작한 홍콩의 신동북아주식회사, ②라진·선봉지구 도로망공사에 6백만 달러를 투자한 시작하고 라진항만에 10만 톤 규모의 시멘트 저장시설 건설을 결정한 홍콩의 타이슨기업, ③대성은행과 합병으로 자본금 15백만 달러로 페레그린 – 대성개발은행을 창설한 홍콩의 페레그린투자주식회사 등을 들 수 있다.[14]

이외에도 홍콩계 기업인 아시아개발그룹, 영스트레이딩사, 허치슨그룹 등의 회사가 호텔 등 서비스업, 면세점, 택시운수업 등 여러 분야에 투자를 추진하고 있는 것으로 알려져 있으며, 수산물 가공, 완구공장 등의

---

12) KOTRA, 『1990~2000년도 북한의 대외무역동향』(서울: KOTRA, 2001), 77쪽.

13) 최수영 외, 『중국의 대북한 정책: 영향력 평가와 대응방향』(서울: 경제·인문사회연구회, 2010), 132쪽.

14) 배종렬, "북한의 외국자본유치실태에 대한 평가 및 전망," 『동아연구』, 제32집(1996), 48~49쪽.

사업도 추진되고 있는 것으로 파악되고 있다.[15)

〈표 3-3〉 중국계 기업의 라진·선봉특구 투자진출 현황(1997년 기준)

기업명	주요 사업 내용
북경순선무역회사	상점 · 식당, 중개업/팔경합영회사
훈춘신성무역회사	상점/라진훈춘상업합영회사
연변국제무역청사유한책임회사	유통, 제약업, 약국/라진보건합영회사
북방극동북지구전자기계청사	상점, 되거리무역/라북합영회사
훈춘장애인취업관리소	상점/봉춘상업회사
임업국제합작공사(훈춘공사)	목재, 중개 수송/라훈목재품유한회사
홍대무역공사	고려약 생산 · 판매/고려약합영회사
연변선흥경제무역유한회사	온실 채소 생산 · 판매 · 중개무역/라연남새합영회사
극동북지구전자기계청사	설비 · 자재 · 원료 되거리무역/평화무역회사
연변고려축목발전유한회사	한증, 음악실, 청량음료점, 호텔/국제구락부
훈춘룡성경제무역회사	식당 봉사업, 중개무역/룡진회사
연변용흥집단공사	식당, 상점, 택시, 연유판매/조선라진용흥집단공사
길림성연길아세아대외무역공사	봉사업/연길상범(라진연길사업회사)
종합수출공사(길림공사)	상점, 관광봉사, 중개무역/라선무역관광회사
산동성경기집단공사	오토바이공장
연변현통그룹	항구시설, 빌딩 · 도로 건설, 라진－부산 항로 운항
대련화흥집단	승리화학공장 합작투자
연변기업(기업명 미확인)	라진 제2비닐공장 보수 · 확장
장춘소재기업(기업명 미확인)	관광호텔
장춘소재기업(기업명 미확인)	주유소
장춘소재기업(기업명 미확인)	벽돌공장
연변항운공사	화물중개

출처: 조명철,『북한과 중국의 경제관계 현황과 전망』(서울: 대외경제정책연구원, 1997),
79쪽 및 조명철 편,『북한의 대외경제정책 10년: 평가와 과제』(서울: 대외경제정
책연구원, 2001), p.48을 참조하여 작성.

15) 조동호 외,『북한경제 발전전략의 모색』(서울: 한국개발연구원, 2002), 200쪽.

〈표 3-4〉 홍콩계 기업의 라진·선봉특구 투자진출 현황(1997년 기준)

기업명	주요 사업 내용
페레그린	페레그린·대성은행 설립
아시아개발그룹	카지노, 아파트, 면세점 건설
폴 아이티씨社	선봉비행장 건설을 위한 합영회사 설립
신북아회사	헬리포트 건설(라진-평양, 라진-연길) 주류·청량음료 생산공장 라진호텔 운영권
영스트레이딩社	라진·선봉호텔 합작 건설
엠페러그룹	오성급 호텔, 카지노 은행
타이슨社	여관, 상점, 식당/라선국제유한회사 택시, 연유 판매, 화물운송/홍성운수유한회사 도로 건설·관리, 자동차 수송/명광타이슨도로합작회사
라선투자자문유한회사	상품 도매, 관광 봉사/라진상업센터개발·관리회사
Z에어	20~25인승 경비행기 운항(평양-라진)
一州그룹	객실 400실 규모 호텔 건설
허치슨그룹	라진항 건설
Anto무역	수산물 가공, 완구공장
홍콩기업(기업명 미확인)	목재가공 공장, 웅상목재항
홍콩기업(기업명 미확인)	선봉석유정제공장 개선·확장

출처: 조명철, 『북한과 중국의 경제관계 현황과 전망』(서울: 대외경제정책연구원, 1997),
80쪽.

3. 중국의 대북원조: 북한 경제재건 및 생존 지원

이 시기는 북중 경제관계가 대체로 정치·군사적 이해관계에 종속되
는 방향에서 이루어진 것이 관례였고, 이러한 전략적 이해관계가 우선시
되는 조건하에서 양국의 경제관계는 중국의 북한에 대한 일방적 원조의
성격[16]을 띠고 있었다. 한국전쟁 이후부터 문화혁명기 등 일부 중단 시기

를 제외하고 일관되게 이루어졌던 중국의 대북원조는 전쟁으로 피폐해진 국가경제를 재건하는 것과 인민들의 의식주를 해결해 주는 것에 집중되었다.[17]

중국은 한국전쟁 시기에 북한정부와 군대에 직접 제공한 원조 이외에 수많은 경로와 형식으로 북한에 물자를 제공하였다. 3년 전쟁기간 중 중국정부가 북한에 제공한 경제 및 생필품 원조의 총액은 1953년 말 기준으로 약 7.3억 위안에 달했다. 전쟁기간 중 연변지역에 수용된 북한 난민은 11,728명으로 제공된 구제액은 14.88억 위안(동북지역 화폐 기준)에 달했으며, 의류는 43,180벌, 난민들에게 제공된 귀국 비용은 10.1억 위안이었다. 이와 같이 중국은 북한정부와 인민을 위해 다양한 분야에서 원조를 제공하였다.[18] 아래 표는 전쟁 기간 중 중국이 북한에 제공한 무기 내역을 보여준다.

〈표 3-5〉 1950~53년 북한에 제공한 중국 측 무기 항목

	무기 항목	단위	규모
1	총	만 정	6.7
2	화포	문	920
3	탱크 및 자주포	대	120
4	탄두	만 발	5,929
5	포탄	만 발	61
6	기차	량	1,233

16) 張車明, "關于 中－北朝 貿易與物流協力分析,"『韓中社會科學研究』, 제9권 제2호(2011), 274쪽.

17) 이원근, "북한·중국의 경제관계 실태와 정치경제적 함의에 관한 소고,"『대한정치학회보』, 20집 3호(2013), 86쪽.

18) 션즈화(김동길·김민철·김규범 역),『최후의 천조: 모택동 김일성 시대의 중국과 북한』(서울: 도서출판 선인, 2017), 388~390쪽.

	무기 항목	단위	규모
7	무선전신기	대	200
8	유선전신기	대	500
9	지뢰	만 개	1.9
10	수류탄	만 개	39.6

출처: 張郁慧, 『中國對外援助研究(1950~2010)』(北京: 九州出版社, 2012), 100쪽.
원 출처: 「歷代 中國軍隊 軍事工作上」(北京: 中國社會科學出版社, 1989).

1953년 11월 23일 주은래 중국 총리와 김일성 북한 수상 간에 '북중 경제문화협력협정'[19]을 체결하였다. 중국의 대북원조에는 전쟁 기간 중 북한이 중국에 진 채무 7조 2,900억 위안(미화 3억 6,250만 달러)을 탕감하는 동시에 8조 위안(미화 4억 달러)을 1954부터 1957년 기간에 걸쳐 원조 지원하는 것이며, 그중 3억 위안(미화 1억 2,500만 달러)을 1954년 첫해에 지원하는 것이 포함되었다. 이 자금으로 산업용 자재, 건설 자재, 기계 및 장비, 식량을 구입하고, 철로와 교량을 보수하는 데 사용하도록 했다. 재건 첫해인 1954년 중국은 총 30억 루블(미화 7억 5,000만 달러) 이상의 무상경제원조를 북한에 제공하겠다고 약속했는데, 이 금액은 소련과 동구권 국가들의 총 원조액인 22억 루블(미화 5억 5,000만 달러)을 훨씬 상회하는 금액이었다.[20]

[19] "(중략) 제1조 체약 쌍방은 우호 협조와 평등 호혜의 기초 위에서 량국 간의 경제 및 문화 관계를 강화 발전시키며 피차 간 각종 가능한 경제적 및 기술적 원조를 호상 제공하며 필요한 경제적 및 기술적 합작을 진행하고 량국 간의 문화 교류 사업을 촉진시킴에 노력할 것을 보장한다. 제2조 본 협정을 실시하기 위하여 체약 쌍방은 량국의 경제, 무역, 교통, 문화, 교육, 유관 기관들로부터 본 협정에 근거하여 각각 구체적 협정을 체결한다. (중략)", 『조선중앙년감』, 1954~55(상), 78~79쪽.

[20] Zhihua Shen and Yafeng Xia, "China and the Post-War Reconstruction of North Korea, 1953-1961," NKIDP Working Paper, No.4 (May 2012), 3쪽; 張郁慧, 『中國對外援助研究(1950~2010)』(北京: 九州出版社, 2012), 101쪽; 『조선중앙년감』, 1954~55(상), 78쪽.

〈표 3-6〉 전후복구기(1954~56) 중국의 대북한 원조 내역

구분	주요 항목	비고
협정 체결	북중경제문화협력협정('53)	
무상원조	7조 2,900억 위안(전쟁비용 및 물자 탕감) 8조 위안(식량 등 일용품 구매용)	'54~'57 (4년 분할)
프로젝트 원조	벽돌공장 (건설) 에나멜공장(건설) 대안전기공장(55년 완공) 평양방직기계공장(55년 완공)	
물자지원	면포, 식량, 석탄, 건축자재(다수) 기관차, 貨車(화물기차), 운송자재 의류, 紙類(종이류), 문방구 금속제품, 기구, 어선	
인력지원 (중국인민지원군 및 기술자 등 건설 지원)	정부건물 340동, 학교 240동 댐 5개, 교량 4,107개 도로 346Km, 철도 72Km 대동강 철교 등 9개	

출처: 임방순, "중국의 대북한 원조에 관한 연구: 중－소 관계변화의 영향," 북한대학원
대학교 북한학 박사학위논문(2014), 98쪽.

북한이 전후복구기에 획득한 원조는 대략 1957년경 완료되기 때문에
새로 착수하는 5개년 경제계획을 위해서는 늘어나는 경제규모에 따라 그
이상의 원조가 필요했다. 5개년 경제계획의 성공을 위해 김일성은 전후복
구기와 동일하게 사회주의 형제국가들에게 의지했다.

1958년 중국의 원조 형식과 북한의 요구 항목에는 변화가 있었다. 중
국은 북한의 전후복구기에 무상원조의 형식으로 원조를 제공하였지만 이
시기에는 차관과 상호이익을 도모하는 무역으로 점차 변경시켰다. 중국은
북한과의 무역도 원조의 일환으로 보고 있었다. 북한이 요구하는 품목은
수입을 해서라도 제공했으며, 북한에서 무역적자가 발생하면 중국은 북한
에 제공할 차관으로 적자금액을 해결하였다. 이에 북한도 전후복구기에

중국으로부터 일용품을 제공받았던 것과 달리 이 시기에는 기계설비 및 공장 건립을 중국에 요구하기 시작했다. 그리고 중국인민지원군 철수로 비롯된 노동력 부족 현상을 해결하기 위해 북한은 1958년 12월 중국의 조선족들이 북한에 와서 경제건설에 참여할 수 있게 해달라고 중국에 제의하였다. 이에 중국은 1958년경 조선족 일부를 수차례에 걸쳐 아예 북한으로 이주시켰다. 이때 전체 1만 297가구, 총 5만 2,014명의 조선족이 북한으로 들어갔다.[21]

〈표 3-7〉 제1차 5개년 경제계획기(1957~60) 중국의 대북한 원조 내역

◦ 운봉발전소, 1958년 10월 북한합작 착공 (4,000만 루블 무이자)
◦ 평양정밀기계공장, 1960년 8월 13일 완공
◦ 평양베아링공장, 방직공장, 1958년 9월 완공
◦ 시멘트 크라프트공장(2개) (1억 7,000만 루블(US 4,250만 달러) 규모)

출처: 임방순, "중국의 대북한 원조에 관한 연구: 중－소 관계변화의 영향," 북한대학원대학교 북한학 박사학위논문(2014), 137쪽.

북한은 5개년 경제계획을 종료하고 이어서 7개년 경제계획에 돌입했다. 이 7개년 경제계획도 지난 5개년 경제계획과 동일하게 중공업 발전을 우선한다는 정책에는 변함이 없었다. 1961년 9월에 발표된 7개년 경제계획은 중국과 소련의 원조를 전제로 수립되었다. 이를 위해 북한은 때마침 격화되어 가는 중소분쟁을 기회로 중국 및 소련과 각각 '장기무역협정'과 '물자제공협정' 또는 '경제기술지원협정' 등을 체결하였다.[22]

---

[21] 임방순, 앞의 논문, 136~137쪽.
[22] 임방순, 앞의 논문, 157~159쪽.

〈표 3-8〉 제1차 7개년 경제계획기(1961~67) 중국의 대북한 원조 내역

◦ 타이어 공장	1961~64년 완공 (신설)
◦ 무선통신기계 공장	1961~64년 완공 (신설)
◦ 견방직 공장	1961~64년 완공 (신설)
◦ 만년필 공장	1961~64년 완공 (신설)
◦ 메리야스 공장	1961~64년 완공 (신설)
◦ 경공업 공장	1961~64년 완공 (신설)
◦ 무선통신 설비	(제공)
◦ 견방기(絹紡機)	(제공)

출처: 임방순, "중국의 대북한 원조에 관한 연구: 중－소 관계변화의 영향," 북한대학
    원대학교 북한학 박사학위논문(2014), 172쪽.

　　　1951년부터 1965년까지 중국이 북한에 제공한 총 원조액은 6억 1,350
만 달러였는데, 그중에서 무상원조액이 4억 5,600만 달러였고 유상원조액
이 약 1억 5,750만 달러에 달했다. 1958년부터 1960년까지 방직염색, 시멘
트, 베어링 및 진공관공장 등 29개 프로젝트의 건설을 지원했으며, 1970년
대에는 정부 간 새로 맺은 '중조경제기술합작협정'에 근거하여 화력발전공
장, 평양지하철 등 16개 대형프로젝트를 지원 및 건설했다.[23]
　　　북한에 대한 중국의 대외원조 추이를 보면 1950년대 후반에 원조가
대폭 감소하였다가 1961년부터는 아예 단절된 것으로 나오지만 1961년 이
후에도 북한에 대한 중국의 원조 지원은 지속되었을 것으로 추정할 수 있
다.[24] 중국의 대북한 원조는 비정기적 원조 및 차관협정을 통해 시행되어

[23] 金景— 외,『한반도 통일이 중국에 미칠 편익비용 분석(朝鮮半島和平統一與中國的國家
利益)』(세종: 대외경제정책연구원, 2014), 76쪽.

[24] 중국이 북한에 원조를 제공한 증빙은 제시하기 어려우나 중국이 북한에 대해 실리 위
주의 정책을 시행한 1990년대 이후에도 원조는 제공되었으며, 심지어 2000년대에도 정
상방문 등의 계기에 무상원조를 제공했다는 점으로 미루어 짐작해볼 수 있다.

왔으며, 원조나 차관 역시 주로 현물지원의 방식을 통해 이루어졌고 이에
대한 상환방식 역시 현물상환의 형태를 채택하였다.[25]

1980년대에도 중국은 북한에 태평만발전소, 신의주정유공장, 희천
5·1연료공장, 평양차륜공장, 계량기공장, 해주제지공장, 신의주섬유공장,
함흥만년필공장, 라디오부품공장, 평양시 전기망 등을 건설해 주었다.[26]

1990년대 초반 소련과 동구권의 급변은 북한으로 하여금 주요 의존
상대인 '사회주의진영' 대외무역시장을 상실하게 하였고 대외경제적으로
막대한 충격을 받게 했다. 이와 함께 빈발하는 자연재해로 인해 북한경제
는 1990년부터 1998년까지 9년간 지속적으로 마이너스 성장을 기록했고,
국가 전체가 대외적으로 큰 난관에 봉착했다. 중국은 이러한 시기에 북한
의 경제위기 극복을 지원하기 위해 식량, 코크스, 원유, 화학비료 등 물자
를 자국이 감내할 수 있는 범위 내에서 무상으로 지원했다. 중국은 북한에
게 있어 최대의 경제원조 지원국이었다.[27]

〈표 3-9〉 중국의 대북한 무상원조와 식량 및 원유공급(1995~99) (단위: 만 달러, 만 톤)

연도	1995	1996	1997	1998	1999
무상원조액	609	4,014	3,441	3,205	4,836
식량공급량(곡물+밀가루)	22	88	114	41	29
원유공급량	102	94	51	50	32

출처: 김석진, 『개발원조의 국제규범과 대북정책에 대한 시사점』(서울: 산업연구원, 2009), 152쪽.

25) 오승렬, "북한과 중국의 경제관계," 『통일환경론』(서울: 도서출판 오름, 1996), 350쪽.
26) 金景一 외, 앞의 책, 76쪽.
27) 장봉, "중국과 북한관계 발전에 대한 사고," 『정책과학연구』, 제14집 제2호(2004), 129쪽.

제2절 북중 경제관계 발전: '결박-보상 메커니즘' 구축

1. 중국의 대북한 '결박-보상 메커니즘' 구축 배경

1) 미·소의 안보 위협과 북한의 전략적·지정학적 가치

중국이 공산당 정권 수립 이후 북한을 중시한 데에는 적어도 두 가지 이유가 있다. 하나는 북한이 동북아에서 중국의 전략적 완충지대라는 국제정치의 역학적(力學的) 요인이고 다른 하나는 전통적으로 만주에 있는 중국의 산업이 북한지역과 밀접한 연계성을 가져왔다는 지경학적(地經學的) 요인이다. 이 가운데서 보다 중요한 요인은 동북아지역의 첨예한 대립과 갈등구조에서 비롯된 국제정치의 역학관계이다.[28]

전통적인 조공제도에 기반한 세계질서에 대한 가치관은 모택동에 의해 지정학에 대한 중요성으로 이어졌다. 모택동은 국제정치에 있어서 권력과 지리적인 요소, 특히 지정학적인 중요성을 강조했다. 모택동은 중국의 안보와 한반도의 전략적 가치의 중요성을 강조하면서 한반도지역은 완충지역으로서 강대국이 이 지역에 군사적으로 주둔하는 것을 방지해야 할 중국안보의 핵심지대로 인식해 왔다.[29] 이 때문에 모택동은 언제나 북한을 중국의 "방패막이"와 안전의 "완충지대(緩衝地帶)"로 보았고, 중국은 북한의 "대후방(大後方)"이 되었다.[30] 냉전기 북중관계는 양국 공산당을 중

---

28) 오용석,『현대 중국의 대외경제정책: 정책원리의 흐름과 운용메커니즘』(서울: 나남출판, 2004), 476쪽.

29) 장공자, "21세기 중국의 국가전략과 한반도정책,"『한국동북아논총』, 제24권(2002), 304쪽, 307쪽.

심으로 한국전쟁에서 맺은 혈맹관계에 기초한 '순망치한(脣亡齒寒)'[31]이라 불리는 비교적 긴밀한 관계를 유지해 왔다.[32] 이러한 사실은 모택동에 의해 등소평, 강택민, 호금도 체제로 이어지면서 현재는 중국외교와 지연전략(地緣戰略)으로 표방되고 있다. 한반도에 대한 중국의 역할과 국익도 이에 대한 인지에서 출발한다고 할 수 있다. 중국의 세계질서에 대한 인식으로 한반도는 언제나 중국의 주권과 안전보장을 위해 중국의 영향권 속에 넣어 두어야 할 가장 핵심적인 지대였으며, 이러한 한반도에 대한 중국의 이해는 오늘에 이르기까지 대외노선으로서 불변의 요소로 내려오고 있기 때문이다.[33]

중국의 입장에서 볼 때 북한은 전통적으로 조공을 바치면서 중화질서에 순응하는 외번(外藩)지역이었다. 북한은 독자적인 법령과 제도를 갖추고 있는 역외, 즉 중국판도 이외의 지역이지만 중국문화의 영향을 크게 받으면서 중국의 종주권을 인정하고 조공관계를 맺고 있는 지역이었다. 중국의 동북지역은 역사적으로나 지정학적으로 중원과 중국전체의 안보와 밀접한 관계를 갖고 있다. 대체적으로 중원의 중앙정부가 적극적인 정책을 펴서 그들의 통치력이 동북지방에까지 강력하게 미치게 될 때 중원

---

30) 션즈화(김동길·김민철·김규범 역), 앞의 책, 903쪽.

31) 김경일(金景一)는 북중관계사는 문화, 체계, 지연의 3개 차원에서 전개되었고, 지연정치(地政學)적 의미에서 순망치한 관계라고 하며, 그는 근대에 와서 특히 1876년 강화도 조약 체결 이후 북중관계가 순망치한 관계를 형성하였다고 주장한다. 이때부터 중국에게 한반도의 지정학적 의미가 더욱 부각되기 시작하였으며, 양국 관계도 지정학적 차원에서 전개되었다고 본다. 이금휘,『북한과 중국의 경제지정학적 관계와 경협 활성화』(서울: 도서출판 선인, 2014), 43~44쪽, 재인용. 원문은 金景一, "淺論中國與朝鮮半島關係史的三個層面,"『東疆學刊(中國)』, 第19卷 第2期(2002), 41~45쪽.

32) 이태환, "북·중 관계," 세종연구소 북한연구센터 역음,『북한의 대외관계』(서울: 한울 아카데미, 2011), 244쪽.

33) 장공자, 앞의 글, 304, 307쪽.

은 성세(盛世)를 이루었고 그렇지 못하고 피동적이고 보수적인 정책으로 인해 통치력이 동북에까지 효과적으로 미치지 못하는 경우에는 동북지역의 혼란은 곧 중원의 불안으로 이어지거나 이민족에게 침략되고 말았다. 특히 변방에서 발흥한 정치세력이 중원을 지배하기 위해서도 우선 동북지역을 장악해야만 했다. 당(唐)나라 이후 중국 내부의 전란은 대부분 관내(關內)와 관외(關外), 중원과 동북 간의 대립에서 발생했다. 동북지역은 중국의 대문호이면서 동아시아 안전의 관건이 되는 지역인 것이다. 중국 역사상의 요·금·청(遼·金·淸)은 모두 동북지역에서 일어난 세력들에 의해 건립되었던 것이다. 동북지역에 대한 중국공산당의 실질적 장악이 중국 대륙 전체의 장악과 국민당 정부의 대륙 상실의 결정적인 요인이 되었다고 할 수 있다. 이런 이유로 중국인들이 동북지역을 '중국(中國)의 생명선(生命線)'으로 지탱하고 있는 것이며, 중국공산당 정권 수립 이후 동북의 안전문제는 가장 중요한 관심사항 중 하나였다.[34]

한반도는 지리적으로 이러한 중국의 동북지역과 연결되어 있고, 대륙세력이 육로로 일본으로 진출하는 교량 역할을 담당해 왔다. 동시에 일본이 대륙으로 세력진출을 모색할 때 한반도는 언제나 동북으로 가는데 있어서 가장 편리한 위치에 있었다. 이렇기 때문에 한반도는 대륙세력과 해양세력이 상호 왕래하는 교량적 위치에 있었으며, 특히 한국전쟁 당시 중국공산당 정권 입장에서 한반도, 그중에서도 38도선 이북 지역은 동북지역의 방위를 위한 완충지역으로 인식되었던 것이다. 중국의 한국전쟁 개입은 38도선 이북지역인 북한을 그들의 안전을 위한 완충지대(緩衝地

---

34) 박두복, "中共의 韓國戰爭 개입의 原因에 關한 硏究," 원광대학교 정치외교학과, 『政治外交論叢』, Vol. 4(1990), 99~100쪽.

帶)로 확보하려는 목적에서 결정되었다고 볼 수 있다.[35)

지정학적 측면에서 한반도는 역사적으로 중국의 국제환경뿐만 아니라 국내정치에도 직접적인 영향을 미칠 정도로 중요한 '문호'의 역할을 해왔다. 중국의 현실주의자들 가운데는 한반도를 중심으로 진행된 일련의 역사적 전쟁들이 중국의 역대 정권에 상당히 부정적인 영향을 미쳤다는 이른바 '역사적 기억'이라는 요인을 중시해야 한다는 견해를 주장해 왔다. 현실주의적 시각에서 보았을 때 한반도의 지정학적 가치는 현재 중국에 있어서도 실질적으로 상당히 중요한 영향을 미친다. 이는 한반도가 해양세력과 대륙세력의 각축의 장인 이른바 '림랜드(rimland)[36)' 지대에 위치해 있기 때문이다. 한반도는 주변 강대국이 자국 이익에 기반을 두어 서로 경합하는 지역으로, 한반도의 정치판도 변화는 중국의 동북아전략에도 지대한 영향을 미칠 수 있다.[37)

역사적으로나 이데올로기적으로 중국은 북한을 중시할 수밖에 없으나, 그 정책의 결정에 더욱 큰 영향을 미치는 변수는 바로 미국이었다.[38) 중국은 정권수립 초기 미소 대립 상황 속에서 친소일변도의 대외정책을 표방하고 미국을 주적으로 간주했었는데 이러한 안보 개념은 곧 중국의

---

35) 박두복, 앞의 논문, 100쪽.

36) Nicholas Spykman의 '림랜드(rimland, 연변지대)'론은 해양세력과 대륙세력이 충돌하는 각축의 무대는 양 세력의 연결공간인 이른바 연변지대이며, 이를 통제하는 자가 세계를 통제한다는 것이다. 박동훈, "중국의 대북정책 변화와 중한관계: 천안함 사건 이후를 중심으로,"『한국과 국제정치』, 제27권 2호(2011), 129쪽 각주 4 재인용.

37) 박동훈, 앞의 글, 129쪽.

38) 이기현, "시진핑 시기 중국은 북중관계를 어떻게 보고 있는가?," 성균중국연구소 편, 『북중관계 다이제스트: 한중 소장학자들에게 묻다』(서울: 다산출판사, 2015), 3쪽; 박형준, "중국의 대북정책 결정 요인과 영향력 연구: 북한 핵실험을 중심으로," 동국대학교 대학원 북한학 박사학위논문(2015), 240쪽; 오승렬, "북ㆍ중관계 결정요인과 한국의 대응전략," 서울대학교 통일평화연구원, 『통일과 평화』, 4집 1호(2012), 54쪽.

한반도 정책에도 그대로 투영되었다. 당시 중국은 북한을 미국세력으로부터 사회주의를 보호하기 위한 전략적인 완충지로 인식했다.[39] 북한과의 순치관계를 중시하고 이러한 인식하에서 한국전쟁에 참전하여 혈맹관계를 굳건하게 다졌다. 중국은 국가를 수립한 지 불과 1년밖에 안되어 국내적으로도 과제가 산적해 있었고, 대만 통일을 목전에 둔 어려운 상황이었음에도 불구하고 북한을 돕기 위해 한국전쟁에 파병했다.

북한의 전략적인 가치는 전통적인 인지뿐만 아니라 한국전쟁과 1960년대 중소대립에서도 확인되었다. 북한이 소련에 밀착하게 될 때 중국은 비우호국 및 적대국에게 둘러싸이게 되기 때문에 북한의 전략적 가치는 소련의 패권주의에 효과적으로 대응하기 위한 가치마저 지니게 되었다. 1960년대 초 소련과의 분쟁마저 격화되면서 중국은 북한이 소련의 영향권에 편입되는 것을 방치해서는 안 된다는 판단을 하게 되었다. 1970년대 초 중국이 소련의 위협에 대응하기 위해 미국과의 관계 개선을 모색하게 되면서 중국은 북한이 미국과의 관계개선을 방해하는 모험주의적 행동을 하거나 또는 소련과의 연대를 모색할 수 있다는 우려를 갖게 되면서 중국은 북한의 전략적 가치를 재인식하게 되었다. 이에 따라 1970년 주은래 총리가 5년 만에 북한을 방문하여 우호관계를 강조하고 대북원조를 재개하면서 문화혁명 시기에 악화된 북한과의 관계를 회복하고자 했다.[40]

이러한 환경 때문에 모택동시대의 중국의 대북한정책은 북한에 경제·군사·외교적 협력과 지원은 물론 내정 불간섭, 김일성체제의 정통성 인정, 고려연방제, 주한미군 철수 등 북한이 제시한 통일방안을 적극 지지

39) 장공자, 앞의 글, 308쪽.

40) 劉金質·楊淮生 主編, 『中國對朝鮮和韓國政策 文件汇編』(北京: 中國社會科學出版社), 1773~1790쪽.

하고 북한에 영향을 줄 수 있는 조치에 대해서는 사전에 협의를 거치는 등 유대관계를 계속 강화해 왔다.[41]

중국이 1961년 북중군사동맹조약의 체결을 통해 우호협력관계를 강화하고자 한 것도 1950년대 중반부터 심화되는 중소 갈등으로 인해 소련으로부터의 위협에 직접적으로 노출된 상황에서 북한 측의 전략적인 지지가 필요[42]했던 데에 기인한다. 또한 1970년 소련의 위협에 대응하고자 추진된 미중데탕트 정책은 미국과 연대하여 주적인 소련을 제어하는 전략적인 선택으로서, 이러한 소련을 주적으로 한 이와 같은 전략의 재조정은 주변 사회주의국가인 북한이나 베트남 등의 주변국가들에게 정당화가 절실히 요구되었기 때문이었다. 중국은 미국, 소련 등 주변 강대국들과의 관계를 전개하는 데 있어 북한으로부터의 지지 확보가 필요할 경우에는 대북관계를 우호적인 관계로 전개하고자 하는 태도를 보여주었다. 결국 주변 강대국과의 전략적인 이해관계가 중국의 대북동맹 강화정책을 결정짓는 가장 주요한 변수임을 말해 준다.[43] 또한 이러한 우호적인 관계 설정을 위해 중국은 경제 및 군사원조를 적극 활용했다.

이 처럼 중국의 대외정책의 중심은 미국, 소련, 일본 등 강대국이며, 북한에 위기가 발생한다고 하더라도 중국은 실제로 강대국과의 관계나 세계전략에 집중하여 북한을 사고하며, 중국이 북한과 동맹관계를 발전시키고자 선제적인 대응책을 펼친 것은 미국 등의 주변 강대국과의 전략적인

---

[41] 장공자, 앞의 글, 308쪽.

[42] Dongjun Lee, "An Uneasy but Durable Brotherhood: Revisiting China's Alliance Strategy and North Korea," GEMC Journal, No. 6 (March 2012), 131쪽.

[43] 이정남, "냉전기 중국이 대북정책과 북중 동맹관계의 동학," 『평화연구』, 2011년 봄호, 133~134쪽.

관계의 변화를 꾀할 때였다. 이는 모택동이 중국의 한국전 참전을 고려할 때 동일한 사회주의 진영이라는 요인보다는 지정학적인 요인이 결정적인 요인이었다는 점을 통해서도 알 수 있다.[44]

한반도, 특히 북한이 중국에게 완충지대 기능을 가진 지역으로서 의미가 있다는 다음과 같은 논거를 제시하는 시각도 있다. 첫째, 중국지도부는 역사적 관점에서 일본이 여러 차례 한반도를 거쳐 중국으로 진출하고자 했으며, 16세기 말의 임진왜란, 19세기 말의 청일전쟁, 20세기 초의 러일전쟁이 그래서 발생했다는 것이다. 중국의 지도층은 집단적으로 청나라와 러시아가 일본에 패한 데 이어 한반도가 일본에게 침탈당함에 따라 결국 중국의 동북지역이 일본의 손에 들어갔다고 기억하고 있다. 둘째, 중국지도부는 한반도를 자국이 해양으로 진출하게 될 때 거쳐야 할 21세기 동북아 해상교통로의 요지라고 인식하고 있다. 셋째, 중국지도부는 현재도 한반도를 미국과 일본세력이 들어올 수 있는 발판 역할을 할 지역으로 보고 완충지대로 인식하고 있다. 그래서 중국이 한반도를 영향권 내에 둘 경우 남중국해 이외에 태평양해역으로의 해양 진출이 용이한 지역을 확보하게 되고, 향후 점고될 동아시아에서의 미중 경쟁과 격화일로의 중일 경쟁을 감안하면 한반도는 그만큼 중국에게 전략적 가치가 높은 곳이다.[45]

한편, 중국이 주도해서 북한과 북중군사동맹조약을 체결한 것은 다음과 같은 이유 때문이었다. 첫째, 중국은 미국의 군사적 위협에 대비하는 차원에서 북한이라는 '완충지대(buffer zone)'를 강화할 필요가 있었다. 미국은 1954년 대만과 상호방위조약을 체결한 이후 대만의 군사력 증강을

44) 이정남, 앞의 글, 129쪽.
45) 서상문, "중국의 대한반도 정책의 지속과 변화: 역사와 현실," 군사편찬연구소, 『전략연구』, 통권 제63호(2014.7), 69~71쪽.

지원하고 있었다. 인도차이나에서는 북베트남의 호치민(胡志明)이 남쪽에서의 대중봉기를 조직하고 있었으며, 새로 등장한 미국 케네디 행정부는 베트남의 고딘 디엠 정권에 대한 군사력 지원을 강화함으로써 인도차이나에 새로운 긴장이 조성되고 있었다. 이러한 이유로 중국은 인도차이나 · 대만 · 한반도 세 방향에서 동시에 곤란을 겪지 않도록 최소한 북한지역의 '울타리'를 정비할 필요가 있었다. 둘째, 중국은 소련과의 관계가 악화되는 상황에서 북한이 소련의 영향권에 편입되는 것은 내버려 둘 수 없었다. 북한은 지정학적으로 중국의 동북지역의 안보에 중요한 위치를 점유하고 있었다. 만일 소련이 단독으로 북한을 통제하거나 북한지역에 군대를 주둔시킬 경우 중국은 전략적으로 불리한 입장에 처하게 되는 것이다. 반대로 중국이 북한에 대한 영향력을 강화한다면 소련의 극동지역을 견제할 수 있는 유리한 발판을 마련하게 되는 것이었다. 이 때문에 북한이 최소한 중국의 적대적인 존재가 되는 것을 막아야 했던 것이다. 동 조약 제3조에 "체약 쌍방은 체약 상대방을 반대하는 어떠한 집단과 어떠한 행동 또는 조치에도 참가하지 않는다"고 명시한 것은 최악의 경우 북한의 중립을 보장하기 위한 조치였다. 셋째, 중국은 모택동 체제의 이념적 정통성을 확보하기 위해 북한을 필요로 했다. 흐루시초프가 주도하는 스탈린 비판은 그동안 스탈린식으로 권력을 강화해 온 모택동 정권의 정통성을 훼손함으로써 체제를 위협할 수 있었다. 스탈린 격하운동이 동구의 공산권 국가들로 확산되어 가는 것을 목격하면서 모택동은 김일성과 함께 반소연대를 구축하는 것이 국제공산당으로부터의 비난을 극복하고 국내정치적 입지를 강화하는 데 도움이 될 것으로 판단했다. 이렇게 볼 때 중국은 '완충지대'를 구축하는 것 외에도 소련으로부터의 위협에 대비하려는 안보이익, 그리고 북한과의 이념적 연대를 구축함으로써 체제를 안정시키고 강화하려는 지정학적 이익을 위해 북한과 동맹을 체결하였다고 볼 수 있다. 한편 중국이 한반도의 안보에 커다란 관심을 집중시키지 않을 수 없었던 이유는 한반도가 중국에 대해 우호적이냐 아니냐에 따라 중국외교의 패턴이 결정될 수 있었기 때문이다.[46]

2) 소련과의 사회주의 주도권 경쟁과 북한의 전략적 중요성

국제공산주의운동의 주도권은 이데올로기에서의 정통이라는 지위에서 체현된다. 공산당의 이념 안에 있기 때문에 마르크스 · 레닌주의의 이데올로기적 담론권과 정통의 지위를 가진 당이어야만 국제공산주의운동을 영도할 자격을 얻을 수 있다. 이는 마르크스주의의 해석권과 담론권을 장악해야만 국제공산주의운동의 영도자로서 정통의 지위를 얻고 사회주의 진영을 영도하고 국제공산주의운동을 영도할 수 있는 정당성을 가질 수 있다는 의미였다. 중소 양당 사이의 이데올로기 투쟁의 목표는 마르크스주의에 대한 해석권과 담론권을 확보하는 것이었고, 궁극적으로는 국제공산주의운동과 사회주의 진영에 대한 주도권을 쟁탈하는 것이었다.[47]

이와 같은 주도권 싸움에서 자국이 채택한 정책의 합리성과 정확성을 입증하기 위해 중소 쌍방은 마르크스 · 레닌주의의 원리에서 이론적 근거를 찾고 마르크스 · 레닌주의의 진리가 자국에게 있음을 증명하려 온갖

---

46) 고수석, "북한 · 중국 동맹의 변천과 위기의 동학: 동맹이론의 적용과 평가," 고려대학교 대학원 박사학위논문(2007), 55~57쪽; 박창희, "지정학적 이익 변화와 북중동맹관계: 기원, 발전, 그리고 전망,"『중소연구』, 통권 113호(2007년 봄), 33~35쪽; 이준우, "중국 — 북한 동맹관계사 연구," 건국대학교 대학원 정치학 박사학위논문(2016), 52~54쪽.

47) 沈志華 · 李丹慧, "프롤레타리아 국제주의의 딜레마에 관한 시론: 중소 동맹의 결렬로 본 사회주의 국가관계의 구조적 불균형,"『대동문화연구』, 제98집(2017), 20쪽.

노력을 다했다. 이러한 투쟁은 실력이나 이익의 크기가 아닌 사상·정치 노선의 옳고 그름에 관한 것이어서 타협의 여지가 없었다. 사회주의 진영과 국제공산주의운동이 중국과 소련 중 누구의 사상이론과 노선방침을 통일된 표준과 공동의 규율로 할 것인가의 문제로 귀결되었다. 두 나라 중 어느 한 나라를 영수로 하게 되면 두 나라의 정치적 운명, 양당 영수의 정치적 지위가 극명하게 갈리게 되었기 때문에 양국 간에 첨예한 대립이 불가피했다.[48]

1953년 3월 스탈린의 사망은 공산진영에 있어서 지도적 구심점을 약화시키는 중요한 계기가 되었다. 스탈린 사망 후 출범한 말렌코프(Georgi M. Malenkov)의 새 정권은 당시 중국의 강경정책노선과 조화될 수 없는 대내외적 온건정책을 표방하고 동서 긴장완화정책을 수행함으로써 중국의 향소일변도(向蘇一邊倒)는 무너지고 중소 간에 공산주의 이념과 정책 및 국제공산주의운동을 둘러싼 대립이 점차 증대되기 시작했다. 스탈린 사후 국제공산주의운동에서 모택동의 영향력이 강화된 것도 소련의 지도력을 약화시키는 요인이 되었다. 즉 스탈린시대를 통해 국제공산주의운동에서 소련이 누리고 있던 확고한 지배적 지위가 스탈린의 사망으로 흔들리는 가운데, 한국전쟁에 참전한 중국의 세력이 급속히 신장됨에 따라 중국은 공산주의의 '절대적 진리'의 새로운 또 하나의 중심이 되어 갔다.[49]

북한이 중소 사이에서 중립을 지킴으로써 견인전쟁이 일어나 사회주의 진영 내에서 북한의 상대적 가치가 상승하는 결과가 초래되었다. 북한

48) 沈志華·李丹慧, 앞의 글, 20~21쪽.
49) 은천기, 『北韓의 對 中蘇 外交政策』(서울: 남지, 1994), 145~148쪽.

을 포섭하고자 했던 중국은 1960년 10월 23일 중국인민지원군 참전 10주년 기념행사를 위해 이례적으로 대규모 고위군사친선사절단을 파견했다. 사절단의 대표로 참석한 정치위원 하룽(賀龍)은 양국관계가 혈맹임을 강조하고 11월 모스크바 회의에서 중국을 지지해 달라고 노골적으로 부탁했다.[50]

3) 프롤레타리아국제주의적 전통

레닌과 스탈린의 관점에서 볼 때 각국 공산당의 전략과 책략은 바로 프롤레타리아를 발동시키는 세계혁명에 집중되어 있으며, 또한 이러한 기초 위에서 각국 공산당 사이의 관계를 규정하는 지도 원칙은 바로 프롤레타리아국제주의[51]였다고 이해할 수 있다. 각국 공산당은 반드시 소련을 지지하고 소련을 보위해야 하고 모든 것을 소련의 이익에 복종시켜야 하며(즉 국제 프롤레타리아 이익의 체현), 소련은 마땅히 각국 공산당의 혁명투쟁을 돕고 원조해야 한다. 스탈린은 공산당이 집권한 모든 국가에서 전면적으로 소련식 사회주의모델을 추진했고, 국제주의는 사회주의 진영 내 국가들이 당연하게 따라야 하는 국가관계의 원칙이 되었다. 중국 공산당이 정권 탈취 전야에 소련을 향한 '일변도정책(一邊倒政策)'을 실행하겠다고 선포한 이상 중소관계의 발전과 변화 또한 국제주의의 논리를

---

[50] 김보미, "중소분쟁시기 북방삼각관계가 조소·조중동맹의 체결에 미친 영향(1957~1961)," 『북한연구학회보』, 제17권 제2호(2013), 175쪽.

[51] 레닌은 10월혁명 승리 이후 "프롤레타리아국제주의는 한 국가의 프롤레타리아 투쟁의 이익이 전 세계 범위에서의 프롤레타리아 투쟁의 이익에 복무하도록 요구하는 것이고, 자산계급과 싸워 이기고 있는 민족에게 국제자본의 타도를 위해 최대한의 민족 희생을 감당할 수 있는 능력과 결심을 가지도록 요구하는 것"이라고 하였다.

벗어날 수 없었다.[52]

　국제주의 원칙의 지도 아래 세계혁명의 발동을 요체로 하는 사회주의 국가관계에서는 다음 두 가지 성격이 두드러진다. 첫째, 진영의 단결, 통일, 기율을 강조하고 진영 내 국가 간의 사상, 정책, 행동 상의 일치성을 강조한다. 국제주의의 핵심은 바로 누구와 일치할 것인가 내지 누가 통일할 것인가의 영도권 문제로 귀착된다. 영도자에게 복종하지 않는 것은 곧 분열주의이며 민족주의로 간주되었다. 소련－유고슬라비아의 충돌과 중소 동맹의 결렬의 상황이 전형적인 예이다. 둘째, 상호 도움을 강조하며, 특히 피영도자에 대한 영도자의 경제적 원조를 강조한다. 국제주의의 핵심은 바로 정치적 빚은 갚되 경제적 빚은 갚지 않는다는 것에 있다. 사회주의 대가족은 '공동 부유'를 강조하지만 일단 쌍방의 관계가 냉담해지거나 악화되면 원조는 중지된다. 이 문제는 곧 서로를 비난하는 영원한 주제가 된다. 소련 전문가가 중국에서 직면한 상황과 북한에 대한 중국의 원조가 이 문제를 잘 보여준다.[53]

　중국과 북한은 모두 공산당이 지도하는 사회주의국가로서 사회주의 진영과 국제공산주의 운동에 속해 있었다. 중소관계와 마찬가지로 냉전시기의 북중관계는 실질적으로 성숙하지 못하거나 비정상적인 관계였다. 이 관계는 국제공산주의 운동 내부의 당제관계의 영향에서 벗어나지 못하고 있었고, 심지어 큰 틀에서 당제관계 정치준칙이 계속되고 있었다. 현대 국가관계에서 주요 행위자의 특징은 '주권'과 '평등'의 인정 및 존중에서 나타난다. 바로 이 두 가지 측면에서 볼 때, 사회주의 진영 내부의 국가관계

52) 沈志華·李丹慧, 앞의 글, 17쪽.
53) 沈志華·李丹慧, 앞의 글, 17~18쪽.

혹은 동맹관계에는 일종의 구조적인 문제점이 있었다. 그 하나는 본래 공산당 이론에는 국가와 '주권' 개념이 존재하지 않는다는 점이다. "노동자는 조국이 없다"와 "전 세계 무산자들은 단결하라"는 구호가 이를 증명하며, 정권을 장악하더라도 당제 간, 국가 간 관계의 최고원칙은 여전히 국제주의였다. 다음으로 공산당의 이데올로기에 본래 '평등'이라는 개념이 없었다는 점이다. 각국 공산당 당헌에 명시된 "하급은 상급의 명령에 복종하고, 전당은 중앙에 복종한다"는 규정과 공산당 국제조직의 존재가 이를 증명한다. 정권 쟁취 이후 당제관계에서 지도하는 측과 지도를 받는 측의 조직 원칙이 국가관계에도 이식되었다. 중국의 전통적인 종번관계와 마찬가지로 사회주의 국가관계 역시 본질적으로 일종의 종번관계였다. 중국과 북한이 상호관계를 처리할 때 봉착한 논리적 모순 또한 근본 원인이 바로 여기에 있었다.[54]

4) 중국의 전통적 세계관 및 종번의식

중국의 외교정책을 규제하는 기본적 요소로는 전통적 요소, 민족주의적 요소, 마르크스 · 레닌주의 및 모택동사상 등이 있으며, 이 중 전통적 색채를 가장 잘 나타내는 것은 중국의 주변에 있는 약소국들과의 관계이다. 과거 중국 왕조들은 주위에 있는 작은 국가들에 대해 강온양면정책을 취했다. 자국에 조공을 바치고 복종의 뜻을 표시하는 국가에 대해서는 친절하게 대한 반면 자국에 저항하거나 복종하려고 하지 않는 국가에 대해서는 강경한 위협정책을 썼던 것이다.[55]

54) 션즈화(김동길 · 김민철 · 김규범 역), 앞의 책, 901~902쪽.

중국의 아시아정책에 대한 분석에 있어서 가장 기초적인 중국 외교의 사상적 기반은 중국의 역사적인 전통과 문화에서 기인되는 '중화사상'의 개념이다.[56] 과거 중국은 세계의 중원이라 자처하면서 이웃나라에 대한 지리적·문화적인 원근성에서 생기는 영향력의 여하에 따라 계층질서가 형성된다고 믿었다. 중국은 공식적인 국경개념에 앞서서 이러한 원근성에 따라 생기는 동심원적인 공간적 구분질서가 바로 세계질서라고 생각해 왔다. 그 결과 조공제도는 세계질서를 규정하는 하나의 제도적 장치로 받아들여졌다.[57]

이러한 중화사상이나 유교원리에서는 국가 간의 상하 차등적인 위계구조·질서를 지극히 자연스럽고 당연한 것으로 인식하였고, 주변 이민족·국가들에게는 조공제도의 수용과 이행을 요구했으며, 특히 명나라 때부터 중국과의 외교통로가 조공제도로 일원화되었다. 조공제도는 주변 이민족·국가들을 회유하는 동시에 제어·통어함으로써 이들을 우호적인 국가로 만들거나 아니면 최소한 완충국가로 붙잡아 둠으로써 중국에게 있어 변방의 평온과 함께 자국의 안보를 확보하는 유익한 수단이었다. 천조상국(天朝上國)인 중국의 안전과 불가침성을 유지해 주는 것이 조공제도의 주요 기능이었다고 할 수 있다.[58]

55) 조재관, 『국제정치학』(서울: 법문사, 1963), 166쪽.
56) 이기택, 『현대국제정치이론』(서울: 박영사, 1997), 379쪽.
57) 장공자, 앞의 글, 304쪽.
58) 유경민, "중국·북한관계를 통해서 본 중화사상의 현대적 해석," 연세대학교 대학원 석사학위논문(2000), 32~33쪽.

〈표 3-10〉 중국의 전통적인 세계관과 주변지역 구분

지역	세계관
제1지대	인도나 소련과 국경분쟁이 있는 근대중국의 영도지역과 대만 (대만 포함은 국민당정부의 정통성을 거부하기 위한 것)
제2지대	중국의 안보에 대한 핵심지대: 북한, 외몽고, 버마, 인도 등 국경지역 (완충지역으로서의 최소의 목적이 강대국의 군사적 주둔을 방지하는 데 있는 지역)
제3지대	소위 중간지대로서 중동, 흑인아프리카, 라틴아메리카, 그리고 동·남· 서아시아지역 (중국과 함께 경제발전과 민족독립을 공약하는 국가들)
제4지대	중간지대에 포함되어 사회제도를 달리하면서도 중소 강대국의 패권주의 에 반대하는 국가들
제5지대	중국에 적대하는 강대국으로서 구성

출처: Joseph Camilleri, *Chinese Foreign Policy: The Maoist Era and Its Aftermath* (Seattle: Univ. of Washington Press, 1980), p. 18.

조공제도는 내적인 정치 안정 문제뿐만 아니라 외부에 대한 군사적인 방위체제의 의미까지를 포함한 매우 강력한 연대의식의 끈 구실을 했다고 할 수 있다.[59]

조공제도의 본질에 비추어 본다면 조공품과 희사품의 교환에서 물질적 가치보다는 주로 도덕적 또는 상징적 의미를 중시했고, 무역도 중시하긴 했지만 부차적인 것이었다. 조공제도는 경제적 측면보다는 정치적 측면이 더 중요하였다고 보인다. 조공국 입장에서 중국과의 조공관계 유지가 필요했던 중요한 이유는 조공국 지배자의 대내외적인 권위의 확립에 있었다. 조공국 지배자가 중국 황제로부터 책봉을 받았느냐 여부는 그 지위의 정통성과 권위에 절대적인 영향을 주었던 것이다. 또한 조공국은 책

---

59) 이상숙, "북한·중국의 비대칭관계에 대한 연구: 베트남·중국의 관계와의 비교," 동국대학교 대학원 정치학 박사학위논문(2008), 41쪽.

봉을 받음으로써 유교문명권의 일원으로 정식 참여할 수 있었으며 대외적인 위신도 높일 수 있었다.[60]

중국에 대한 불평등한 예의관계는 사실상 군사적 협조관계도 이끌어낼 수 있었던 것으로 보인다. 즉 속국이 내란에 빠져 왕권이 위협을 받을 때, 또는 외세의 침략을 받아 나라 사정이 위급할 때 종주국인 중국은 반드시 군사를 파견하여 난국을 수습해야 하고, 반대로 종주국이 유사한 원인으로 위태로울 때 속국도 군사를 일으켜 도와주어야 한다는 것이었다. 이것은 사실상 유교세계 질서 속에 존재한 일종의 군사동맹이라고 할 수 있다.[61]

이러한 동아시아 국제체제―역사적인 자율적 국제체제―는 현대 아시아의 국제관계를 분석할 때에도 상당히 유용하다고 볼 수 있다. 그것은 중심―주변관계로서 유지되어온 동아시아 국제체제의 역사적 경험을 현대 동아시아세계라고 하더라도 쉽사리 무시할 수 없기 때문이다.[62]

이러한 전통은 현대에도 이어져 주변국들 중 중소분쟁 시에 중국 측에 가담한 국가에 대해서는 특별히 후한 대접을 하였지만 중국의 노선에 반항하거나 중국과 대립하고 소련에 가담한 국가들에 대해서는 음으로 양으로 강압정책을 행사했다. 우호국에 대해서는 그 국가의 수뇌들을 북경으로 초청하여 환대하고 경제적 또는 군사적 원조를 제공했다.[63]

이처럼 중국과 북한 양국의 특수한 관계 배후에는 역사적·문화적 의식이 존재하고 있다. '조·중 양국 인민은 유구한 역사적 세월 속에서 친밀한 우의를 이룩했다'는 것이다. 동아시아에서의 전통적 중화질서 의

[60] 유경민, 앞의 논문, 34~35쪽.
[61] 李春虎, "중조관계의 변화와 그 전망," 『중소연구』, 통권 113호(2007년 봄), 16쪽.
[62] 渡辺昭夫 외(권호연 옮김), 『국제정치이론』(서울: 한울아카데미, 1992), 71쪽.
[63] 조재관, 앞의 책, 166쪽.

식이 현재의 북중관계에도 반영되고 있는 것 같다.[64]

5) 전투적 혈맹관계의 유산

냉전시기 북중관계는 특별한 동맹관계, 즉 소위 '혈맹관계'로 회자되어 왔다. 양국의 혈맹관계는 1949년 수교 이전의 역사적 관계에서부터 비롯되었다. 일제 식민시기의 공동 항일투쟁, 국공내전에서의 공동투쟁과 협력, 그리고 한국전쟁을 통해 그야말로 피로 맺은 혈맹으로서의 역사적 유대감을 형성했다.[65]

많은 조선공산주의자들이 해방 전부터 중국혁명에 참여했던 것은 그들이 중국혁명의 성공 없이 조선혁명의 성공이 있을 수 없다고 인식하고 있었기 때문이었다. 조선공산주의자들의 중국혁명 참여와 관련하여 국공내전기에 북중 간에 상호 혁명에 협력한다는 어떤 합의가 있었는지는 불분명하지만 해방 후에도 동북항일연군에 참여했던 조선공산주의자들의 일부가 국민당을 상대로 한 중국혁명전쟁에서도 계속 싸웠다. 이러한 인식은 1958년 11월 23일 김일성의 중국 방문을 환영하는 연회에서 주덕(朱德)이 행한 연설에도 잘 나타나 있다.[66]

---

[64] 鐸木昌之, "북한·중공의 특별한 관계,"『공산권연구』, 제113호(1988, 7), p, 53.

[65] 이동률, "중국의 대북전략과 북중관계: 2010년 이후 김정일의 중국방문 결과를 중심으로,"『세계지역연구논총』, 29집 3호(2011), 299쪽.

[66] "중국의 각 시기마다의 인민혁명 즉, 북벌전쟁·토지혁명전쟁·항일전쟁으로부터 중국인민해방전쟁 시기에 이르기까지 수천, 수만의 조선 혁명투사들이 중국인민의 해방사업을 위해 중국인민과 더불어 자기희생적으로 용감하게 싸웠습니다. 조선로동당과 조선정부의 많은 지도자들은 모두 중국혁명에 직접 참가했었고 중국혁명지도에도 참가했었습니다. 여러분도 주지하고 있는 바와 같이 경애하는 김일성 수상은 지난날 중국혁명의 가장 곤란한 시기에 항일투쟁에 장기간 참가했을 뿐 아니라, 당시 동북항일연합군 지도자의 한 사람이었습니다. 수차례에 걸친 혁명전쟁 기간에 뛰어난

112 결박과 보상: 북중관계의 방정식을 푸는 열쇠

한국전쟁 시기 중국과 북한은 안전보장상의 유대를 공고히 했다. 특히 북한은 국가존망의 위기에서 중국이 자신을 구해 주었다는 것을 마음속 깊이 새기고 있었을 것임에 틀림없다. 이는 김일성이 한국전쟁 시기 중국의 지원에 대해 감사의 뜻을 표한 데서도 알 수 있다. 1983년 5월 팽진(彭眞)이 북한을 방문했을 때 북한 부주석 임춘추(林春秋)는 환영연회에서 "중국의 동지가 우리나라의 안전을 자기나라의 안전으로 간주하고 있다."고 감사의 뜻을 표명했다. 북한으로서는 '피로 맺어진' 관계의 내실은 양국 안전보장에 있어서의 일체감이었던 것이다. 임춘추는 또한 "조·중간의 우호관계는 우리나라 인민의 경애하는 수령 김일성 동지와 존경하는 모택동 동지, 주은래 동지, 유소기 동지, 등소평 동지가 예부터 맺은 특수한 정의(情誼)관계에 기인한다."는 사실을 분명히 했다.[67]

북중관계의 본질적 측면에 지대한 영향을 미친 것은 이와 같은 국공내전 시기 북한과 중국의 관계라고 할 수 있다. 한국전쟁 당시 중국이 수많은 희생을 치르면서까지 '북한 구하기'에 나섰던 것은 물론 북한의 지정학적·전략적 가치가 작용한 측면이 있지만 다른 한편으로는 국공내전 시기 중국에 대한 북한의 전폭적인 지지와 지원이 있었기 때문이다.[68]

1958년 2월 21일 주은래는 북한 방문을 마치고 귀국 길에 특별히 심양을 방문하여 요녕성 간부들에게 북한과 중북관계를 어떻게 새롭게 대할 것인가에 관해 말했다. 주은래는 "중조 양국은 입술과 이(脣齒)의 관계이

조선의 혁명투사들이 자신들의 귀중한 생명을 중국인민의 해방사업에 바쳤습니다. 중국혁명의 승리는 형제인 조선인민이 바쳐준 장기간에 걸친 자기희생적 원조를 떼놓고는 생각할 수는 없습니다." 鐸木昌之, 앞의 글, pp. 50-52.

[67] 鐸木昌之, 앞의 글, p. 53.

[68] 박병광, "북중관계의 특수성은 어떻게 형성되었는가?," 정덕구·추수룽 외, 『기로에 선 북중관계: 중국의 대북한 정책 딜레마』(서울: 중앙북스, 2013), 105쪽.

며, 전통적 우호관계뿐만 아니라 제국주의 침략에 반대하고, 동북아와 세계평화를 옹호하는 투쟁 과정에서 선혈로 굳게 맺어진 전투적 우의관계를 가지고 있다. 과거 조선에 대한 수많은 우리 동지들의 시각은 단편적이고 주관적이었으며 조선인들은 그 무엇도 할 수 없는 사람들이라고 여기고 그들의 어두운 면만 보았다"고 말했다.[69]

2. '결박-보상 메커니즘' 형성과 '정치적 경제관계'의 전개

앞서 지적한대로 중국의 북한 결박의 요체는 양국 정상 간 정기적인 상호방문에 의한 정상회담과 이를 대신한 고위급회담을 통해 중요 사안에 대해 '사전 협의 및 통보'를 실현하는 것이었다. 소위 '최고지도자 외교'시대[70]를 열었다고 할 수 있다.

이러한 정상회담의 정례화를 통한 최고지도자 외교는 북중관계에서만 볼 수 있는 특수한 현상으로서, 상호방문을 통한 정상회담이 개최되면 양국관계는 정상적인 관계에 있다고 할 수 있지만 정상회담이 개최되지 못하면 그것은 바로 북중관계의 이상 징후로 해석되었다. 북중관계의 특성상 북중 정상 및 고위급 간 상호방문 외교는 중국의 북한 결박과 이에 대한 보상의 메커니즘이 작동하는지를 단적으로 보여준다고 하겠다. 실제로 1950년 5월 김일성의 비공식 중국방문으로 시작된 양국 정상 간 상호방문 외교는 한중수교 이전까지는 세 시기를 제외하고는 연례행사처럼 진행되었다. 1956년 소위 '8월 종파사건'을 전후한 시기(1955~57), 1960년대

69) 션즈화(김동길·김민철·김규범 역), 앞의 책, 566쪽.

70) International Crisis Group, "China and North Korea: Comrades Forever?", Crisis Group Asia Report N°112 (1 February 2006), p. 6.

중반 중국의 문화혁명 시기(1965~69), 그리고 모택동 사망을 전후한 시기 (1976 ~77)에는 정상 간 방문외교 및 고위급 교류가 중단되었으며 사실상 북중관계가 소원했거나 갈등 국면에 있었다.[71]

이하에서는 냉전기 및 1990년대에 북중교역으로 대표되는 북중 경제 관계가 큰 기복을 나타내는 시기로서 북중 간의 정치관계가 경제관계를 좌우한 것으로 인식되는 1956년 소위 '8월 종파사건' 시기, 중소분쟁 시기, 문화혁명 시기, 미중데탕트 시기, 탈냉전 및 개혁개방기 등을 중심으로 보다 면밀히 분석해 봄으로써 북한이 중국의 결박 요구에 호응할 경우에는 중국의 대북한 보상도 이루어져 북중 경제관계가 호전되지만 중국의 북한 결박이 이루어지지 않을 경우에는 중국의 대북한 보상도 이루어지지 않거나 중국이 북한에 기 부여한 보상을 박탈함으로써 북중 경제관계가 악화 되는 양상을 보인다는 것을 입증해 보고자 한다.

1) '8월 종파사건': 결박 거부와 보상 중단으로 경제관계 악화

'8월 종파사건'은 1956년 8월 30~31일 평양에서 열렸던 조선노동당 중 앙위원회 8월 전원회의에서 비롯되었다. 이 사건의 발단은 1956년 2월 소련 공산당 제20차 대회에서 흐루시초프에 의한 스탈린 개인숭배 비판과 함께, 1956년 6~7월 김일성의 소련 및 동구 순방 기간 중에 모스크바에서 열렸던 북소회담에서 소련공산당 지도부가 김일성의 개인숭배를 비판했다는 사실 이 김일성 개인숭배와 독재에 불만을 품고 있었던 북한의 반(反)김일성 세 력을 고무시켰던 것과 관련이 깊다.[72] 그동안 각국 공산당의 지도자들은 스

71) 이동률, 앞의 글, 299~300쪽.

탈린 개인숭배 풍조에 영향을 받아 각국에서 '소(小)스탈린'적 위세를 누리고 있었고, 김일성 역시 예외가 아니었다. 이런 가운데 사회주의 모국인 소련이 개인숭배를 비판하고 나서게 되자 각국 공산당에서는 커다란 동요가 일어났다. 1956년 3월에 조선로동당 중앙위원회 전원회의가 열렸는데 여기서 흐루시초프가 스탈린을 비판한 비밀연설의 내용이 소개되었다.[73]

북한의 반김일성 세력은 1956년 8월 전원회의에서 김일성의 개인숭배를 비판했지만 회의에 참석했던 대다수 중앙위원들의 정치적 지지를 얻는 데 실패했다. 오히려 신변의 위협을 느낀 윤공흠, 서휘, 리필규, 김강 등이 전원회의 당일 중국으로 망명하는 일이 벌어졌고, 이들의 망명은 중국과 소련이 공동으로 북한내정에 간섭하는 구실을 제공했다. 1956년 9월 18일 중국공산당 제8차 대회 계기에 '8월 종파사건'에 대해 논의한 중국과 소련은 북한이 정치적 위기에 처해 있다는데 인식을 같이하고, 중소 공동대표단이 평양에 가서 중국, 소련, 북한 모두가 참석하는 조선노동당 정치국회의를 개최하기로 합의했다. 이에 1956년 9월 23일 북한 조선노동당은 팽덕회와 미코얀이 이끄는 중소 공동대표단이 참석한 가운데 9월 전원회의를 개최하여 8월 전원회의의 결정이 성급했고 과오가 있었음을 인정한 뒤 최창익, 박창옥의 당 중앙위원회 위원으로의 복권과 함께 윤공흠, 서휘, 리필규의 당적 회복을 결정했다.

중국과 소련은 '8월 종파사건'에 대한 자신들의 개입이 의도했던 목표를 달성했다고 평가했지만 중소의 이러한 간섭은 결과적으로는 소기의 목적을 달성하지 못했다. 중소 공동대표단은 김일성에게 우호적인 권고를

72) 한상준, "중국인민지원군 철군의 원인과 중·북관계," 『아태연구』, 제19권 제2호(2012), 14~15쪽; 박영실, 『중국인민지원군과 북·중관계』(서울: 선인, 2012), 210쪽.
73) 이준우, "중국-북한 동맹관계사 연구," 건국대학교 대학원 정치학 박사학위논문(2016), 67~68쪽.

했지만 북한은 9월 전원회의에서 내렸던 결정을 실행하지 않았고 최창익,
박창옥에 대한 실질적 복권과 중국으로 망명했던 인사들의 귀국도 실현되
지 않았다. 중소 공동대표단의 개입 이후에도 반김일성 인사들에 대한 당
적 제명 및 체포와 반김일성 인사들의 중국으로의 망명이 계속되었다. 북
한은 또한 박일우, 방호산 등 연안계 인사들을 중국으로 보내도 좋다는 중
국의 요구도 무시했다. 당초 9월 전원회의에서 김일성, 미코얀, 팽덕회는
전원회의 결정문 전문(全文)을 언론에 공개하기로 결정했지만, 북한은 전
원회의 결정에 관한 요약문을 신문에 간략히 보도했을 뿐이었다.[74]

한국전쟁 정전 후 중국인민지원군에 대한 북한정부와 주민들의 불만
이 만연했던 상황에서 '8월 종파사건'을 계기로 중국과 북한 간의 불신과
갈등은 증폭되었고 북중관계는 한층 경직되었다. 특히 북한은 '8월 종파사
건'에 대한 중소의 공동 간섭을 겪으면서 중소가 북한정권의 안위를 위협
할 수도 있는 존재라고 인식했다.[75]

김일성은 1949년 초 연안계와 정치적 협력관계를 유지하고 있을 당
시에는 중국과의 안보적 연계를 모색했지만 연안계의 대거 입북 이후 연
안계 배제 과정에서는 김일성 자신의 정권안보(regime security)를 위협할
수 있는 안보적 외부연계를 오히려 차단하고자 했다. 이로 인해 북중 간에
는 국가 대 국가 간 협력적 상호작용이 작동하지 못했다.[76]

---

[74] 한상준, 앞의 글, 18쪽, 25쪽.

[75] 김일성은 중국과 소련이 조선로동당의 내부문제에 개입한 것에 격노했고 이 사실을
절대 잊어버리지 않았으며, 이 일이 있은 후 김일성은 평양 인근에 주둔해 있는 중국
인민지원군의 내정 간섭과 주권 침해의 우려가 있다는 이유로 철군을 요구했다. 한국
전쟁 이후에도 김일성에게는 중국과의 안보적 연계 문제가 일종의 딜레마일 수밖에
없었다. 왜냐하면, 한편으로는 전후 복구를 위한 원조 획득에 외교 정책의 초점을 맞출
필요성이 있으면서도, 다른 한편으로는 연안파를 통한 중국의 내정 간섭은 지속되었기
때문이었다. 이준우, 앞의 논문, 69쪽.

이 시기 중국의 결박 의도를 북한이 수용하지 않음으로써 북중 경제 관계도 악화되는 양상을 보였다. 김일성은 중국건국 5주년 기념식에 참석하기 위해 1954년 9월 28일부터 10월 5일까지 중국을 방문하여 정상회담을 개최한 이후 1957년 소련 모스크바에서 모택동과 김일성이 만나기까지 약 3년여에 걸쳐 양국 간에 정상회담이 열리지 못했으며, 이를 대신할 고위급회담도 성사되지 못했다.

북중교역의 추이를 살펴보면 〈표 3-11〉에서와 같이 1954년부터 감소세에 접어들고 1956~1957년 기간 중 각각 9.9%, 18.3% 감소했다. 특히 1954년부터 1957년까지 지속된 중국의 북한 전후복구 지원을 위한 원조의 마지막 해이면서 제1차 5개년 경제계획이 시작되는 해인 1957년에는 중국의 대북한 물자원조보다는 프로젝트원조가 주를 이룸으로써 교역 감소를 유발한 데 기인한 것으로 보인다.

〈표 3-11〉 '8월 종파사건' 전후의 북중교역 추이 (단위: 만 달러)

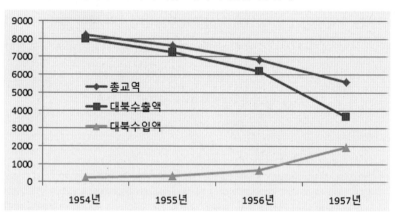

76) 최명해, 『중국·북한 동맹관계: 불편한 동거의 역사』(서울: 오름, 2009), 139쪽.

연도	1954	1955	1956	1957
총교역	8,231	7,606	6,855	5,601
대북수출액	7,971	7,259	6,182	3,650
대북수입액	260	347	673	1,951

출처: 임금숙, "북한의 대외무역정책에 관한 연구," 창원대학교 대학원 경제학 박사학위논문(2010), 21쪽.

2) 중소분쟁: 결박 순응과 보상 확대로 경제관계 호전

사회주의권의 분열과 혼란은 북한에게 경제적으로도 적지 않은 타격을 주었다. 1957년부터 시작된 5개년 경제계획에서는 이전과 달리 국제적 원조가 급감했고, 이들 사회주의 진영과의 갈등과 대립으로 인해 유무상통의 대외교역 역시 지지부진하게 되었다. 자본주의진영과의 단절뿐만 아니라 이제는 사회주의 진영 국가들과도 호혜적인 경제협조를 하기가 힘들게 되었던 것이다.[77]

특히, 1956년 소련공산당 제20차 대회를 계기로 사회주의 진영은 이른바 '수정주의'와 '교조주의'로 편이 나뉘어 서로를 반목하고 대립하게 되었으며, 그 와중에서 사회주의 양 대국인 소련과 중국은 사회주의 건설노선을 둘러싸고 극단적인 감정적 대립으로 치달았다. 1960년대에 더욱 본격화된 중소 간의 분쟁은 이념적, 정치적 차원을 넘어 급기야 군사적 충돌로까지 번지는 등 이 시기 전체 사회주의 진영의 혼란과 동요는 매우 극심한 양상으로 전개되었다.[78]

[77] 김근식, "북한 발전전략의 형성과 변화에 관한 연구: 1950년대와 1990년대를 중심으로," 서울대학교 대학원 정치학 박사학위논문(1999), 40쪽.
[78] 김근식, 앞의 논문, 40~41쪽.

적대세력인 소련의 위협이 가시적인 상황에서 중국은 북한이 적대세력에 편승하는 것은 두고 볼 수 없었으며, 자기편에 서게 하는 것이 필요했다. 중국은 충분한 보상을 통해 북한이 최소한 적대세력에 편승하는 것은 막고자 했던 것이다.[79]

정권 수립 이전부터 소련에 경제적으로 크게 의존해 온 북한이 중국편에 서서 소련과 대립하기 위해서는 소련에 상당부분 의존해 왔던 경제원조의 삭감을 감수해야 했다. 실제로 소련은 북한과의 갈등이 심화되면서 대북지원을 줄였다. 김일성은 그 대안으로 중국에 경제원조를 요청했다. 당시 중국은 경제력이 매우 낙후된 상태였으며, 대약진운동으로 인해 생산력이 현저히 떨어져 있을 때였음에도 불구하고 소련과의 대결에서 북한을 자기편으로 붙잡아 두기 위해 적지 않은 경제원조를 단행했다.[80]

1957년 전반기까지만 해도 북한에 대한 원조에 소극적인 태도를 보였던 중국이 1957년 후반부터 태도를 바꾸기 시작했다. 모택동은 북한과 우호관계를 강화하기로 하고 김일성 '달래기(慰撫政策)'를 채택했으며 이를 위해 원조 확대를 결심했다. 중국은 "북한이 만족할 만큼 북한이 원하는 모든 것을 지원한다"는 방향으로 방침을 변경했다. 중국이 북한을 향해 취한 첫 번째 우호적인 조치는 북한이 요구한 원조를 긍정적으로 검토하는 것이었다.[81]

한편, 북한이 중국과의 대외노선 일치화를 시도한 시점은 중국인민

79) Dongjun Lee, "An Uneasy but Durable Brotherhood: Revisiting China's Alliance Strategy and North Korea," *GEMC Journal*, No. 6 (March 2012), p. 131.

80) 이종석, 『북한－중국관계 1945~2000』(서울: 중심, 2000), 220쪽.

81) 임방순, "중국의 대북한 원조에 관한 연구: 중－소 관계변화의 영향," 북한대학원대학교 북한학 박사학위논문(2014), 127~128쪽.

지원군이 본격 철수하는 1958년 중반부터였다.[82] 북한은 1958년 9월 보고 문부터 '평화적 공존에 대한 레닌적 원칙'에서 '레닌적'이라는 문구를 삭제 하고 '평화적 공존원칙'으로 표기했다. '레닌적' 원칙이란 바로 하이어라키 적 질서(集中)를 말하는 것이며, '레닌적' 원칙의 삭제는 기존의 위계적 지 도를 거부한다는 의미였다. 당시는 중국이 주은래의 방북을 통해 '평화공 존 5원칙'에 입각한 새로운 프롤레타리아 국제주의를 적용하고 인민지원 군 철수가 마무리 단계로 진입하고 있던 때였다.[83]

또한, 1959년 9월 26일자 『인민일보』에 김일성이 중국건국 10주년을 맞이하여 북중관계의 유대를 주제로 한 논문을 기고할 정도로 양국관계는 강화되어 갔다. 이틀 뒤인 9월 28일 김일성은 중국정권 수립 10주년 기념 행사에 참석해 모택동·유소기·주은래 등과 회담했다. 소련에서는 흐루 시초프가 참석했는데 그는 중인(中印)국경분쟁 문제를 두고 인도 측을 두 둔하면서 중국 측과 쟁론을 벌였다. 이러한 상황에서 중국은 북한의 확실 한 지지가 필요했으며, 김일성도 좀 더 분명하게 중국 쪽 입장을 지지하기 시작했다. 1959년부터 북한지도부는 당 이론가들에게 수정주의(소련)를 반대하는 방향으로 사업을 하라고 지시했다.[84]

---

82) 북중 간의 경제정책상의 노선 일치화도 이 시기에 이루어진다. 중국지도부는 1958년 2월 모든 경제부문에서 '대약진'을 쟁취하기 위해 대중운동을 대대적으로 전개할 것을 강조한다. 1958년 7월 16일 모택동은 인민공사 제도와 대약진운동을 통해 중국과 아시 아 제국들이 사회주의 및 공산주의를 신속히 달성할 수 있는 독자적인 방법을 발견했 다고 역설한다. 이에 김일성은 1958년 8월 지방행정 담당자들을 모아놓고 "우리는 왜 소련식 생산방법에만 집착해야 합니까?"라고 하여 소련식 경험만을 모방하는 것으로 부터 벗어나야 한다는 점을 강조한다. 북한은 1958년 9월 조선노동당 중앙위원회 전원 회의를 통해 중국의 대약진운동을 모방한 천리마운동과 농업집단화정책 추진을 결정 했다. 정진위, 『북방삼각관계: 북한의 대중·소관계를 중심으로』(서울: 법문사, 1987), 39~41쪽; 서진영, 『현대중국정치론』(서울: 나남, 1997), 36~42쪽.

83) 최명해, 앞의 책, 141~142쪽.

1961년 체결된 북중군사동맹조약은 안보상의 이익을 위해 북한 주도로 이루어졌던 북소동맹조약과는 달리 중국이 주도해서 체결된 것이었다. 1960년 시점에서 주변국가와의 관계 안정화를 추구하는 중국 대외정책의 변화라는 맥락에서 추진되었다. 또한 시기적으로 중소 간 갈등이 표면화되어 북한의 지지가 필요했던 상황이었다. 중국은 북한이 조약체결에 적극적으로 호응하지 않자 북한에 대한 원조를 증대시켰다.[85]

　　1961년 소련 및 중국과 각각 군사동맹조약을 체결한 뒤 북한이 안보협력 파트너로 선택한 상대는 중국이었다. 이는 북중 양국이 '미 제국주의'라는 공동의 위협 인식에 바탕을 둔 안보협력 파트너십을 구축하고자 했고, 특히 모택동과 김일성 모두 자본주의 사회의 계급이 존재하는 한 결코 안전할 수 없다고 믿고 있었기 때문이었다. 즉 계속혁명(不斷革命) 의식의 고취를 통해 대내적 동원을 지속적으로 유지하고 제3세계 '민족해방전쟁' 지원을 통해 사회주의 연대투쟁을 강화함으로써 혁명전쟁의 국제적 여건을 조성해 나간다는 데 양국이 의견의 일치를 보았다. 1950년대 말 소련은 이미 혁명보다는 국가이익을 위한 국제관계 관리에 주력했던 반면, 자체 국가역량이 취약한 중국과 북한은 '속도'의 중요성을 가장 절박하게 인식했고 혁명의 기치를 내리는 것은 받아들일 수 없었다. 모택동과 김일성은 대내적으로 체제의 해빙이 아니라 통제를 강화해 나가야 했으며 통제기반의 약화를 의미할 수도 있는 서방과의 화해는 이들에게는 생각조차 할 수 없는 선택이었다.[86]

　　이 시기 중국이 북한의 지지를 확보하는 대가로 북한에 제공한 것은

84)　이종석, 앞의 책, 219쪽.
85)　이상우, "북한의 대중국 외교전략 연구," 서강대학교 대학원 정치학 박사학위논문 (2011), 97~99쪽.
86)　최명해, 앞의 책, 191~192쪽.

①장기무역협정 및 차관협정 체결, ②모택동의 '8월 종파사건' 개입 사과, ③중국의 북한 천리마운동 지원, ④북중군사동맹조약 체결, ⑤북중 국경 조약 체결[87] 등이며, 이 중에서 북중 경제관계와 직접 관련된 제1항인 무역협정 및 차관협정 체결을 중심으로 논의한다.

북중 양국은 1958년 9월에 1959년부터 1962년까지 3년간 상호 중요물자 공급을 약속하는 장기무역협정과 중국의 대북차관협정을 체결했다.[88] 특히 장기무역협정에서 북한은 3년간 철광석, 동, 연, 아연, 고속도강, 탄소 공구강, 카바이드, 인삼, 해산물 등을 중국에 공급하며, 중국은 석탄, 면화, 면사, 타이어, 주석, 압연강재, 만암철, 유황, 마라찜, 석고 등을 북한에 제공하기로 했다. 이 무역은 현금결제가 아닌 구상무역이었기 때문에 사실상 원조의 성격을 지녔다고 볼 수 있다. 중국의 대북 차관은 운봉발전소 건설과 공장 건설의 두 가지 종류로 체결되었다. 즉 중국은 양국 공동투자로 이루어지는 운봉발전소 건설비용의 반을 북한에 장기 대부(1963년부터 10년간 물품으로 상환)하며, 북한은 1개의 방직공장과 2개의 시멘트공장 건설에 소요되는 기계설비를 중국에서 차관을 얻어 중국으로부터 구매(1961년부터 10년간 물품으로 상환)한다는 내용이었다. 또한 1960년 10월 13일에 중국은

---

[87] 북한과 중국이 국경조약 체결 사실을 비공개로 한 것과 관련하여 당시 국경조약 체결 과정에서 중국 측 관리로 참여했던 한 인사에 따르면, 북한 측은 남북이 분단되어 있는 상황에서 조약체결 사실을 통일될 때까지 비공개로 할 것을 요구했고, 중국 측은 국경선을 획정하는 과정에서 중국이 북한에 상당한 양보를 했기 때문이라고 한다. 홍위병들이 만든 문건에서 주덕해가 조중 국경 획정을 위한 실측탐사 당시 북한에 유리하게 국경선을 획정토록 사주했다는 것이 그의 중요한 죄상으로 나오는 것을 봐도 중국의 북한에 대한 양보가 있었다고 짐작할 수 있으며, 실제 의정서를 보면 압록강과 두만강 상 섬들의 영유권을 두고 중국이 적지 않은 양보를 했던 것으로 추정할 수 있다. 이종석, 앞의 책, 230쪽, 235쪽.

[88] 劉金質·楊淮生 主編, 『中國對朝鮮和韓國政策 文件汇編』(北京: 中國社會科學出版社), 1000쪽.

1억 5,000만 달러의 장기차관과 기술원조를 북한에 제공하기로 결정했으며, 상환시기도 만기가 되어 갚을 수 있으면 갚고 불가능하다면 10년이든 20년이든 얼마든지 연장할 수 있다고 약속했다. 즉 무상원조를 제공한 셈이었다. 이러한 장기무역협정과 대북차관은 당시 중국의 경제 사정으로 볼 때 결코 가벼운 부담이 아니었지만 중국 지지로 경도되면서 소련으로부터 원조가 줄어들고 있던 북한에게는 꼭 필요한 것들이었다.[89]

중국은 1961년 10월 30일에 북한과 체결한 북중 간 '과학기술협의에 관한 의정서'에서 섬유, 화학 및 기타 경공업 설비의 생산에 관한 설계도와 기타 기술자료, 농산물 종자 등을 북한에 공급하기로 하고 관련 협정을 체결했다.[90]

1962년 11월 5일에 중국과 북한 간에 '제2차 북중 장기무역협정(1963~67)'이 체결되었다.[91] 이 협정에서 중국은 1963~67년 기간 중에 북한이 7개년 경제계획 수행에 필요한 연료, 광물, 농산물, 화학제품, 철금속, 설비 등 일체의 주요 물자를 제공하기로 하였으며, 북한은 광물, 비철금속, 기계, 설비, 화학제품, 해산물, 섬유 등을 중국 측에 제공하기로 하였다. 결국 북중 간의 통상관계는 북한의 7개년 경제계획 기간에 맞추어 장기무역협정을 체결함으로써 북한의 7개년 경제계획 추진은 장기적인 안정 기반 위에 놓이게 되었다.[92]

중소 간의 이념분쟁이 시작되고 본격화되었던 1957년부터 1965년 기간 중 김일성의 8차례 방중 정상회담을 포함해 북중 간에 총 17차례의 정상회

---

[89] 이상우, 앞의 논문, 85쪽.
[90] 임방순, 앞의 논문, 169쪽.
[91] 劉金質·楊淮生 主編, 앞의 책, 1431쪽.
[92] 임방순, 앞의 논문, 170쪽.

담이 개최되었다. 연 평균 2회에 가까운 북중 간의 정상회담 개최는 북한이 중국의 결박에 응했다는 것을 의미하며, 예상대로 이 시기 북중교역은 아래 〈표 3-14〉에서 보는 바와 같이 연평균 24.6%의 가파른 증가세를 보였다.

〈표 3-12〉 중소분쟁 시기 북중정상회담 개최 내역

연월	장소	참석 수뇌	회담 주제	비고
1957.11	모스크바	김일성:모택동	중국인민지원군(중공군) 북한 철수	
1958.2	평양	김일성:주은래	중공군 철수 공표, 양국관계	공식
1958.11~12	북경, 무한	김일성:모택동·주은래	통일 문제, 대만 문제, 국제공산진영 단결 문제	공식
1959.1	모스크바	김일성:모택동	국제공산주의 운동 문제	
1959.9	북경	김일성:모택동·유소기·주은래	중국건국 10주년 기념식 참석	공식
1960.5	항주	김일성:모택동·주은래	파리 4개국 회담 유산 문제, 양당과 소련공산당과의 관계	비공식
1961.7	북경	김일성:모택동·주은래	조중우호협력상호원조조약 체결	공식
1961.10	모스크바	김일성:주은래	국제공산주의 운동(중소분쟁)	소련 22차 당대회
1962.10	평양	김일성:주은래	조중국경조약 체결, 무역관계	비공식
1963.5	북경	김일성:주은래	중소분쟁 관련	비공식
1963.9	평양	김일성:유소기	반제, 반수정주의 문제	공식
1964.2~3	북경	김일성:모택동·유소기	중소분쟁 관련	비공식
1964.7	평양	김일성:주은래	중소분쟁 관련	비공식
1964.9	하얼빈	김일성:주은래	중소분쟁 문제(추정)	비공식
1964.10	평양	김일성:등소평	중소분쟁 관련	비공식
1964.11	북경	김일성:모택동·주은래	소련 신지도부 분석·논의	비공식
1965.4	자카르타	김일성:주은래		반둥회의

출처: 이종석, 『북한-중국관계 1945~2000』(서울: 중심, 2000), 309~312쪽; 히라이와 순지(이종국 역), 『북한·중국관계 60년』(서울: 선인, 2013), 449~459쪽.

〈표 3-13〉 중소분쟁 시기 북중 고위급 상호방문 내역

연도	중국 → 북한	북한 → 중국
1961	·등소평(鄧小平), 조선노동당 제4회 전국대표대회 참석	-
1962	·팽진(彭眞) 북경 시장	·박금철 최고인민회의 상임위 부위원장
1963	·유소기(劉少奇) 국가주석, 김일성과 회견	·최용건 최고인민회의 상임위원장, 모택동과 회견
1964	-	·최용건 최고인민회의 상임위원장, 모택동과 회견
1965	·양용(楊勇) 인민해방군 부참모장	-

출처: 히라이와 슌지(이종국 역), 『북한·중국관계 60년』(서울: 선인, 2013), 450~453쪽을 참고하여 작성

〈표 3-14〉 중소분쟁 시기의 북중교역 추이 (단위: 만 달러)

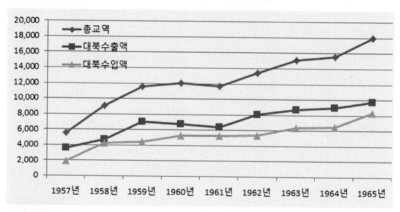

연도	1957	1958	1959	1960	1961	1962	1963	1964	1965
총교역	5,601	9,055	11,584	12,037	11,693	13,457	15,138	15,533	18,026
대북수출액	3,650	4,774	7,089	6,740	6,382	8,043	8,706	9,029	9,701
대북수입액	1,951	4,281	4,495	5,297	5,311	5,414	6,432	6,504	8,325

출처: 임금숙, "북한의 대외무역정책에 관한 연구," 창원대학교 대학원 경제학 박사학위논문(2010), 21쪽.

3) 문화혁명: 결박 거부와 보상 박탈로 경제관계 악화

　　전통적인 혈맹으로서 '밀월관계'를 유지하던 북중관계는 1964년을 기점으로 갈등관계로 전환된다. 이 시기 북중 갈등을 유발한 요인은 ①흐루시초프 실각 후 등장한 소련의 신지도부에 대한 양국의 상이한 평가, ②베트남전 지원을 위한 공산권 연대에 대한 양국 간 견해 차이, ③'문화혁명'의 발발과 홍위병의 북한정권 공격, ④소련으로부터 군사원조 취득을 위한 북한의 대소관계 개선 추구 등 네 가지였다. 이러한 요인들이 약간의 시차를 두고 연속적으로 발생함으로써 북중관계는 1964년 가을부터 서서히 갈등 속으로 빠져들기 시작했다.[93)]

　　중소분쟁을 계기로 친밀한 관계를 유지했던 북한과 중국은 소련 지도자 흐루시초프의 실각으로 1964년 10월 등장한 소련의 새로운 지도부에 대해 각기 다른 평가를 내리면서 관계에 균열이 발생하게 된다. 중국지도부는 소련의 새로운 지도부를 '흐루시초프 없는 흐루시초프주의'로 규정하고 소련과의 대립을 이어간 반면에 북한은 소련 신지도부의 긍정적 측면에 주목해서 보다 적극적인 평가를 내렸다. 이러한 입장 차이로 갈등이 표면화되면서 1964년 11월 김일성의 중국방문을 끝으로 1969년까지 양국 정상의 상호방문이 중단되었다.

　　북중 간의 이와 같은 균열은 베트남전에 대한 사회주의 진영의 대응을 둘러싸고 또 다른 입장 차이를 노정하면서 갈등이 심화되었다. 소련은 자국을 중심으로 중국, 북부베트남 지도자들이 회합을 갖고 미국의 베트남전 확전에 대해 사회주의 진영의 공동대응을 모색하려고 했으나, 중국

---

93) 이종석, 『'문화대혁명'시기 북한－중국 관계 연구』(성남: 세종연구소, 2015), 9쪽.

지도부는 소련공산당의 '수정주의적 자세'를 구실삼아 소련의 제의를 거부했다. 전 세계 진보세력이 단결하여 베트남전 대응책을 모색해야 한다는 분명한 입장을 견지했던 북한은 중국의 이러한 거부에 대해 비판적인 입장이었고 중국과의 관계는 더욱 소원해지게 되었다.

이와 같이 악화일로에 있었던 북중관계[94]는 1966년에 들어서면서 공개적인 갈등관계로 비화되었다. 중국의 홍위병들은 개인숭배를 이유로 김일성을 비판하는 대자보를 붙였고, 문화혁명 지도자들은 북한을 수정주의[95]로 비판했다. 이에 대해 북한은 『로동신문』에 「자주성을 옹호하자」라는 사설을 게재하여 중국을 맹비난했다. 중국의 문화혁명이 발단이 된 양국 간의 갈등은 계속 증폭되는 양상을 보였다. 홍위병들은 북중 국경을 넘어 폭력과 방화를 저지르기도 했고, 북한과 중국은 접경지대인 압록강변에 확성기를 설치하고 서로를 향해 비난을 퍼부으면서 무력충돌 직전까지 가기도 했다. 결국 문화혁명으로 인한 북중 갈등은 양국 대사가 소환되

---

[94] '문화혁명'이 발생하기 전인 1965년에 북중관계가 이미 균열되고 있었다는 것은 공식적인 외교행사에서도 드러났다. 1965년 8월 15일 해방 20주년을 기념하기 위해 북한에 파견된 중소 사절단의 구성은 이러한 상황변화를 단적으로 보여준다. 그동안 북한과 갈등관계에 있었던 소련은 이 행사에 소련공산당 중앙위 상무위원 겸 비서이자 내각부수상인 쉘레삔을 단장으로 파견했다. 반면에 중국은 이보다 격이 낮은 전국인민대표대회 상무위원인 무신우를 단장으로 보냈다. 북중관계와 북소관계가 역전되고 있음을 상징적으로 보여준 것이었다. 북중 갈등의 핵심사안이었던 소련 신지도부 문제와 베트남전 대응 문제를 둘러싼 북중 간 최종 담판이 1965년 11월에 김일성의 위임을 받고 중국을 방문한 리주연 부수상과 주은래 총리 간에 있었던 것으로 보인다. 이때 북중은 "약간의 국제문제"를 두고 네 차례의 회담을 가졌다. 주은래 총리가 평소 같으면 접견대상자에 불과한 북한 부수상을 상대로 이례적으로 수차례에 걸쳐 긴 회담을 가진 것은 이미 서로 다른 길을 가기 시작한 양국이 시도한 마지막 절충 노력이었기 때문일 것이다. 그러나 양국은 결국 절충점을 찾지 못했다. 이종석, 앞의 책, 17~18쪽.

[95] 당시 북한과 중국에서 '수정주의자'란 곧 '적'이나 다름없다는 뜻이었기 때문에 중국이 북한을 수정주의자라고 규정한 것은 적으로 규정한 것이라고 볼 수 있다. 박종철, "1960년대 중반의 북한과 중국: 긴장된 동맹," 『한국사회』, 제10집 제2호(2009), 150쪽.

는 지경까지 이르게 되었다. 현준극(玄俊極) 중국주재 북한대사는 1967년에 본국으로 소환되었다가 2년 반 뒤에야 북경으로 복귀했다. 1967년부터 1969년까지 중국 관방의 공개보도 중에서 북중관계에 관한 보도는 불과 20건[96] 밖에 되지 않았다. 북중관계의 악화와는 대조적으로 소련과 북한 간에는 관계가 복원되기 시작했다.

북한이 1965년 초부터 소련과 관계를 개선하자 중국은 이에 반발하고 북한에 대해 처벌적 조치로 원조를 감축하거나 중단했다. 문화혁명 초기부터 북중 간의 경제관계가 하향추세를 보였다. 아래 〈표 3-15〉에서 보는 바와 같이 1966년 2억 달러를 초과해 역대 최고수준에 달했던 양국 간 교역이 이듬해인 1967부터 1969년까지 매년 큰 폭으로 감소했다. 1965년부터 1969년까지 양국은 문화나 경제방면에서 새로운 협정을 체결하지 않았고[97] 양국 간 고위급 교류와 상호방문이 중단되면서 1965년 이후로는 중국의 새로운 원조가 없는 것으로 알려지고 있다. 또한 중국은 북한의 소련 편향에 대해 원조 중단과 감축 외에도 다음과 같은 보복조치를 취했다. 첫째, 1967년에 종료되는 5년 단위의 '북중장기무역협정'에 대한 후속 장기무역협정을 체결하지 않았고, 둘째 북한과의 무역에서 북한이 필요로 하는 품목과 수량을 감소[98]시켰다. 그리고 중국의 대외무역기구

---

96) 金淳洙, "中國의 韓半島 安保戰略과 軍事外交," 경남대학교 북한대학원 북한학 박사학위논문(2010), 101쪽.

97) 중국과 북한 간의 경제관계에 대해 김일성은 소련인에게 다음과 같이 말했다고 한다. "조선과 중국의 관계는 '정체상태'에 빠졌고, 양당은 서로 연락하지 않고 있으며 정부 간 왕래도 없다. 무역관계가 완전히 중단된 것은 아니지만 단지 최저수준을 유지하고 있을 뿐이다. 쌍방은 대외무역협정을 체결했지만 중국은 협정을 결코 이행하지 않을 것으로 보인다." 션즈화(김민철 외 옮김), 『최후의 천조: 모택동·김일성 시대의 중국과 북한』(서울: 선인, 2017), 800쪽.

98) 통일연구원 편, 『독일지역 북한기밀 문서집』(서울: 선인, 2006), 230쪽.

제3장 냉전기 및 1990년대의 북중 경제관계   129

는 북한산 제품의 질적 문제점을 제기하기 시작하였고 과거와 달리 북한이 수출을 원하지 않는 품목도 요구하였으며 동시에 북한이 요구하는 품목의 제공을 거절하였다. 1966년 중국은 식물성 유류와 콩의 제공을 급격히 감소시켰고 1967년 1월까지 유황과 기타 공업용 반제품의 공급을 중단시켰다. 중국은 또한 북한 어선의 중국 연해에서의 어로활동도 금지하였다.[99]

중국의 문화혁명 시기 북중 간의 '결박-보상 메커니즘' 작동과 연관시켜 북중 경제관계의 전개 양상을 살펴보면, 중소이념분쟁으로 중국의 적대세력인 소련의 위협이 가시적인 상황에서 중국은 북한이 소련에 편승하는 것을 방지하려는 결박을 의도했으나 북한은 이러한 결박에 응하지 않고 소련에 편승하는 모습을 보임에 따라 중국이 북한에 제공해 왔던 보상인 원조 등을 박탈하는 형태로 북한을 제재했다. 이 시기 북한 김일성의 방중을 포함한 양국 수뇌부의 교류가 중단되어 북중정상회담 개최나 고위급 교류가 이루어지지 못함으로써 중국은 북한 결박에 실패했고, 이에 따라 북중 경제관계가 침체된 것은 자연스러운 결과였다.

아래 〈표 3-15〉에서와 같이 문화혁명으로 북중 간의 갈등이 시작된 1966년에 최고조에 달했던 북중교역은 1967년부터 1969년 기간 동안 급격하게 감소함에 따라 1966년부터 1969년까지 3년간에 걸쳐 연평균 18.2%의 하락세를 보였다.

---

[99] 임방순, 앞의 논문, 186~187쪽.

〈표 3-15〉 문화혁명기 북중교역 추이 (단위: 만 달러)

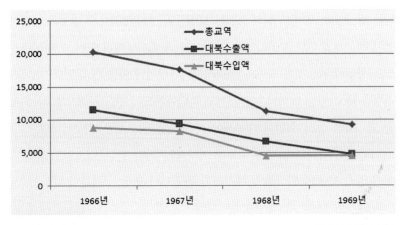

연도	1966	1967	1968	1969
총교역	20,322	17,663	11,306	9,215
대북수출액	11,476	9,364	6,719	4,721
대북수입액	8,846	8,299	4,587	4,494

출처: 임금숙, "북한의 대외무역정책에 관한 연구," 창원대학교 대학원 경제학 박사학
위논문(2010), 21쪽.

4) 미중데탕트: 결박 성공과 보상 증대로 경제관계 호전

미국과 소련을 주적으로 상정한 '이중접근법'을 취했던 중국에게
1969년 3월 진보도(珍寶島)에서 발생한 소련과의 무력충돌 사태는 미국보
다는 소련을 제1의 안보위협으로 간주하게 만들었다. 소련을 주적으로 상
정하여 전략적 목표를 일원화하려면 미국과의 전략적 연대 형성이 필수적
인 선택이었다. 즉 '연미제소(聯美制蘇)'라는 전략적 결단이 요구되었던 것
이다. 문제는 이러한 전략 재조정(strategic readjustment)을 국내외에, 특히
북한과 베트남에 정당화시키는 것이었다. 미국과의 화해가 이들 국가들에

게는 중국이 제국주의와의 투쟁을 포기한 것처럼 혼란스럽게 보일 수 있다는 점이었다. 반제 노선의 포기는 모택동의 정치적 과오를 인정하는 꼴이었기 때문에 중대한 사안이었다. 특히 북한과 베트남에게 있어 소련을 주적으로 상정한다는 것은 일종의 '전략적 자살' 행위와 다를 바 없었다. 미국과 전쟁을 하고 있는 베트남은 물론이고 북한에게도 소련을 주적으로 삼는 것은 남·북방 동시 위협에 대응해야 하는 악몽과도 같은 경우였다.[100]

중국이 미국과 화해를 시도한 가장 근본적인 원인은 '소련위협 억제'에 있었기 때문에 미국과의 사전교섭 과정이나 협상의 결과가 반드시 '제소(制蘇)'라는 본연의 목적에 들어맞아야만 했다. 미중 화해의 결과가 '제소'로 이어지지 않고 소련-북한-베트남 간 반(反)중국 동맹체제가 형성되는 것은 중국으로서는 최악의 시나리오였다. 이런 이유로 모택동은 미국과의 화해 시도 과정에서 북한과 베트남의 입장을 민감하게 고려하지 않을 수 없었다. 즉 북한과 베트남이 극도의 '방기(放棄)' 우려를 느끼고 대안적 수단의 부재 속에서 소련으로 경사된다면 이는 미국과의 화해로도 상쇄할 수 없는 최악의 결과를 초래할 수도 있었던 것이다.[101]

1969년 최용건 최고인민회의 상임위원장의 중국 방문으로 문화혁명기의 갈등이 상당 부분 해소된 가운데 1970년 4월 주은래는 북한을 공식 방문한 이후 1971년 7월과 1972년 3월 두 차례에 걸쳐 북한을 비공식 방문했는데, 과거와 달리 이렇게 북한을 연이어 방문한 주된 이유는 미중관계 개선에 관한 이해와 설득을 위한 것이었다. 주은래는 1971년 7월 15일 평양을 방문하여 김일성에게 닉슨 대통령과 키신저의 방중 건에 대한 상황을 전하면서 이에 대한 북한 측의 이해를 당부했다. 주은래의 이러한 행보

---

100) 최명해, 앞의 책, 275~277쪽.
101) 최명해, 앞의 책, 279~280쪽.

는 1961년 체결된 북중군사동맹조약의 제4조에 규정된 '사전 협의 및 통보' 조항에 대한 의무이행을 통해 향후 북한에게 빌미를 주지 않겠다는 전략적 의도도 내포되었다고 할 수 있다.[102]

미중관계 정상화에 대한 북한의 친중노선 견인을 위한 중국의 노력은 이러한 선제외교와 함께 군사지원 재개를 통해 이루어졌다. 중국은 북중군사동맹조약 체결 10주년을 맞아 1971년 7월 9일부터 16일까지를 '중·조 우호주간'으로 정하고 이 기간 중에 이선념(李先念) 부총리와 이덕생(李德生) 중국인민해방군 총정치부 주임으로 구성된 대표단을 북한에 파견했다.[103] 북한 역시 김중린 당 비서를 단장으로 한 북한대표단을 중국에 파견하여 조약 체결 10주년을 기념[104]했다. 북한은 또한 1971년 8월 17일부터 9월 7일까지 오진우 총참모장을 단장으로 하는 군사대표단을 중국에 파견했다. 미중 화해 분위기 속에서 북중군사협력이 강화되는 기이한 상황이 전개된 것이었다. 9월 6일 오진우와 황영승(黃永勝) 중국인민해방군 총참모장 간에 '무상 군사원조 제공협정'이 조인되었다.[105] 중국은 동 협정에 근거하여 매년 약 1억 위안 상당의 군수물자를 무상지원한 것으로 알려졌다.[106]

1972년 2월 말 닉슨 미국대통령이 중국을 방문하여 모택동과 정상회담을 갖고 상해에서 '미·중 연합성명'을 발표한 뒤 1주일 정도 지난 3월 7일에 주은래가 북한을 다시 방문하여 김일성에게 성명발표에 이르기까지의 과정을 상세히 설명해 주었다.

닉슨 방중 이후 미중 국교정상화 교섭은 1976년까지 양국의 국내정

---

102) 金淳洙, 앞의 논문, 105~106쪽.

103) 劉金質·楊淮生 主編, 앞의 책, 1913~1923쪽.

104) 정규섭, 『북한외교의 어제와 오늘』(서울: 일신사, 1997), 158~159쪽.

105) 金淳洙, 앞의 논문, 106쪽, 108쪽.

106) 劉金質·楊淮生 主編, 앞의 책, 1944~1954쪽.

치적 상황과 국제환경의 제약으로 지지부진하다가 미국에서는 그해 11월 민주당 정권이 들어서고 중국에서는 모택동과 주은래가 사망한 후 등소평이 집권하여 1978년 개혁개방 노선을 천명한 이후 양국관계 정상화는 급진전되었다. 1978년 12월 15일 미중 양국은 1979년 1월 1일부로 국교를 정상화한다고 선언했다.

미중 간 공동선언을 앞두고 중국지도부는 북한에 대해 상당한 우려감을 갖고 있었던 것으로 보인다. 이러한 우려는 화국봉과 등소평이 각각 공동선언 7개월 전과 3개월 전에 북한을 방문한 점으로도 유추해볼 수 있다. 1978년 5월 5일부터 10일까지 화국봉이 북한을 방문하여 당시 중국의 대일 및 대미 관계정상화 과정에 대한 해명 과정을 밟았다. 이는 동맹 의무규정을 의식한 면도 있지만 그것보다는 북한이 소련 쪽으로 편향되지 않도록 하기 위한 사전조치적 의미가 더 크다고 하겠다. 화국봉이 미중관계 개선에 따르는 상당한 반대급부를 김일성에게 제공한 점이 이를 방증한다고 할 것이다.[107] 공동선언 3개월 전인 1978년 9월 북한 정권수립 30주년 기념식 참석차 북한을 방문한 등소평도 화국봉과 마찬가지로 대미 관계정상화에 대해 북한 측에 설명하고 양해를 구한 것으로 알려졌다.

중국이 소련의 위협에 대응하기 위해 미국과의 화해와 관계정상화를 추진했던 1970년대에 앞서 논의한 바와 같이 중국은 북한이 소련 편향으로 돌아서는 것을 막기 위해 북한 결박을 적극적으로 모색했으며 북한은 중국의 결박 요청에 호응했던 시기였다. 김일성의 다섯 차례 방중과 중국 측의 다섯 차례 방북 등 총 10차례의 정상회담이 개최되어 연 평균 한 차례의 정상회담이 개최되었다. 특히 북한을 달래기 위해 주은래, 등소평, 화국봉 등 중국지도부의 북한 방문이 활발했던 시기였다. 1975년 4월 김

---

107) 金淳洙, 앞의 논문, 112쪽.

일성의 북경 방문 이후 1978년 5월 화국봉이 평양을 방문하기까지의 3년 간은 모택동과 주은래의 사망으로 중국지도부가 교체되던 시기여서 정상 회담이 개최되지 못했다.

〈표 3-16〉 미중데탕트 시기 북중 정상회담 개최 내역

연월	장소	참석 수뇌	회담 주제	비고
1970.4	평양	김일성:주은래	국제정세, 양국관계 복원 문제	공식
1970.10	북경	김일성:모택동 · 주은래	국제정세, 양국관계, 국제공산주의 운동 문제	비공식
1971.7	평양	김일성:주은래	키신저 공동성명(닉슨 방중 문제) 사전통보	비공식
1971.11	북경	김일성:모택동 · 주은래	미중관계, 남북대화(추정)	비공식
1972.3	평양	김일성:주은래	닉슨 방중 결과, 남북대화	비공식
1972.8	북경	김일성:모택동 · 주은래	국제통일전선, 유엔 문제	비공식
1973.10	심양	김일성:주은래	국제정세, 한반도 문제	비공식
1975.4	북경	김일성:모택동 · 등소평	인도지나 정세, 통일 문제	공식
1978.5	평양	김일성:화국봉	양국관계, 문화혁명 종결	공식
1978.9	평양	김일성:등소평	북한정권 수립 30주년 기념식 참석	공식

출처: 이종석, 『북한－중국관계 1945~2000』(서울: 중심, 2000), 309~312쪽; 히라이와 슌지(이종국 역), 『북한 · 중국관계 60년』(서울: 선인, 2013), 449~459쪽.

〈표 3-17〉 미중데탕트 시기 북중 고위급 상호방문 내역

연도	중국 → 북한	북한 → 중국
1970	-	· 오진우 인민군 총참모장
1971	-	· 오진우 인민군 총참모장
1972	· 희붕비(姬鵬飛) 외교부장, 김일성과 회담	-
1973		· 허담 외무상
1975	· 장춘교(張春橋) 정치국 상무위원	-

출처: 히라이와 슌지(이종국 역), 『북한 · 중국관계 60년』(서울: 선인, 2013), 454~455 쪽을 참고하여 작성

이 시기 북중교역은 아래 〈표 3-18〉에서 보는 바와 같이 연평균 46.2%
의 가파른 증가세를 보였다. 모택동과 주은래가 사망하여 북중정상회담이
중단되었던 1976~77년을 제외하고는 북중교역이 증가세를 유지했다.

〈표 3-18〉 미중데탕트 시기의 북중교역 추이 (단위: 만 달러, %)

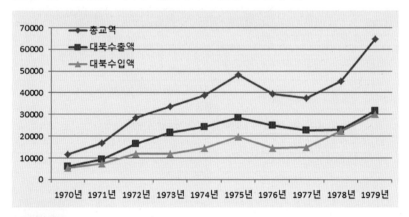

연도	1970	1971	1972	1973	1974	1975	1976	1977	1978	1979
총교역	11,508	16,673	28,307	33,595	38,959	48,187	39,504	37,438	45,433	64,722
대북수출액	6,088	9,432	16,444	21,755	24,329	28,406	25,000	22,717	23,070	31,701
대북수입액	5,420	7,241	11,883	11,840	14,630	19,781	14,504	14,721	22,363	30,021

출처: 임금숙, "북한의 대외무역정책에 관한 연구," 창원대학교 대학원 경제학 박사학위
논문(2010), 32쪽.

5) 탈냉전 및 한중수교: 결박 약화와 보상 축소로 경제관계 침체

탈냉전은 1950년대 말부터 시작된 중소분쟁을 종식시켰고 북중관계
를 재정립하는 데 큰 영향을 미쳤다. 중소분쟁 종식이 탈냉전과 함께 찾아
옴으로써 북한으로서는 그동안 냉전체제와 중소분쟁에 의존해서 누려왔

던 혜택을 한꺼번에 잃게 되었다. 즉 북한은 냉전시대에 사회주의국가들로부터 상당한 경제적 지원을 받아 왔으며, 수십 년간 지속되어 온 중소대립 속에서 상당한 정치·군사·경제적 실리를 취해 왔는데 이러한 전략적 환경구도를 한꺼번에 상실했다.[108] 그동안 북한의 전략적 가치를 높여 주던 중소분쟁의 긴 역사가 청산되자 중국은 북한에 대해서도 과거보다 상대적으로 강도 높은 실용주의 정책을 추구해 나가려고 했다.[109]

냉전체제의 붕괴는 북중관계에 가장 역동적인 정세 변화를 초래했다고 할 수 있다. 중국은 이미 개혁개방을 추진[110]하고 있었기 때문에 새로운 국제정세 질서에 쉽게 적응할 수 있었다. 반면 북한은 중국과 달리 소련 붕괴 직전까지도 소련과의 정치·경제적 유대를 지속하고 있었고 대내적으로는 반개혁적·반개방적 정책을 고수[111]하고 있었다. 북한은 동북아에 새롭

108) 이종석, 『북한─중국관계 1945~2000』(서울: 중심, 2000), 289~290쪽.

109) 조명철 편, 『북한의 대외경제정책 10년 평가와 과제』(서울: 대외경제정책연구원, 2011), 128쪽; 이종석, 앞의 책, 271쪽.

110) 개혁개방 시대에 접어들어 중국 지도부가 대체로 합의한 중국의 국가 대전략은 첫째, 과거 모택동시대와는 달리 탈이념적이고 실용주의적이며 '타산적 전략(calculative strategy)'의 성향을 띠고 있다는 것이다. 체제와 이념의 차이에 구애받지 않고 국익을 극대화하기 위해 합리적이고 유리한 대외전략을 추구한다. 둘째, 개혁개방 시대 중국의 국가 이익이란 경제력의 발전을 바탕으로 종합국력을 축적하여 부강한 중국을 건설하는 것이기 때문에 경제발전과 현대화가 상당 기간 중국의 최고 최대의 목표가 되지 않을 수 없다는 것이다. 셋째, 탈냉전시대에 지속적인 경제발전을 실현하기 위해서는 국제환경의 안정과 평화가 중요하기 때문에 중국은 국제사회에서 가급적 힘의 사용을 억제하고 패권주의를 견제한다는 것이다. 넷째, 중국은 국제체제가 안고 있는 모순점을 인정하면서도 현행 국제체제의 변혁을 추진하는 것이 아니라 현행 국제체제 내부에서의 개선을 요구한다는 점에서 현상유지적 국가전략을 추구한다는 것이다. 서진영, 『21세기 중국 외교정책: '부강한 중국'과 한반도』(서울: 폴리테이아, 2006), 148쪽.

111) 중국이 개혁개방 노선을 결정한 중국공산당 제11기 3중 전회가 끝난 지 불과 이틀이 지난 뒤 김정일은 "오늘 조성된 정세는 우리들에게 자력갱생의 혁명정신을 높이 발휘할 것을 절실히 요구하고 있습니다. 지금 어느 나라도 남을 도와주려고 하지 않으며 도와주려고 하여도 도와줄 형편이 못됩니다. 당의 전투력을 높이기 위해서는 첫째로 간부대렬의 순결성을 보장할 것, 수정주의와의 투쟁을 강화할 것,

게 형성되는 국제경제질서에 적응할 준비가 전혀 되어 있지 않았다. 냉전체제의 해체는 동북아의 각국이 이념보다는 경제적 실리를 중심으로 관계를 재정립하도록 만들었다.[112] 즉 등소평 시대에 중국의 대한반도 정책은 혁명적 이념이나 가치를 중시했던 모택동시대와는 달리 경제제일주의가 부상했고 경제적 요인이 한반도에 있어서 새로운 변수로 작용하게 되었다.[113]

소련을 비롯한 공산권의 붕괴는 중국으로 하여금 자신이 공산주의를 지키는 최후의 보루가 되어야 하며, 공산주의를 수호하면서 안정을 유지하는 길은 오로지 경제발전뿐이라는 결론에 도달하게 만들었다. 1992년 2월 등소평은 남순강화를 통해 천안문 사태 이후 이완된 개혁개방의 분위기를 다잡았다.[114]

이 시기 중국의 경제발전전략은 국내경제의 지속적 성장과 국민소득의 급속한 성장을 통해 짧은 기한 내에 중진국 수준에 도달한다는 목표이고, 이를 위해 모든 국가적 역량을 집중한다는 것으로 요약할 수 있다. 대외경제관계에서도 이념과 동맹을 기초로 관계의 수준을 결정하는 것이 아니라 국내 경제성장에 도움이 되는 방향으로, 그리고 중국의 경제수준에 맞게 솔직하면서도 현실성 있게 관계의 수준을 정해간다는 것이다. 즉 내적 및 외적 역량을 모두 자국의 경제력 향상에 집중한다는 것이 핵심 요체다.[115]

중국에게 있어 한중수교는 등소평이 주창한 경제현대화를 위한 개혁

둘째로 당규율을 철저히 확립할 것, 셋째로 수령과 당중앙에 대한 충실성을 더욱 높일 것 등이 요구된다."고 중국의 노선을 비판하였다. 고수석, "북한·중국 동맹의 변천과 위기의 동학: 동맹이론의 적용과 평가," 고려대학교 대학원 박사학위논문(2007), 87쪽 재인용.

112) 조명철 외, 앞의 책, 49쪽.

113) 장공자, "21세기 중국의 국가전략과 한반도정책,"『한국동북아논총』, 제24권(2002), 308쪽.

114) 문대근, "탈냉전기 중국의 대북정책 결정요인 연구," 북한대학원대학교 북한학 박사학위논문(2013), 86~87쪽.

115) 조명철 외,『북한경제의 대중국 의존도 심화와 한국의 대응방안』(서울: 대외경제정책연구원, 2005), 47쪽.

개방의 일환이었다.[116] 1992년 8월 한중수교가 이루어지면서 북중관계는 과거의 혈맹과 순치관계에 균열이 발생하고 냉각기에 접어들었다.[117] 한 중수교는 냉전시기 중국과 혈맹관계를 유지해 온 북한에 커다란 타격을 주었다.[118] 한중수교는 이념과 혈맹으로 대표되던 냉전기에 형성된 북중 특수관계를 해체시켰다고 할 수 있다. 이때부터 북중관계는 국제환경과 국가이익을 우선시하는 보편적 국가 간 관계로 변화하는 과도기적 특성을 보이기 시작했다.[119] 개혁개방은 북중 간 "국제주의"가 이끄는 경제관계 를 점점 단절시켰으며, 한중수교는 북중 간 "국제공산주의"를 연결고리로 하는 양국 간의 정치연맹 구조를 붕괴시킴에 따라 중국과 북한은 실질적 으로 각자의 길을 가게 되었다.[120]

---

116) 문대근, 앞의 논문, 86~87쪽.

117) 최수영, "통계 재구성의 시사점 분석1: 북한의 대외무역 추세," 이석 외,『1990~2008년 북한무역통계의 분석과 재구성』(서울: KDI, 2010), 126쪽; 김재철,『중국의 외교전략과 국제질서』(서울: 폴리테이아, 2007), 244쪽; 김기호,『현대 북한 이해』(서울: 탑북스, 2016), 225쪽.

118) 전병곤, "정치외교관계," 이기현 외,『한중수교 이후 북중관계의 발전: 추세분석과 평가』 (서울: 통일연구원, 2016), 20쪽; 1992년 한중수교시 김일성 부자의 만류에도 중국이 한 중수교를 단행함으로써 북한 전체를 쇼크 상태에 이르게 한 적이 있다. 황장엽 전 노동 당비서는 "당시 모택동과 등소평의 오랜 전우였던 김일성이 이 소식을 듣고 큰 충격을 받아 앓아누울 지경으로 충격이 컸었다"고 말했다. 이 사건으로 북한 내부에서는 중국 이 김일성의 말을 듣지 않는다는 사실에 더 큰 충격을 받았다고 한다. 김일성은 믿었던 도끼에 발등을 찍힌 결과가 되었다. 이로 인해 김일성은 중국을 혈맹(血盟)국으로 생각 하면서도 항상 경계하는 입장을 취하였고, 중국의 반대에도 불구하고 독자적인 핵개발 을 단행하였다. 송봉선,『중국을 통해 북한을 본다』(서울: 시대정신, 2011), 31쪽.

119) 전병곤, 앞의 글, 23쪽.

120) 션즈화(김동길 · 김민철 · 김규범 역),『최후의 천조: 모택동 김일성시대의 중국과 북한』 (서울: 도서출판 선인, 2017), 902쪽; 중국이 개혁개방으로 나가고 한국과 수교한 이후 에 북한은 중국을 멀리하면서 북한에 대한 영향력을 완전히 차단하고 있다. 김정일은 중국지도부가 자신을 좋아하진 않지만 자신을 반대할 수 없다고 믿고 있었다. 만일 중국이 김정일에 대해 부정적인 행동을 취할 때에는 대만과 연계를 가지고 미국과 협 력하여 중국을 반대하는 정책으로써 보복하려 했다. 황장엽,『북한의 진실과 허위』(서 울: 시대정신, 2006), 72쪽.

1994년 11월 4일 김정일은 『로동신문』에 발표한 「사회주의는 과학이다」라는 논문에서 "사회주의 배신자들은 사회주의 이념 자체가 잘못된 것이라고 하면서 자기들의 추악한 배신행위를 변호하려 하고 있다. 사회주의 배신자들이 자본주의로 복귀하고 실업과 빈궁을 경쟁 의욕과 노동 강도를 높이기 위한 압력수단으로 보면서 사회주의가 마련한 모든 인민적 시책들을 없애버리는 것도, 자기 인민의 힘을 믿지 않고 서방 자본주의 나라들의 원조 협력에 기대를 걸면서 제국주의자들에게 아부 굴종하고 있는 것도 사람에 대한 반동적인 부르조아적 관점과 관련돼 있다"고 주장했다.

　　한중수교 후 일정 기간 침묵을 지켰던 북한은 시간이 갈수록 서서히 본성을 드러내기 시작했다. 중국에 대한 분노를 표출하면서 악의적인 선전과 야비한 도발행위를 공공연히 자행했다. 1993년 1월부터 4월까지 북한인민군은 압록강변에서 무려 42차례나 도발 사건을 일으켰고, 7백 발의 총탄을 퍼부었으며 중국군 변방 근무자 18명, 민간인 13명에게 부상을 입혔고 그 가운데 군인 2명과 민간인 3명이 사망했다. 1993년 4월 북한은 북경 – 평양 운행 중국민항기의 평양비행을 중단시켰고, 북한의 조선민항여객기도 1~2주일에 한번 정도로 북경 비행횟수를 줄이기 시작했다. 북한은 또한 남·북·중이라는 삼각외교의 새로운 노선이 보이자 1993년 12월 중국에 항의각서를 제출하고 북중 간 우호에 관한 회담을 중단할 것을 표명했다.

　　한편, 북한은 중국에 보복하기 위해서 대만과의 관계를 발전시켜 나가겠다는 주장을 공공연히 표출했다.[121] 1995년 4월 북한은 평양축전 기간 중 평양–대북(臺北) 간 전세기 운항을 추진하는 등 대만과의 관계 개

---

121) 오진용, 『김일성시대의 중소와 남북한』(서울: 나남출판, 2004), 354~355쪽; 김재철, 앞의 책, 245쪽.

선을 모색했다.[122] 1996년 말 대만의 핵폐기물을 수입하려 시도한데 이어 1997년 초 대만과 무역대표부를 설립하려 시도했다. 이에 중국은 김일성 사후 진행된 김정일의 권력승계에 대한 인정을 유보함으로써 불만을 표시했다.[123]

한편, 이붕 중국 총리는 이미 1993년 2월 초 외교부 회의에서 중국은 더 이상 북한과 새로운 정치·군사적 협의와 비밀접촉을 갖지 않을 것과 북한에게 선진 군사장비를 제공하지 않을 것을 내용으로 하는 대한반도 정책기조를 천명한 바 있었다.

이 시기 탈냉전과 함께 중국은 남순강화를 계기로 개혁개방에 더욱 박차를 가하지만 북한은 이러한 중국의 개혁개방을 사회주의 배신자라고 비판할 정도로 양국의 발전노선이 극명하게 대조를 이루었다. 특히 한중 수교를 계기로 북중관계는 기존의 혈맹적 특수관계에서 국가이익에 바탕을 둔 일반적인 정상국가 관계로 빠르게 전환된다. 1994년 김일성의 사망과 1997년 등소평의 사망으로 양국에서 1세대 지도부가 전면에서 모두 퇴장하면서 공동투쟁으로 맺어진 혈맹관계, 이데올로기적 동질성, 인적 유대 등이 모두 약화되면서 양국관계의 특수성은 퇴색되었다. 1990년부터 1999년까지 정상수준의 회담은 네 차례밖에 개최되지 않았다. 특히 1992년 한중수교 이후 1999년까지 7년간 정상회담이 한 차례도 개최되지 못했던 것이다. 북한의 전략적·지정학적 중요성이 여전한 가운데 중국이 의도한 북한 결박은 이루어지지 못했고, 결과적으로 북중 경제관계도 전반적으로 약화되는 양상을 보였다.

122) 문대근, 앞의 논문, 84쪽.
123) 김재철, 앞의 책, 245쪽.

〈표 3-19〉 탈냉전 및 한중수교 시기 북중정상회담 내역

연월	장소	참석 수뇌	회담 주제	비고
1990.3	평양	김일성:강택민	양당, 양국관계	공식
1991.5	평양	김일성:이붕	경제 및 국제 문제	공식
1991.10	북경	김일성:강택민	양국관계, 국제 문제	공식
1992.4	평양	김일성:양상곤	한중수교 문제, 김일성 80회 생일 축하	공식

출처: 이종석, 『북한－중국관계 1945~2000』(서울: 중심, 2000), 309~312쪽; 히라이와 순지(이종국 역), 『북한·중국관계 60년』(서울: 선인, 2013), 449~459쪽.

〈표 3-20〉 탈냉전 및 한중수교 시기 북중 고위급 상호방문 내역

연도	중국 → 북한	북한 → 중국
1990	· 진기위(秦基偉) 국무위원 겸 국방부장 · 송평(宋平) 정치국 상무위원	· 강성산 정치국위원 · 이종옥 국가부주석 · 연형묵 총리
1991	· 이붕(李鵬) 총리 · 전기침(錢其琛) 외교부장	· 김용순 조선노동당 비서
1992	· 정관근(丁關根) 당 정치국 후보위원 겸 서기 · 양백빙(楊白氷) 중앙군사위 비서장 · 전기침(錢其琛) 외교부장	-
1993	· 호금도(胡錦濤) 정치국 상무위원, 김일성과 회담	· 강성산 총리 방중
1994	· 이숙쟁(李淑錚) 당 대외연락부장 · 정관근(丁關根) 당 정치국위원 겸 선전부장 · 온가보(溫家宝) 정치국 후보위원 · 왕서림(王瑞林) 등소평 판공실 주임	· 황장엽 노동당 비서 · 최광 인민군 총참모장 · 이종옥 국가부주석
1996	· 나간(羅幹) 국무위원 겸 국무원비서장	· 홍성남 부총리 · 김윤혁 부총리
1998	· 웅광해(熊光楷) 군 부참모장	-
1999	· 당가선(唐家璇) 외교부장	· 김영남 최고인민회의 상임위원장

출처: 히라이와 순지(이종국 역), 『북한·중국관계 60년』(서울: 선인, 2013), 458~461쪽을 참고하여 작성

북한의 주요 교역대상국이었던 소련 및 동구 공산권 붕괴에 따라 북한의 중국에 대한 교역 의존은 불가피해졌으며, 이에 따라 교역도 1993년까지 매년 큰 폭으로 증가했다. 하지만 이 시기 중국은 그동안 북한에 대해 일방적으로 특혜를 부여하던 방식에서 탈피하여 상호협력의 관계로 전환해 나갔다. 개혁개방과 경제현대화를 목표로 시장경제체제를 확대해 나가고 있던 중국은 1990년대에 들어서면서 원조성 구상무역에 대한 부담을 느끼기 시작했으며, 마침내 1992년 북한에 대해 국제시장가격에 의한 경화결제를 요구하게 되었다. 이때 북중 간 체결한 '중화인민공화국과 조선민주주의인민공화국 무역협정'은 양국 간에 1959년부터 시작된 '상호물품 제공 협의서'를 종결한다는 것으로, 사회주의 진영 내에서 중국의 북한에 대한 경제원조 지원 중단을 의미하는 것이었다.

북한은 사회주의권 붕괴로 대외경제관계가 급격히 위축된 데다가 자연 재해까지 겹쳐 경제가 마이너스 성장을 하고 식량난이 심각해져 공식경제가 거의 붕괴되는 수준으로 추락했다. 이에 중국은 1995년이 되어서야 대북원조를 재개했으며 양국 무역에서 철폐했던 구상무역과 우호가격제를 부활시켰다. 1996년 5월에는 5년간 대북원조를 위한 '중조 경제기술 합작협정'을 체결했다. 홍성남 북한 정무원 부총리의 방중으로 양국 고위급 채널이 일부 복원된 데 따른 것이었다. 중국은 북한과 '중국이 북한에 제공하는 상품차관에 관한 협정'과 대북 무상원조를 위한 '경제 및 군사원조에 관한 협정'을 맺었다.[124]

중국정부는 1996년도에 두 차례에 걸쳐서 12만 톤의 식량을 무상으

---

[124] 송종규, "북한과 중국의 관계 변화에 관한 연구," 부경대학교 대학원 정치학 박사학위 논문(2013), 116쪽.

로 제공했음을 밝힌 바 있으며, 1997년에도 33만 톤의 식량을 15만 톤과 18만 톤씩 나누어 두 차례 무상원조했다. 중국은 연간 무상원조 10만 톤 (쌀 2만 톤, 옥수수 5만 톤 등)과 수출 곡물 25만 톤(쌀 10만 톤, 옥수수 15만 톤) 등 총 30~40만 톤을 지원했다.

한편, 1996년 5월에 체결된 협정에 따라 중국은 2000년까지 북한에 매년 식량 50만 톤, 석유 120만 톤, 석탄 150만 톤(250만 톤 주장 제기)을 제공하며, 이 가운데 절반은 무상으로 하며 나머지 절반은 국제가격의 1/3 로 하고, 기타 소비재도 80%는 우호가격으로 공급하기로 한 것으로 알려 졌다.[125]

〈표 3-21〉 탈냉전 및 한중수교 시기 북중교역 추이 (단위: 만 달러)

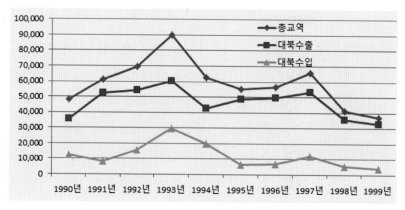

[125] 조명철 편,『북한의 대외경제정책 10년 평가와 과제』(서울: 대외경제정책연구원, 2001), 115쪽; 북한의 에너지 공급의 악화는 북한의 산업가동률을 30% 이내로 떨어뜨리게 한 직접적인 원인으로서 식량난보다 오히려 더 심각한 문제로 대두되었다. 북한의 산업 구조가 에너지 다소비형인 중화학공업 중심으로 구성되어 있기 때문에 이러한 에너 지의 급격한 감소는 당연히 북한경제를 단시일 내에 빈곤의 함정으로 유도할 수 있 다. 송종규, 앞의 논문, 119쪽.

연도	1990	1991	1992	1993	1994	1995	1996	1997	1998	1999
총교역	48,274	61,045	69,656	89,964	62,373	54,978	56,565	65,629	41,301	37,036
대북수출	35,816	52,478	54,110	60,235	42,452	48,618	49,702	53,468	35,570	32,866
대북수입	12,458	8,567	15,546	29,729	19,921	6,360	6,863	12,161	5,731	4,170
무역수지	-23,358	-43,911	-38,564	-30,506	-22,531	-42,258	-42,839	-41,307	-29,839	-28,696

출처: KOTRA, 『1990 – 2000년도 북한의 대외무역동향』(서울: KOTRA, 2001), 73쪽.

제3절 '결박 – 보상 메커니즘' 작동을 위한 정부의 역할

1. 정상 및 고위급 외교 중심의 의사소통 유지

중국과 북한은 혈맹의 특수관계를 형성했지만 1990년대까지는 양국 간에 정례적인 공식 협의채널이 존재하지 않았다. 양국 간의 협력에 관한 사항은 정상회담이나 정상의 위임을 받은 고위급회담을 통해 이루어지는 것이 관례였다. 실무회담은 정상이나 고위급에서 결정된 사항을 단순히 집행하는 기능을 담당했을 뿐이었다. 북한의 핵문제를 다루는 6자회담 개최 이전에는 모두 양국의 당 간에 문제를 협의하고 해결했다.

중국과 북한 간의 정상회담은 양국이 모두 국가 수립을 한 직후인 1950년부터 시작되었고 1992년까지 총 51차례나 개최되었다. 김일성이 중국을 방문하여 이루어진 경우가 24차례였고 주은래, 등소평 등 중국지도자가 북한을 방문한 경우도 21차례였으며, 제3국에서 만난 경우도 여러 차례 있었다. 북한 김일성 집권기 중 42년 동안 연 평균 한 차례 이상의 정상회담이 있었으며 문화혁명기나 모택동 등 지도자의 사망으로 교류가 중단된

기간까지 감안하면 1년에 두 차례 개최된 경우가 대부분이었던 셈이다.

또한, 중국의 정치국 상무위원, 국무위원, 공산당 부장, 장관, 군부 고위인사와 북한의 최고인민회의 상임위원장, 총리, 부총리, 장관, 군부 고위인사 등 양국의 고위급인사 간 교류도 활발했는데, 장관급 이상 고위인사의 교류만 해도 50여 차례나 되었다.

그러면 양국 간의 정치관계가 이렇게 정상회담이나 고위급 협의를 통해 이루어지게 된 배경은 무엇인가? 그것은 다음과 같은 몇 가지 원인에 기인한다고 할 수 있다.

첫째, 북중관계는 국가 대(對) 국가의 관계가 아닌 당 대 당 관계로 시작되었다는 점이다. 사회주의 국제관계는 기본적으로 위계질서를 강제하는 수단으로 작용했던 '프롤레타리아 국제주의'라는 규범에 의해 작동되었으며, 이러한 프롤레타리아 국제주의의 가장 큰 문제점은 그 분석단위가 기본적으로 '계급'이며 '국가'가 아니라는 데에 있었다. 당 대 당의 당제(黨際)관계가 독립된 단위로서의 주권국가 간의 관계보다 우선시되었기 때문이다.[126]

중국과 북한 모두 일당독재 국가로서 당이 국가 정책결정의 원천이다. 중국의 경우 당내 이견이 없는 것은 아니나 합의를 중시하는 특성상 당의 공식적인 입장이 곧 북중관계에 대한 중국의 공식적인 입장이 된다. 당내 의사결정에 영향력을 갖고 있는 원로들이나 고위층들은 북한과의 전통과 우호를 중시하고 사회주의국가 간의 특수한 관계를 강조한다. 당의 대외관계를 총괄하는 대외연락부가 채널로서 활용되고, 매년 당 대표단이 북한을 우호 방문한다.[127] 양당 간의 수뇌회담이 양국 간의 정상회담인 것이다.

---

[126] 최명해, 앞의 책, 61~63쪽.

[127] 전병곤, "중북관계," 한국국제정치학회 중국분과, 『중국 현대국제관계』(서울: 오름, 2008), 198쪽.

둘째는 1956년 소위 '8월 종파사건'을 계기로 북한 내부적으로 친중파인 연안계가 거의 다 축출되어 중국이 북한에 대한 영향력을 크게 상실한 데다가 1958년 중국인민지원군을 북한에서 모두 철군하게 되면서 북한에 대한 지렛대를 완전히 상실하게 될 위기에 처하면서 중국은 북한을 관리·통제할 수 있는 장치를 강구하게 된다. 때마침 소련과는 이념적으로 갈등이 시작되고 미국·일본으로부터의 안보 위협을 느끼고 있던 중국 입장에서 전략적·지정학적 가치가 매우 높은 완충지대인 북한이 적대세력에 편승하는 것을 방지하기 위해 중국은 김일성을 자기편으로 묶어두어야 할 절박함이 있었다고 볼 수 있다.

전후 중국인민지원군의 주둔과 함께 8월 종파사건을 계기로 심화된 불신의 역사적 경험 때문에 양국은 정부 간 공식적 외교채널이 아니라 최고지도자 간 상호 왕래를 통해 의사소통을 진행하게 되었다.[128] 중국은 이를 양국이 대내외적으로 직면한 중요한 문제는 모두 "양국 수뇌가 직접 결정한다"는 정치적 전통이라고 주장하면서 북한과 관련된 문제는 아무리 작은 것이라도 모택동, 주은래, 등소평 등 최고지도자들이 상호방문을 통해 직접 김일성을 만나 처리했다.

모택동, 주은래, 등소평 등 중국지도자들은 이러한 장치를 통해 북한을 완전히 장악한 김일성을 '통제'할 수 있었고, 김일성 쪽에서도 번거로운 절차 없이 모택동, 주은래, 등소평 등에 접근해서 필요한 문제를 해결하고 원조를 얻을 수 있었다.[129] 냉전시기 중국과 북한은 모두 확실한 1인 전제

---

128) 최명해, "중국의 대북 정책: 변화와 지속," 『JPI정책포럼』, No. 2010-22(2010.8), 1~2쪽; 임수호, "탈냉전기 대외정책과 대외관계," 장달중 편, 『현대북한학강의』(서울: 사회평론, 2013), 111쪽.

129) 오진용, 『김일성시대의 중소와 남북한』(파주: 나남출판, 2004), 26~29쪽.

국가였으며 외교정책 결정방식은 '정상외교'130)로 나타났다.

셋째, 중국지도자 모택동의 북한지도자 김일성 관리방식이었다. 모택동은 중국을 아시아혁명, 나아가 세계혁명의 중심이 되게 하고 자신이 그 지도자가 되겠다는 극히 강한 지도자적 욕망을 가지고 있었다. 그래서 모택동은 신중국 초기부터 주변국가들에 대한 중국의 역사적 주도권과 영도권을 어떻게 회복할 것인지를 고심하기 시작했고 중국 고대 역사서를 숙독하면서 "천조대국(天朝大國)"으로서 역대 중국 황제들의 통치술을 잘 숙지했다. 모택동이 북한지도자 김일성과의 관계에 있어서 역사상 종번체제(宗藩體制)에서 주변국가들을 통치하는 '천조(天朝)'의식을 무의식중에 드러냈다. 모택동이 김일성에게 요구한 것은 자신의 영도권에 대한 인정이었으며, 김일성이 자신의 정치노선에 순종하기만 하면 영토, 국민, 경제적 이익 등은 모두 더 말할 필요도 없었다.131) 이는 과거 전통적으로 중국이 '조공국(朝貢國)'을 다루는 방식과 흡사하다고 할 수 있다.

양국 최고지도자 간의 강한 신뢰와 인간적 유대가 양국관계를 친밀한 관계로 만든 예132)도 있지만, 이러한 정상외교 중심의 의사소통의 최

---

130) 일반적으로 사회주의진영의 의사결정은 소위 '수뇌외교(首腦外交)'로서 정책결정 참여자가 극히 적거나 심지어는 한 두 명인 경우도 있다. 션즈화, "극동에서 소련의 전략적 이익보장: 한국전쟁의 기원과 스탈린의 정책결정 동기,"『한국과 국제정치』, 제30권 제2호(2014), 2쪽.

131) 션즈화(김동길·김민철·김규범 역),『최후의 천조: 모택동 김일성시대의 중국과 북한』(서울: 도서출판 선인, 2017), 898~899쪽. 해리슨 E. 솔즈베리는 더크 보데(Derk Bodde)의 말을 다음과 같이 인용하고 있다. "중국에서는 다른 어느 나라에서보다도 더 과거에 대한 지식이 현재를 이해하는 데 필수적일 것이다." 해리슨 E. 솔즈베리,『새로운 황제들: 마오쩌둥과 덩샤오핑의 중국』(파주: 다섯수레, 1993), 17쪽.

132) 대표적인 예는 등소평과 김일성 간의 관계였다. 두 지도자는 정치적인 문제에 대해서 상당히 허심탄회하게 대화를 나누고 상담했다. 등소평은 김일성을 자신의 고향인 사천성(四川省)으로 데리고 가서 농촌의 자립된 모습을 보여주고 성도(成都)에서는 비행기 제조공장도 견학시켜 주었다. 김일성이 사망했을 때 등소평은

대 문제점은 무엇보다도 양국관계가 정상 간의 신뢰에 좌우된다는 점이다. 정상 간의 신뢰가 손상되거나 저하될 경우에는 정상회담 개최가 중단되어 의사소통이 기능부전 상태에 빠지고 양국관계가 갈등과 대립으로 치닫는 치명적인 약점을 내포하고 있었다. 또한, 국가수립 이전부터 공동투쟁을 계기로 신뢰관계가 형성되었던 1세대 지도부가 퇴장하고 교체되면서 신뢰관계가 형성되지 못한 지도부 간의 의사소통과 협력에 어려움이 있었던 것을 목격했다. 한국전쟁 기간 중의 갈등과 불화, 1956년 '8월 종파사건' 개입에 대한 불신과 갈등, 1966년 문화혁명기의 갈등 격화, 1976년 모택동과 주은래 사망에 따른 정상 방문 중단, 1992년 한중수교에 대한 배신감과 1994년 김일성 사망에 따른 지도부 교체로 방문 단절 등이 그러한 사례들이었다.

2. '경제적 매수'를 통한 '정치적 경제관계' 형성: 결박-보상 교환

중국은 북한을 결박하기 위해 경제적 보상을 제공하는 결박-보상 메커니즘을 통해 경제관계를 형성하고 진전시켜 나간다. 두 나라는 전쟁의 폐허에서 비슷한 시기에 사회주의국가를 건설하게 되는데, 전후 복구가 채 완료되지도 않아 국내적으로 과제가 산적하고 다른 나라를 돕기가 경제적으로 버거운 상황이었음에도 불구하고 중국은 북한에 대한 대규모 원조를 해야 하는 상황에 직면한다. 중국이 1958년부터 1962년 기간의 대약진운동 실패로 4,000만 명 이상의 인민들이 기아 등으로 죽고 경제가 피

"김일성 주석의 병에 의한 서거를 접하고 전보를 보내 깊은 애도의 뜻을 표한다. 김일성 동지는 그 일생을 조선 인민의 해방, 인민의 행복, 또한 중조 우호 분투의 발전에 바쳤다. 조선 인민은 위대한 영수를 상실했고, 우리도 친밀한 전우와 동지를 잃었다."고 하면서 김일성을 "전우"라고 불렀다. 고미 요지(김동욱 외 옮김), 『북한과 중국: 이해타산으로 맺어진 동맹국은 충돌할 것인가?』(파주: 한울, 2014), 23쪽.

폐해진 상황에서도 북한에 대한 대규모 원조를 단행한 것은 대표적인 사례라고 할 수 있다. 미국, 소련, 일본이라는 적대세력에 둘러싸인 중국의 입장에서 북한이 이들 적대세력에 편승하는 것은 결코 용납할 수 없는 상황이었기 때문에 필사적으로 북한을 자기편으로 만들기 위해서였다. 중국은 미국이나 소련에 비해 군사력이나 경제력에서 모두 열세였지만 그나마 경제적 보상을 무기로 북한이 자국을 배신하지 않도록 만들 수밖에 없었다. 정치적인 결박을 경제적인 보상과 교환한 일종의 거래였고 '경제적 매수' 방식이라고 할 수 있다.

한편 중국과 소련의 틈바구니에서 줄타기 외교로 연명하던 북한은 중소가 이념적 대립으로 갈라서게 되는 상황에서 채택한 자주노선에 따라 외부적으로는 경제적 자립을 외쳤지만 국제적인 원조가 감소한 상태에서 경제적 어려움을 독자적인 힘으로 해결하기는 사실상 불가능했다. 전후복구에 이은 사회주의 건설과 경제 부흥을 위해 경제개발계획을 세우고 의욕적으로 경제발전을 꾀하지만 재원과 물자가 턱없이 부족해 전쟁기나 전후복구기와 마찬가지로 중국과 소련 및 동구권 사회주의국가들에게 손을 벌리는 처지였다. 봉건적 사회를 타파하고 사회주의 건설의 기치를 내건 김일성 입장에서 경제건설에 실패하여 민생문제를 해결하지 못할 경우 체제 존립의 정당성을 인정받을 수 없기 때문에 절박할 수밖에 없었을 것이다. 결국 북한이 자신에게 더 많은 경제적·군사적 지원을 해 주는 쪽에 편승한 것은 불가피한 결정이었다고 하겠다. 이런 상황에서 중국과 북한 간에 안보와 경제의 교환은 자연스러운 일이었다.

1953년 11월 23일 모택동은 원조를 요청하러 온 김일성과 '북중경제문화협력협정'을 체결한 후 북한대표단을 위해 마련한 연회 자리에서 모택동은 김일성 및 북한대표단 그리고 자국의 인민들에게 중국이 왜 북한에 원조해 주어야 하는가에 대해 다음과 같이 연설[133]했다.

　　"중북 두 나라는 전쟁기간 동안 단합하였고 한국전쟁 이전에도 단합하였습니다. 전쟁이 우리 두 나라를 더욱 단합시켰습니다. (중략) 오늘 체결한 협정은 상호지원의 협정입니다. 중국은 지원군 파병과 다양한 종류의 물질적 원조를 제공하였습니다. 이러한 원조가 일방적이라고 생각한다면 그리고 북한이 우리를 돕지 않았다고 생각한다면 이 생각은 틀렸습니다. (중략) 제국주의에 대한 투쟁 즉 제국주의의 중국 침략에 대한 투쟁에서 북한인민들은 우리를 도왔습니다. 북한인민들의 영웅적인 투쟁이 없었다면 중국은 안전하지 못했을 겁니다. 압록강에서 적이 격퇴되지 않았다면 중국은 안전하지 않았을 것입니다. 중국지원군과 북한군 그리고 북한인민들은 함께 싸워 승리했습니다, 상호 도움이 되었습니다. 이러한 사항을 인민들에게 교육시켜야 합니다. 수백만의 북한인민들은 3년간 영웅적인 투쟁을 수행했습니다. 그러나 그들은 제국주의의 침략을 격퇴하는 데 많은 비용이 소요되었습니다. 그들의 승리는 국제적인 승리로 전 세계에 관심 있는 인민들의 승리입니다. 오늘 우리는「경제문화합작협정」체결을 선포했습니다. 이 협정의 성격은 상호지원입니다. 우리가 북한의 경제회복을 도와준다면 북한은 경제회복 후에 우리를 도울 것입니다. 왜냐하면 우리는 안보의 제2선에 있지만 북한은 안보의 제1선에 있기 때문입니다. 우리는 후방지역입니다. 그렇기 때문에 북한의 전쟁승리는 우리들에게는 도움이며 그들의 경제회복 역시 우리들에게 도움입니다. 북한 공장들과 마을들의 회복은 우리들의 (안전과 발전)에 밀접하게 연관되어 있습니다. 그들의 물자와 인력에서 엄청난 대가를 지불했습니다. 그들의 투쟁은 우리에게 크나큰 도움이 되었습니다."[134]

133) Mao Zedong's Remarks at the Banquet for the North Korean Government Delegation (November 23, 1953), Wilson Center Digital Archive.

134) Zhihua Shen and Yafeng Xia, "China and the Post-War Reconstruction of North Korea, 1953-1961," North Korea International Documentation Project Working Paper, No.4 (May 2012), pp. 39~40.

따라서, 소련과 직접적으로 대립하지 않았던 이 시기 중국의 북한에 대한 원조는 국제주의를 명분으로 하면서 미제국주의의 침략을 일선에서 방어하고 있는 북한을 통해 국경지역의 안전이라는 국가이익을 도모하는 일종의 안보비용으로서의 의도를 지녔으며, 한국전쟁 기간 중의 갈등으로 훼손된 양국 간의 우호관계를 회복하여 영향력을 복원하기 위한 기반을 마련하려는 의도도 있었다. 이외에도 모택동은 국내를 향해 북한에 대한 원조는 북한을 일방적으로 지원하는 것이 아니고 중국에게 도움이 되는 상호지원이라고 몇 차례 강조했는데 이는 중국 내에서 국내 상황도 여의치 않은데 북한을 전폭적으로 지원해야 하는가라는 비판 여론을 불식시키기 위한 목적도 있었다.[135]

이러한 경제적 매수 방식이 북한정권을 안정시키는 데에는 다소 효과가 있었지만 북한을 자국의 이해구도 내로 유인하는 데에는 한계성을 노출했다는 주장[136]도 있지만, 본 연구는 큰 흐름과 맥락에서는 결박－보상 메커니즘을 통한 중국의 북한 경제적 매수가 북한체제와 정권의 안정은 물론이고 북한에 대한 중국의 영향력도 증대시켰다고 본다. 양국관계가 최악으로 치달았던 냉전기와 1990년대의 사례를 통해 결박－보상 메커니즘이 작동했음을 보고자 한다.

앞서 제2절에서 논의한 바와 같이 문화혁명 초기인 1966년에 2억 달러를 넘어 최정점에 달했던 북중교역이 이듬해부터 급격히 감소하게 되는데, 중국의 보상 중단으로 북한의 경제적 어려움이 가중되고 있었으며, 문화혁명으로 관계가 악화된 가운데 경제적·안보적인 측면에서 양국 간의

135) 임방순, 앞의 논문, 94~95쪽.
136) 최명해, "중국의 대북정책: 변화와 지속,"『JPI 정책포럼』, 2010-22호(2010.8), 3쪽.

관계를 회복시키기 위해 중국뿐만 아니라 북한도 많은 노력을 기울였던 것으로 보인다. 양국관계를 갈라놓은 문화혁명이라는 원심력에 맞서 양국관계를 복원하려는 구심력이 더 강하게 작용한 셈이었다고 할 것이다.

1968년 4월 16일 김일성은 동독 통일사회당 대표단과 만난 자리에서 중국에 대한 입장을 다음과 같이 표명했다. "100여 만 명의 적군과 직접 대치한 상황에서 조선은 중국과의 동맹관계가 중단되는 것을 원치 않으며, 그렇게 될 경우 앞뒤로 적의 공격을 받게 될 것이다. 현재 우리나라와 중국 사이에는 상당히 큰 견해 차이가 있지만 중국은 이러한 견해 차이는 모두 전술상의 차이일 뿐 결코 전략의 차이는 아니라고 말하며, 필요하다면 여전히 우리와 함께 미 제국주의를 반대할 것이라는 입장이다. 중국은 우리를 수정주의자라고 비난하지만 우리는 냉정함을 유지하고 있다. 홍위병들이 우리를 모욕하고 있지만 중국의 당과 정부는 자신들은 이에 대해 책임이 없다고 하며, 오직 『인민일보』가 공격할 때에만 책임을 질 것이라고 말한다. 일부 우리 정치국 위원들은 우리도 홍위병을 만들어 중국을 모욕하고 신문에 글 쓰는 것은 하지 말아야 한다고 주장하는데, 나는 이런 방식이 통하지 않는다고 보기 때문에 반대한다. 비록 중국과의 의견 차이가 크지만 미국의 제국주의에 대한 행동에 있어서는 아무런 차이도 없으며, 그러한 차이에도 불구하고 군사동맹조약은 여전히 유효하다. 중국은 푸에블로호 사태에 대한 정부성명을 발표해 우리를 지지했다. 이것이 중국이 동맹조약과 미 제국주의에 대한 연합된 행동에 대해 어떻게 생각하는지를 보여준다."[137]

---

[137] "Memorandum On the Visit of the Party and Government Delegation of the GDR, led by Comrade Prof. Dr. Kurt Hager, with the General Secretary of the KWP and Prime Minister of the DPRK, Comrade Kim Il Sung, on 16 April 1968, 5:00p.m. until 6:50 p.m." April 23, 1968, History and Public Policy Program Digital Archive, MfAA, C 159/75. (https://digitalarchive.wilsoncenter. org/document/116731).

또한 박성철 외무상도 "최근 3년간 우리는 더 이상 중국과 당제관계의 교류가 없었다. 중국은 우리를 수정주의자라고 비난했으며 우리를 동지라고 부르지 않았다. 그럼에도 우리는 여전히 단결 유지를 희망한다"[138]고 같은 맥락으로 발언했다.

김일성은 또한 다음과 같은 발언도 했다. "조선은 중국과 논쟁을 하고 있다. 중국은 모든 중조국경에서 확성기를 통해 끊임없이 '조선 수정주의'를 공격했지만 조선은 결코 이에 반응하지 않았다. 그것은 우리를 기회주의자가 아니라 인내심 강한 공산주의자로 만들었다. 조선의 북쪽에는 소련과 중국이 있고, 남쪽에는 일본과 100만 명이 넘는 적군이 있다. 만일 조선이 중국과의 관계를 개선한다면 미국을 걱정하지 않아도 된다."[139]

1990년대 탈냉전 및 중국의 개혁개방 시기에도 중국의 북한 결박이 작동되지 않고 소원한 관계를 유지하게 된다. 특히 1992년 한중수교에 대해 북한이 중국에 대해 강한 배신감을 느끼고 정상 및 고위급 교류를 중단하면서 북중관계가 파탄 지경에 이르렀다고 할 수 있다. 중국이 북한을 매수하기 위한 경제적 보상도 이루어지지 않았음은 물론이다. 그러나 이 시기 북한은 소련 및 동구공산권 몰락으로 의존할 대상은 중국밖에 없는 상태에서 김정일 후계체제를 안착시키기 위한 경제적 돌파구가 필요했지만 오히려 자연재해가 겹쳐 공식경제가 붕괴 지경에 이르고 '고난의 행군'이라 일컬어질 정도로 극심한 어려움에 처하게 되었다. 한국은행 추계에 따르면 북한의 GNP가 1990년부터 1998년까지 9년간 연속으로 마이너스 성장을 한 것으로 나타났다.

---

138) 션즈화(김동길 · 김민철 · 김규범 역), 802쪽 재인용.

139) 북한 주재 폴란드대사관 보고, 1973년 7월 16일, NKIDP Document Reader, No. 2, pp. 55~56.

〈표 3-22〉 북한의 경제성장률 추계(1990~2000) (단위: %)

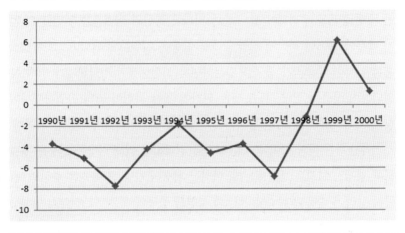

연도	1990	1991	1992	1993	1994	1995	1996	1997	1998	1999	2000
GNP 증가률	-3.7	-5.1	-7.7	-4.2	-1.8	-4.6	-3.7	-6.8	-1.1	6.2	1.3

출처: 한국은행.

한편, 이 시기 북한의 식량난도 심각한 상황에 빠진다. 곡물생산이
급감하자 북한 스스로 식량관련 통계를 공개하면서 국제사회를 향해 식량
부족과 식량지원을 호소했다. 통일부의 추계에 따르면 북한은 1992년 이
후 매년 133~233만 톤의 식량이 부족하여 외부에서 곡물을 들여오지 않을
수 없었다고 한다. 국가정보원은 1995~1998년의 4년간 북한에서 300만 명
의 아사자가 발생했다고 발표한 적이 있다.[140]

등소평의 남순강화를 통해 시장경제적인 개혁개방을 다잡아 강력하게
추진하고 있었던 중국은 북한에 대해서도 1992년부터 종전과 같은 특혜적

140) 양문수, 『북한경제의 구조: 경제개발과 침체의 메커니즘』(서울: 서울대학교출판부, 2001),
34~39쪽.

인 경제관계가 아닌 일반적이고 정상적인 경제관계를 적용해나가고 있었지만 체제 붕괴를 우려해야 할 수준에 다다른 북한의 어려움을 외면할 수 없기 때문에 1995년 북한에 긴급 구호물자 등을 지원하게 되었다. 그 이듬해 홍성남 북한 부총리가 중국을 방문하면서 소원해졌던 양국관계가 일부 복원되는 양상을 보였다. 체제 생존 위기에 처한 북한이 거의 유일하다시피 한 경제적 지원 제공자인 중국과 등지고 살기는 어려웠기 때문일 것이다.

후술하는 바와 같이 중국은 북한을 결박하기 위해 다양한 협정을 체결하여 경제적 보상을 제공했는데, 이러한 협정의 가장 큰 특징은 중국의 '전략적 고려'가 작용했다는 점이다. 즉 북한을 중국의 대한반도 전략적 이해구도 내로 유인하기 위한 일종의 '매수방식'으로 진행되었다는 점이다.[141]

1953년 11월 김일성은 중국을 방문하여 중국인민지원군의 한국전쟁 참전에 대해 사의를 표하고 향후 전후복구 과정에 대한 중국의 원조를 요청했다. 이에 중국은 북한과 '중·조 경제 및 문화합작에 관한 협정'을 체결[142]했으며, 1953년 말 이전에 공여하는 원조 전제를 무상으로 지원으로 북한경제 재건을 위해 8조 위안을 원조하기로 합의했다. 1955년 4월 양국은 '압록강수력발전소에 관한 협정'을 체결하고, 1956년에는 '압록강과 두만강의 목재운송에 관한 의정서'에 조인했다.

1957년에는 중국이 북한과 1월에 '원조통상의정서'를 조인했고, 12월에는 '과학기술협력협정'에 서명했다. 1958년 9월에는 1959년부터 1962년까지 3년간 상호 중요물자 공급을 약속하는 장기무역협정과 중국의 대북 차관협정을 체결했다. 김일성 방중 후 한 달 뒤인 12월에 양국은 양국 국경지

---

141) 최명해, "북한의 대중 '의존'과 중국의 대북 영향력 평가," 『주요국제문제분석』(서울: 외교안보연구원, 2010), 80쪽.

142) 劉金質·楊淮生 主編, 『中國對朝鮮和韓國政策 文件汇編』(北京: 中國社會科學出版社), 617~618쪽.

역의 바터무역에 관한 의정서와 중국의 북한에 대한 무상원조 의정서에도 각각 조인했다. 특히 장기무역협정을 통한 교역은 현금결제가 아닌 구상무역이었기 때문에 사실상 원조의 성격을 지녔다고 볼 수 있다. 중국의 대북차관은 운봉발전소 건설과 공장 건설의 두 가지 종류로 체결되었다.[143]

1960년 10월 이주연 부수상을 단장으로 하는 북한 경제대표단이 방중했을 때 중국은 1961년부터 1964년까지 4년간 4억 2,000만 루블을 북한에 제공하기로 하는 차관협정을 체결했고, 기술원조협정도 체결했다. 중국은 또한 북한의 고무타이어, 무선통신장비 등을 생산할 공장과 함께 소비재 생산을 위한 경공업공장을 건설하는 데 협조하기로 했다. 1961년 7월 중국과 북한은 '중조 우호협조 및 상호원조 조약'을 체결했는데, 중국은 '형제적' 관계를 강조하며 중소분쟁에서 북한을 자국 편으로 끌어들이기 위해 원조 내용을 담았고, 북한도 이 조약을 중국으로부터 원조를 얻어내는 데 활용했다. 1962년 11월 5일 중국은 북한과 제2차 북중 장기무역협정(1963~67)을 체결했다.

중국은 문화혁명기 갈등과 대립으로 소원해진 북중관계를 복원하기 위해 주은래 총리가 1970년 10월 북한을 방문한 계기에 '중국이 북한에 경제 및 기술적 원조를 제공할 데 관한 협정'과 '장기통상협정'을 체결했다. 양국은 1971년 9월에는 중국이 북한에 무상 군사원조를 제공하는 협정도 체결했다. 1974년 12월에는 양국이 '국경하천운송협력협정'을 조인했고, 1977년 3월에 '1977~81년의 상호 제공하는 주요 화물에 관한 협정'을 체결했다. 1980년 12월 평양에서 양국은 '비무역 지불·정산협정'을 체결했다.

1992년 1월 양국은 평양에서 물물교환에서 현금교환으로 이행을 규정한 '무역협정'에 서명했다. 그동안 지속되어온 청산결제를 경화결제로 전환하는 협정으로 중국이 북한에 부여했던 특혜무역을 중단하는 의미를

---

143) 이종석, 『북한-중국관계 1945~2000』(서울: 중심, 2000), 220쪽.

지닌 것이었다. 1993년 11월 양국은 '항공운송협정'을 체결했다. 1996년 홍성남 부총리 방중 시에 중국의 대북한 경제원조 지원 등을 담은 경제기술협력협정을 체결했다.

〈표 3-23〉 북중 간 경제 관련 협정 내역(1950~1999)

연도	협정 · 의정서
1950	바터무역협정 체결
1953	경제문화협력협정 체결
1954	경제문화합작협정 비준서 교환 중국의 기술원조단 북한 도착
1955	압록강 수풍수력발전협정 체결 압록강 수풍수력발전협정 의정서 체결
1956	압록강과 두만강의 목재운송에 관한 의정서 조인
1957	북중 원조 통상의정서 체결 식물검역과 방치(防治)농작물병충해협정 체결 과학기술협력협정 서명
1958	국경지역 바터무역 의정서 체결 무상원조 의정서 체결
1959	문화협력협정 체결
1960	차관협정(4억2,000만루블) 및 기술원조협력협정 체결
1961	우호협력상호원조조약 체결 우호협력상호원조조약 비준서 교환
1962	과학기술협력의정서 체결
1970	경제기술원조제공 협정 및 장기통상협정 체결
1971	무상군사원조제공협정 체결
1974	국경하천운송협력협정 체결
1977	1977~81년의 상호제공주요화물협정 체결
1980	비무역 지불 · 정산협정 체결
1992	무역협정 체결
1993	항공운송협정 체결
1996	경제기술협력협정

출처: 히라이와 슌지(이종국 역), 『북한 · 중국관계 60년』(서울: 선인, 2013), 449~461쪽; 이종석, 『북한−중국관계 1945~2000』(서울: 중심, 2000), 313쪽 내용을 토대로 필자가 정리함.

제4절 소결

　냉전기 북한과 중국의 양국관계가 기본적으로 당제관계가 국가관계에 우선시 되는 정치관계를 중심으로 전개되었기 때문에 북중 경제관계도 이러한 정치관계에 종속되는 '정치적 경제관계'였다. 중국이 북한과의 관계에서 '결박—보상 메커니즘'을 도입한 것은 비대칭동맹 관계에서 일반적으로 적용되는 '안보—자율성 교환' 모델이 북중 간에는 작동되지 않고 북한에 대한 중국의 영향력 행사가 매우 제한되었기 때문인 것으로 보인다.

　중국은 1956년 소위 '8월 종파사건'을 계기로 북한에 대한 영향력이 급격히 저하되는 가운데 소련과의 이념분쟁에 접어들면서 미국과 소련을 모두 적국으로 상대해야 하는 심각한 안보 위협을 느끼면서 전략적·지정학적으로 중요한 북한이 소련 쪽에 가담하는 것을 막고 자기편으로 붙들어 두고 관리·통제하기 위한 장치를 고안해서 북중군사동맹조약 제4조에 규정하게 되는데 그것이 바로 '결박'이다.

　이러한 북한의 전략적·지정학적 가치 외에도 중국이 북한을 결박하게 된 배경은 소련과의 사회주의 주도권 경쟁과 북한의 중요성, 프롤레타리아 국제주의적 전통, 중국의 전통적 세계관 및 종번의식, 전투적 혈맹관계의 유산 등이다.

　나아가 중국은 '양국의 공동 이익과 관련되는 일체 중요 국제문제들에 대한 협의'를 담은 동맹조약 제4조의 결박과, 북한의 입장을 배려해서 포함시킨 조항인 '경제적·기술적 원조 및 경제·문화·과학기술적 협조'를 규정한 동맹조약 제5조를 연관시켜 '결박—보상 메커니즘'을 구축하고, 이를 토대로 정상외교 또는 고위급회담을 열어 북한을 관리·통제한다. 중국이 북한을 '경제적으로 매수'한 것이라 할 수 있다.

중국은 양국의 공동 이익과 관련된 중요 현안에 대한 '정상 및 고위급 간 상호 협의 및 통보'를 통해 김일성의 독자적인 행동을 통제하고 불확실성 높은 북한을 '관리'하고자 했던 것이라고 판단된다. 북중 '정상 및 고위급 간 상호 협의 및 통보를 통한 중국의 북한 관리·통제'를 결박으로 이해할 경우 그 결박을 실행할 수단은 바로 '양국 정상회담 및 고위급회담 개최'였던 것이다.

중국의 북한 결박이 성공적으로 이루어지고 있는지 여부를 보여주는 대표적인 지표인 정상회담 및 고위급회담 개최를 통해 중요 사안에 대한 '상호 협의 및 통보'가 성사될 경우에는 중국이 북한을 관리·통제하기 위한 중국의 대북한 '결박—보상 메커니즘'에 따라 '결박 성공—보상 제공'이 이루어져 북중 경제관계가 호전되었지만 정상회담이나 고위급회담이 개최되지 않아 '결박 실패—보상 미제공'이 될 경우에는 북중 경제관계도 악화되는 상황이 발생하게 된 것이다.

냉전기와 1990년대 기간 중 북중 경제관계가 정치적인 요인에 의해 영향을 받은 것으로 판단되는 대표적인 시기인 1956년 소위 '8월 종파사건' 시기, 중소분쟁 시기, 문화혁명 시기, 미중데탕트 시기, 탈냉전 및 한중수교기 등 다섯 개의 시기에 앞서 제시한 '결박—보상 메커니즘'이 제대로 작동하는지 여부를 입증해 본다.

먼저, 1956년 소위 '8월 종파사건' 시기에 김일성의 연안파 제거에 대한 중국의 내정 개입, 중국인민지원군 주둔에 대한 불만 등으로 북중 간 불신과 갈등이 증폭되었고 양국관계가 경직되었다. 정상 및 고위급 상호 방문이 중단되어 중국의 북한 결박이 작동되지 못함에 따라 북중 경제관계가 악화되었다. 북중교역이 1956년과 1957년에 각각 9.9%, 18.3% 감소했다.

중소분쟁 시기에는 스탈린 사후 소련과의 사회주의 주도권 경쟁과 이념적 갈등이 격화됨에 따라 중국에게 있어 북한지지 확보는 매우 절박한 것이었다. 중국은 북한을 결박하는 대신 충분한 보상을 통해 북한이 최소한 적대세력에 편승하는 것은 막고자 했던 것이다. 이 시기에 중국이 북한을 결박한 대가로 장기무역협정 및 차관협정 체결을 통한 원조 및 특혜무역 제공 등 다양한 보상을 제공했다. 1957년부터 1965년 기간 중 김일성의 8차례 방중을 포함해 총 17차례의 정상회담이 열림으로써 중국의 북한 결박이 제대로 작동되었다고 할 수 있다. 이 기간 중 북중교역은 연평균 24.6% 증가했다.

1960년대 중반에 전개된 중국의 문화혁명으로 북중관계는 최악의 시기를 경험했다. 소련의 새로운 지도부에 대한 입장 차이로 시작된 양국 간의 불화가 이념 논쟁으로 비화되어 갈등이 격화되었다. 1965년부터 1969년 기간 중에 양국 정상의 상호방문이 중단되어 중국의 북한 결박이 작동하지 않은 가운데 북한이 소련에 편승함에 따라 중국이 북한에 제공하기로 했던 원조 등을 박탈하는 형태로 북한을 제재했다. 북중교역은 1966년부터 1969년까지 3년간 연평균 18.2% 감소했다.

1970년부터 시작된 미중데탕트 시기에 중국은 문화혁명기에 악화된 양국관계를 회복하고 미국과의 관계 개선에 대한 북한의 이해를 구하기 위해 주은래, 등소평, 화국봉 등 지도자들이 북한을 방문하고 군사지원을 재개하였다. 이 시기 모택동과 주은래 사망, 중국지도부 교체 등으로 정상회담이 개최되지 못한 공백기가 있었음에도 불구하고 1979년까지 연평균 한 차례의 회담이 열렸다. 중국의 북한 결박이 성공적으로 이루어진 가운데 북중교역은 연평균 46.2%의 가파른 증가세를 보였다.

탈냉전 및 한중수교가 이루어진1990년대에는 북한의 전략적 가치가 감소한 가운데 중국의 개혁개방이 심화되고 한중수교에 대해 북한이 크게 비판하고 반발하면서 양국관계는 냉각되었다. 게다가 그동안 양국관계를 이끌었던 1세대 지도부가 퇴장함에 따라 혈맹에 기초한 특수관계가 퇴색되고 정상적인 국가관계로 이행하는 국면을 맞았다. 특히 1992년 한중수교를 계기로 양국 정상 상호방문 회담이 중단됨에 따라 중국의 북한 결박은 성공하지 못했고, 개혁개방에 매진하고 있었던 중국은 그동안 북한에 부여했던 구상무역이나 우호가격제와 같은 특혜무역과 원조지원에 대해 부담을 느끼면서 중단하게 된다. 1993년 9억 달러로 최고점을 찍은 북중 교역은 1999년에는 3.7억 달러까지 떨어졌다.

이 시기에 중국의 북한 결박 메커니즘인 '결박−보상 메커니즘'은 제대로 작동되어 중국의 북한 결박이 성공하면 보상으로 인해 경제관계가 개선되고, 결박이 성공하지 못할 경우에는 보상이 제공되지 않아 경제관계가 악화되는 모습을 보였다.

중국과 북한 간의 정상회담은 양국이 모두 국가 수립을 한 직후인 1950년부터 시작되었고 1992년까지 총 51차례나 개최되었다. 북한 김일성 집권기 중 42년 동안 문화혁명기나 모택동 등 지도자의 사망으로 교류가 중단된 기간까지 감안하면 1년에 두 차례 개최된 경우가 대부분이었던 셈이다. 또한, 양국의 장관급 이상 고위인사의 교류만 해도 50여 차례나 되었다.

양국 간의 정치관계가 이렇게 정상회담이나 고위급 협의를 통해 이루어지게 된 배경으로는 첫째, 북중관계는 국가 대(對) 국가의 관계가 아닌 당 대 당 관계로 시작되었다는 점이다. 당 대 당의 당제(黨際)관계가 독립된 단위로서의 주권국가 간의 관계보다 우선시되었던 것이다. 중국과 북한 모두 일당독재 국가로서 당이 국가 정책결정의 원천이다. 당의 대외관계를 총괄하는 대외연락부가 채널로서 활용되고, 매년 당 대표단이 북한을 우호 방문한다. 양당 간의 수뇌회담이 양국 간의 정상회담인 것이다.

둘째는 1956년 소위 '8월 종파사건'을 계기로 북한 내부적으로 친중파인 연안계가 거의 다 축출되어 중국이 북한에 대한 영향력을 크게 상실한데다가 1958년 중국인민지원군을 북한에서 모두 철군하게 되면서 북한에 대한 지렛대를 완전히 상실하게 될 위기에 처한 중국은 북한을 관리·통제할 수 있는 장치를 강구하게 된다. 전후 중국인민지원군의 주둔과 함께 8월 종파사건을 계기로 심화된 불신의 역사적 경험 때문에 양국은 정부 간 공식적 외교채널이 아니라 최고지도자 간 상호 왕래를 통해 의사소통을 진행하게 되었다.

셋째, 중국지도자 모택동의 북한지도자 김일성 관리방식이었다. 모택동은 중국을 아시아혁명, 나아가 세계혁명의 중심이 되게 하고 자신이 그 지도자가 되겠다는 극히 강한 지도자적 욕망을 가지고 있었다. 모택동이 김일성에게 요구한 것은 자신의 영도권에 대한 인정이었으며, 김일성이 자신의 정치노선에 순종하기만 하면 영토, 국민, 경제적 이익 등은 모두 더 말할 필요도 없었다. 이는 과거 전통적으로 중국이 '조공국(朝貢國)'을 다루는 방식과 흡사하다고 할 수 있다.

양국 최고지도자 간의 강한 신뢰와 인간적 유대가 양국관계를 친밀한 관계로 만든 예도 있지만, 이러한 정상외교 중심의 의사소통의 최대 문제점은 무엇보다도 양국관계가 정상 간의 신뢰에 좌우된다는 점이다. 정상 간의 신뢰가 손상되거나 저하될 경우에는 정상회담 개최가 중단되어 의사소통이 기능부전 상태에 빠지고 양국관계가 갈등과 대립으로 치닫는 치명적인 약점을 내포하고 있었다. 또한, 국가수립 이전부터 공동투쟁을 계기로 신뢰관계가 형성되었던 1세대 지도부가 퇴장하고 교체되면서 신뢰관계가 형성되지 못한 지도부 간의 의사소통과 협력에 어려움이 있었던 것을 목격했다. 한국전쟁 기간 중의 갈등과 불화, 1956년 '8월 종파사건' 개입에 대한 불신과 갈등, 1966년 문화혁명기의 갈등 격화, 1976년 모택동과 주은래 사망에 따른 정상 방문 중단, 1992년 한중수교에 대한 배신감과 1994년 김일성 사망에 따른 지도부 교체로 방문 단절 등이 그러한 사례들이었다.

중국은 북한을 결박하기 위해 경제적 보상을 제공하는 결박－보상 메커니즘을 통해 경제관계를 형성하고 진전시켜 나간다. 두 나라는 전쟁의 폐허에서 비슷한 시기에 사회주의국가를 건설하게 되는데, 전후 복구가 채 완료되지도 않아 국내적으로 과제가 산적하고 다른 나라를 돕기가 경제적으로 버거운 상황임에도 불구하고 중국은 북한에 대한 대규모 원조를 해야 하는 상황에 직면한다. 중국이 1958년부터 1962년 기간의 대약진운동 실패로 4,000만 명 이상의 인민들이 기아 등으로 죽고 경제가 피폐해진 상황에서도 북한에 대한 대규모 원조를 단행한 것은 대표적인 사례라고 할 수 있다. 미국, 소련, 일본이라는 적대세력에 둘러싸인 중국의 입장에서 북한이 이들 적대세력에 편승하는 것은 결코 용납할 수 없는 상황이었기 때문에 필사적으로 북한을 자기편으로 만들기 위해서였다. 중국은 미국이나 소련에 비해 군사력이나 경제력에서 모두 열세였지만 그나마 경제적 보상을 무기로 북한이 자국을 배신하지 않도록 만들 수밖에 없었다. 정치적인 결박을 경제적인 보상과 교환한 일종의 거래였고 '경제적 매수' 방식이라고 할 수 있다.

한편 중국과 소련의 틈바구니에서 줄타기 외교로 연명하던 북한은 중소가 이념적 대립으로 갈라서게 되는 상황에서 채택한 자주노선에 따라 외부적으로는 경제적 자립을 외쳤지만 국제적인 원조가 감소한 상태에서 경제적 어려움을 독자적인 힘으로 해결하기는 사실상 불가능했다. 전후 복구에 이은 사회주의 건설과 경제 부흥을 위해 경제개발계획을 세우고 의욕적으로 경제발전을 꾀하지만 재원과 물자가 턱없이 부족해 전쟁기나 전후복구기와 마찬가지로 중국과 소련 및 동구권 사회주의국가들에게 손을 벌리는 처지였다. 봉건적 사회를 타파하고 사회주의 건설의 기치를 내건 김일성 입장에서 경제건설에 실패하여 민생문제를 해결하지 못할 경우 체제 존립의 정당성을 인정받을 수 없기 때문에 절박할 수밖에 없었을 것이다. 결국 북한이 자신에게 더 많은 경제적·군사적 지원을 해 주는 쪽에 편승한 것은 불가피한 결정이었다고 하겠다. 이런 상황에서 중국과 북한 간에 안보와 경제의 교환은 자연스러운 일이었다.

2000년 이후의
북중 경제관계

제4장

2000년 이후의
북중 경제관계

제1절 북중 경제관계의 전개 양상: 교역·투자의 도약

1. 북중교역: 급격한 팽창 국면

1997년부터 1999년까지 3년간 북중교역이 감소하여 3억 7,037만 달러까지 떨어진 후 2000년대 들어 아래 〈표 4-1〉에서 보는 바와 같이 북중교역은 가파른 상승세를 시현했다. 2000년 양국 무역규모는 4억 8,803만 달러로 전년 대비 31.8% 증가했으며 1990년 수준을 회복하였다. 2001년에는 7억 3,986만 달러에 달해 2000년 대비 51.1%나 급증했다. 2003년에는 38.6%가 증가한 10억 2,292만 달러로 10억 달러를 돌파하였고, 2005년에는 15억 8,034만 달러에 달해 15억 달러를 넘어섰다. 2007년에는 19억 7,397만 달러로 거의 20억 달러에 육박했다. 2008년에는 전년 대비 41.2% 증가한 27억 8,728만 달러로 기록을 경신했다. 2009년에는 26억 8,073만 달러로 전년 대비 3.8% 감소[1]했으며 2000년 이후 첫 감소세를 보였다. 대

중국 수출은 전년 대비 5.2% 증가했으나 수입이 7.2% 감소함에 따라 양국 교역이 전체적으로 감소한 데 따른 것이었다. 2010년 34억 6,568만 달러, 2011년 56억 2,937만 달러 등으로 가파르게 증가했다. 2011년 교역규모는 2000년 대비 11.5배 증가한 수준이 되었다.

2012년 이후 북중교역은 북한의 대중국 수출과 수입이 증가세를 유지하여 2014년까지 증가하다가 2015년에 수출과 수입이 동반하락하면서부터 감소세로 돌아선다. 2014년에 북중교역은 68억 6,000만 달러로 70억 달러에 육박하는 등 최고치를 경신했다. 2015년에는 2011년 수준으로 감소했다가 2016년에는 2012년 수준을 상회하는 선으로 증가했다.

북한은 중국과의 교역에서 만성적인 적자를 기록했고 2008년에는 12억 7,918만 달러로 최고치를 경신했다. 그러나 2010년부터 광물자원을 중심으로 대중국 수출이 기하급수적으로 증가하면서 적자규모는 빠르게 감소했고, 2012년부터는 오히려 흑자를 기록하고 있다. 2010년부터 북한의 대중국 수출이 급증한 것은 유엔의 대북제재, 한국의 금강산관광 중단, 2010년 5 · 24조치 등으로 외화획득의 기회가 축소된 가운데 2012년 강성대국 출범과 태양절 등의 대대적인 축제행사비용 및 김정은 승계비용 마련을 위한 광물자원 수출이 급증했기 때문인 것으로 분석된다.[2]

한편, 2004년부터 급증하기 시작한 중국기업들의 대북투자에 힘입어 북중교역도 빠르게 증가하는 모습을 보였다.

---

[1] 김정일의 지시로 석탄 수출이 2009년 4월부터 제한됐고 8월 이후 군부 소속의 '승리'라는 회사로 수출창구가 일원화시켜 수출을 통제했다. 김정일은 아울러 천연자원을 가공해 수출가치를 높인 뒤에만 수출하도록 지시한 것으로 알려졌다. 송봉선, 『중국을 통해 북한을 본다』(서울: 시대정신, 2011), 37쪽.

[2] 윤승현, "북한의 개혁 · 개방을 위한 중국의 역할," 『통일경제』, 2012년 제2호, 83쪽.

〈표 4-1〉 2000년대 북중교역 추이(2000~16) (단위: 만 달러)

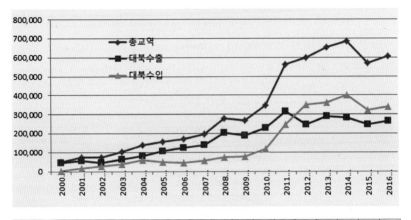

연도	2000	2001	2002	2003	2004	2005	2006	2007	2008	2009	2010	2011	2012	2013	2014	2015	2016
총교역	48,803	73,986	73,817	102,292	138,520	158,034	169,960	197,397	278,728	268,073	346,568	562,957	601,254	654,653	686,399	571,040	605,644
대북수출	45,082	57,313	46,731	62,758	79,950	108,118	123,188	139,245	203,323	188,768	227,782	316,518	248,470	291,362	284,148	248,394	263,440
대북수입	3,721	16,673	27,086	39,534	58,570	49,916	46,772	58,152	75,405	79,305	118,786	246,419	352,784	363,291	402,251	322,646	342,204

출처: KOTRA, 『북한의 대외무역동향』 각 연도.
주: 총교역액에 남북교역액은 제외되어 있음.

　　2000년까지만 하더라도 중국의 북한과의 총교역은 4억 8,803만 달러로 23.5%, 일본은 4억 6,400만 달러로 22.3%, 한국은 4억 2,500만 달러로 20.5%를 차지해 이들 삼국이 북한의 3대 교역대상국으로서 각각 20% 대의 교역비중을 점하고 있었기 때문에 북한의 대중국 의존은 문제될 것이 없었지만 2001년부터 중국과 북한 간의 교역이 급증함에 따라 북한의 대중국 의존이 가파르게 상승했다. 아래 〈표 4-2〉에서 보듯이 북한의 대중 무역의존도는 2001년 30%, 2003년 40%, 2005년 50%, 2007년 60%, 2008년 70%, 2010년 80%, 2014년 90%를 넘어섰다. 특히 2009년과 2015년에는 북중교역이 감소했음에도 불구하고 북한의 대중 무역의존도는 오히려 각각 78.5%, 91.3%로 높아졌다.[3] 북한경제의 급격하고 과도한 중국경제에의 의존에 대한 우려가 제기되었던 이유이다.

〈표 4-2〉 북한의 대중국 교역 의존도 추이(2000~16) (단위: %)

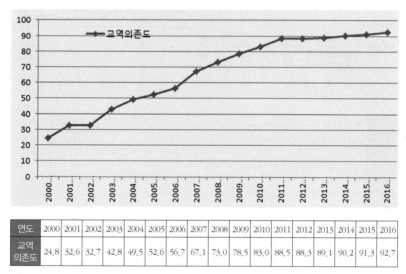

연도	2000	2001	2002	2003	2004	2005	2006	2007	2008	2009	2010	2011	2012	2013	2014	2015	2016
교역 의존도	24.8	32.6	32.7	42.8	49.5	52.6	56.7	67.1	73.0	78.5	83.0	88.5	88.3	89.1	90.2	91.3	92.7

출처: KOTRA, 『북한 대외무역 동향』 각 연도 자료 참고.

북한경제는 2000년대에는 1990년대보다 대외 의존성이 심화되었는데, 이는 북한 내부자원이 대부분 고갈됨에 따른 자연스러운 현상이라는 측면도 존재하지만 대외경제관계를 확대하기 위한 정책적 노력의 산물이라는 측면도 강하다. 외부의 힘에 의존하지 않고는 도저히 살아가기 어려운 취약한 구조가 형성되었다. 특히 2000년대 북한경제의 의존성은 한국

[3] 최수영 외, 『중국의 대북한 정책: 영향력 평가와 대응방향』(서울: 경제 · 인문사회연구회, 2010), 139쪽.

과 중국 두 국가에 대한 편중현상이 두드러진다는 특징이 있다.[4]

　중국이 북한에 수출하는 주요 품목은 광물성연료, 전기기기·부품, 기계류, 인조섬유, 차량부속품 등이며 2012년 이후 감소세를 보이고 있는 광물성연료를 제외한 품목들의 수입규모는 매년 꾸준히 증가하고 있다.

〈표 4-3〉 중국의 대북한 주요 수출품목(2000~16) (단위: 백만 달러)

연도 품목(HS)	2000	2001	2002	2003	2004	2005	2006	2007	2008	2009	2010	2011	2012	2013	2014	2015	2016
광물성연료(27)	117.9	161.8	118.0	180.7	204.4	285.7	347.5	402.0	586.0	222.9	478.8	771.0	790.0	740.6	691.4	427.3	371.6
전기기기·부품(85)	21.0	23.4	27.5	39.6	45.8	56.6	97.6	69.3	100.6	70.8	190.7	251.5	266.9	253.9	419.8	332.4	315.5
기계류(84)	14.4	23.1	26.4	27.0	39.6	77.1	83.0	103.8	145.5	99.0	245.2	277.3	292.7	263.2	310.3	252.1	268.6
인조섬유(54, 55)	-	-	-	14.6	18.0	28.9	38.6	52.3	55.0	37.8	54.6	204.0	215.2	243.5	262.5	214.5	258.2
차량부속품(87)	28.8	18.7	-		18.3	28.3	27.9	53.7	67.3	69.3	159.8	220.6	232.7	239.7	210.5	196.2	254.8

출처: KOTRA, 『북한의 대외무역동향』 각 연도.

　중국의 대북한 수입품은 광물자원(광물성연료, 광·슬랙·회), 철강, 의류·부속품, 어패류 등이며 1차산품이 주류를 이루고 있다. 2004년까지

4) 양문수 외, 『2000년대 북한경제 종합평가』(서울: 산업연구원, 2012), 461~462쪽.

는 어패류를 중심으로 한 해산물이 최대 수출품으로 전체 수출액의 절반을 차지했으나, 2005년부터는 중국의 급속한 경제성장에 따라 광물자원에 대한 수요가 급증함에 따라 광물성연료, 광·슬랙·회 등 광물자원과 의류, 철강 등이 중국이 북한으로부터 수입하는 주요한 품목으로 부상했다.

〈표 4-4〉 중국의 대북한 주요 수입품목(2000~16) (단위: 백만 달러)

연도 품목(HS)	2000	2001	2002	2003	2004	2005	2006	2007	2008	2009	2010	2011	2012	2013	2014	2015	2016
광물성연료(27)	3.4	4.3	11.3	17.3	53.0	112.2	102.3	170.0	207.6	212.1	396.8	1,149.0	1,205.6	1,389.8	1,146.4	1,057.0	1,187.1
의류·부속품(62)	-	26.8	38.3	52.2	49.1	58.3	63.3	60.4	77.3	56.3	160.6	356.9	373.0	499.2	622.0	633.2	611.5
광·슬랙·회(26)	-	-	8.5	15.0	58.9	92.3	118.4	164.0	212.7	72.4	251.2	405.7	357.5	415.3	339.3	204.7	225.4
어패류(03)	4.0	48.0	148.0	206.9	261.2	92.4	43.3	29.9	40.0	21.3	59.5	82.8	100.5	116.4	143.3	108.5	190.1
철강(72)	-	23.7	27.9	46.8	75.0	72.2	35.2	45.2	78.4	43.3	108.5	154.8	124.6	94.8	89.6	53.0	44.0

출처: KOTRA, 『북한의 대외무역동향』 각 연도.

특히 중국이 북한으로부터 광물자원을 수입한 연도별 내역은 아래 〈표 4-5〉에서 보는 바와 같다. 2004~08년과 2010~11년 기간 중에 크게 증가하는 것을 볼 수 있는데, 전자는 국제적인 원자재 가격 상승으로, 후자는

한국정부의 5·24 대북제재조치로 인한 대체 요인으로 설명이 가능하다.[5]

〈표 4-5〉중국의 북한 광물자원 수입 증가율 추이(2000~16) (단위: 만 달러, %)

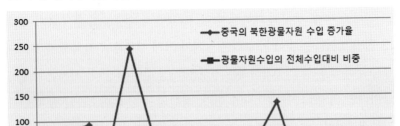

<출처: KOTRA, 『북한의 대외무역동향』 각 연도, 한국무역협회의 중국해관 데이터베이스
자료를 토대로 가공. 광물자원은 HS 25-27류를 의미함.

이 시기 북중교역의 특징을 정리해 보면 다음과 같다. 첫째, 북한의
대외무역구조는 양적인 면에서는 큰 진전이 있었지만 여전히 1차산품을
중국에 수출하고 생필품과 중간재를 수입하는 전형적인 후진국 무역 패턴
을 보여주고 있어 질적인 면에서는 진전이 없다고 할 수 있다. 둘째, 북한
의 전체 무역의존도는 10~20% 수준에 머물러 있는데 반해, 대중 무역의존
도는 매년 높아지고 있다. 이는 북한의 무역총액은 증가하는 반면 중국
이외의 국가와의 무역거래가 줄어들고 있음[6]을 반영하는 것이다. 셋째,

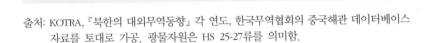

5) 남진욱, "북한의 광물자원 수출유형 분석: 무역통계를 중심으로," 『KDI 북한경제리뷰』,
2016년 9월호(세종: 한국개발연구원, 2016), 26쪽.

6) 1990년대 10년간(1990~99) 북한의 연평균 대외무역액은 23.8억 달러였고, 이 가운데
북중교역은 5.8억 달러로 그 비중이 연평균 25%에 불과했다. 1990년대 북한의 대
외무역구조는 북중교역이 약 1/4, 북일교역이 약 1/4, 한국을 포함한 태국·홍콩 등

북한이 중국으로부터 수입하는 대부분의 물품이 자재, 원재료, 자본재 등 생산활동에 필요한 품목들이기 때문에 북중교역의 증가는 북한의 경제성장, 시장경제의 발전, 물가안정 등에서 북한경제에 긍정적인 영향을 미치고 있다.[7] 넷째, 중국의 대북한 수입, 즉 북한의 대중국 수출의 증가 속도가 훨씬 빨랐다는 것이다. 북한은 물자가 크게 부족해 수입 수요가 크므로 대중국 수입은 항상 증가하려는 경향을 가질 수밖에 없다. 하지만 수입을 늘리려면 외화소득이 늘어나야 한다. 북한의 주된 외화소득원 중 하나가 남북경협이었는데, 2010년 5·24 대북제재를 계기로 남북경협이 위축되어 북한이 여기서 얻는 외화소득은 크게 줄어들었다. 북한은 대중국 수출을 늘려야만 대중국 수입을 늘릴 수 있었는데, 실제로 대중국 수출을 크게 늘리는 데 성공했다. 결국 북중교역 확대 요인은 곧 북한의 대중국 수출 증가 요인이라고 할 수 있다.[8]

2. 중국의 대북투자: 북중경협의 새로운 흐름

이 시기 북중 경제관계는 교역 중심에서 투자 중심으로 확대되고 있으며[9], 중국의 대북한 투자가 급속히 증가하고 이러한 투자가 교역을 견인하게 된다. 전례가 없는 투자의 급증은 2000년대 북중경제교류 중에서

아시아국가들과의 교역이 약 1/4, 미주·EU국가들과의 교역이 약 1/4일 정도로 전 세계를 대상으로 한 교역구조였다. 권영경, "김정은시대 북중 교역관계의 특징 분석과 유엔 2270호 제재 이후 전망,"『통일문제연구』, 제29권 1호(2017), 2쪽.

7) 이원근, "북한·중국의 경제관계 실태와 정치경제적 함의에 관한 소고,"『대한정치학회보』, 20집 3호(2013), 79~80쪽.

8) 김석진, "북중경협 확대 요인과 북한경제에 대한 영향,"『KDI 북한경제리뷰』, 2013년 1월호(세종: 한국개발연구원, 2013), 95쪽.

9) 양문수 외, 앞의 책, 467쪽.

가장 특징적인 부분이다.[10) 아래 〈표 4-6〉에서 보는 바와 같이 중국의 대북한 투자는 2003년에는 100만 달러 수준에 머물렀으나 2004년에는 1,000만 달러를 상회했다. 2005년 주춤했다가 2006년부터 지속적으로 증가세를 보여 2008년에는 4,123만 달러로 크게 증가했다. 2009년과 2010년에 일시적으로 침체했다가 2011년 5,595만 달러를 기록했다. 2012년에는 1억 946만 달러로 전년 대비 두 배 가까이 증가하였으며 이를 정점으로 하락세를 유지했다. 2015년 현재 중국의 대북투자 누계는 6억 2,500만 달러에 달한다.

〈표 4-6〉 중국의 대북투자 추이(2003~15) (단위: 만 달러)

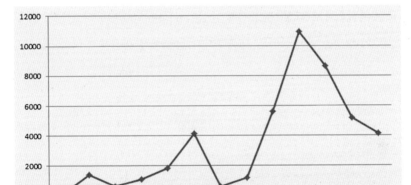

연도	2003	2004	2005	2006	2007	2008	2009	2010	2011	2012	2013	2014	2015
FDI	112	1,413	650	1,106	1,840	4,123	586	1,214	5,595	10,946	8,620	5,194	4,121

출처: 中华人民共和国商务部, 『2015年度中国对外直接投资统计公报』, 42쪽.

---

10) 김종오, "중국 자본의 북한 진출에 대하여," 『중소연구』, 통권 109호(2006 봄), 94쪽.

이처럼 2003년을 기점으로 중국의 대북투자가 큰 변화를 보이고 있는 것은 2002년 북한의 7·1경제관리개선조치(이하 7·1조치)[11] 이후 시장화가 진전되면서 북한기업의 중국기업 접촉이 확대되고 투자가 활성화되었기 때문이었다. 특히 중국의 대북한 광물자원개발 및 인프라 투자가 급증하기 시작하면서 2008년도 신규투자금액이 전년대비 124% 증가한 4,123만 달러를 기록하여 2004년 이후 가장 높은 증가율을 보였으며, 중국이 북한의 최대투자국으로 부상했다.[12]

이렇듯 2000년대 중반 이후 중국의 대북투자는 그야말로 전방위적인 형태로서 북한이 유치한 해외직접투자의 거의 95% 가까이를 차지한다. 2004년경까지만 해도 주로 서비스, 유통 분야와 소규모 제조업체 분야였고 지역적으로도 라진, 평양지역 중심이었으나, 2005년부터 광물자원 및 인프라 분야에 대한 중국의 대북투자가 급증하기 시작하고 북한 전 지역

---

[11] '평균주의 타파'와 '번 돈에 의한 평가'라는 원칙하에서 시행된 이 조치는 크게 4가지 내용을 담고 있다. ①가격을 인상하여 농민시장 수준으로 현실화시켰으며, 이를 위해 쌀 가격을 기준으로 삼았다. ②임금을 큰 폭으로 인상시켰으며, 그중에서 군인과 중노동자의 임금 인상률이 가장 높았다. ③기업의 자율성과 책임을 강화시켰다. ④경제계획의 기능을 지방정부와 기업에 일정 부분 이관했다. 양문수 외, 앞의 책, 139쪽; 1998년을 기점으로 마이너스 성장을 멈추고 플러스 성장세로 돌아선 북한은 새로운 경제 정책과 이를 기반으로 한 제도적 정비에 나섰는데, 이러한 시도는 2002년 7월 1일 가격 조정을 중심으로 하는 일련의 정책 변화를 시작함으로써 대외적으로 공개되었다. 북한의 7·1조치는 인플레이션 정책을 통해 기존의 저가격 체제, 즉 가격 왜곡 시스템을 제거하고자 했으며, 공식적·표면적으로는 사회주의 계획경제시스템의 정상화를 위한 것으로 간주되었지만 실질적인 내용에 있어서는 시장경제로의 이행을 향한 여러 가지 요소를 내포하고 있었다. 이정철, "선군경제, 시장 그리고 개혁," 장달중 편,『현대북한학강의』(서울: 사회평론, 2013), 164~169쪽; 7·1조치에 대해서는 세 개의 시각이 존재한다. ①시장지향형 개혁으로 보는 시각, ②체제내적 계획효율화 조치로 보는 시각, ③양자의 속성을 모두 지닌 과도기적 성격의 조치라는 시각 등이다. 조영국,『탈냉전기 북한의 개혁·개방 성격에 관한 연구: 국가발전전략을 중심으로』(파주: 한국학술정보, 2006), 244쪽.

[12] 윤승현, 앞의 글, 83쪽.

으로 확산되어 나갔다. 중국기업들은 컴퓨터기기 및 부품 조립, 자전거, 담배, 가구, 콤팩트전구, 지붕자재 등 경공업 분야에서 성공을 거두고 있는 것으로 알려지고 있다.[13]

2000년대 중국기업들의 대북한 투자의 특징은 다음과 같은 네 가지로 집약해 볼 수 있다.

먼저 대북투자의 주체가 소비재를 다루는 중소형 상업기업에서 2000년대 후반으로 가면서 점차 대형 국유기업과 민영기업으로 전환되고 있다. 동북진흥전략, 대북 자원·에너지투자 등 국가적 사업 추진을 위한 대형 국유기업 및 민간기업의 투자가 필요했던 상황을 반영한 것이다.

둘째, 중국의 대북투자가 자원개발 분야에 집중되었다는 것이다. 2005년 북중 간에 투자보호협정이 맺어지면서 광물자원 및 인프라 분야에 대한 중국의 대북투자가 급증하기 시작했고 북한 전 지역으로 확산되어 나갔다. 2005년 이후 중국의 북한광물자원에 대한 투자가 급증하게 된 결과 2011년 현재 중국의 대북투자의 70% 이상은 광물자원 및 이를 생산하고 개발하기 위한 인프라 분야에 집중되어 있는 것으로 파악되고 있다.[14]

경제가 급성장함에 따라 자국산 에너지와 원자재 공급이 수요를 뒷받침하지 못하는 부족 현상에 직면한 중국정부는 자원난·에너지난에서 벗어나기 위해 에너지 소모가 높은 품목의 수출에 대한 통제와 함께 에너지와 중요한 자원 수입에 대한 장려정책을 실시했다.[15] 이에 따라 중국기

13) 권영경, 앞의 글, 158쪽; 양문수 외, 앞의 책, 464~465쪽.

14) 권영경, 앞의 글, 158쪽.

15) 이단, 앞의 글, 383쪽.

업들은 지리적인 이점을 활용하여 북한의 풍부한 지하자원 개발에 눈을 돌리고 있다.[16]

중국기업들은 북한의 지하자원 중에서 가장 먼저 철광석 개발을 위해 북한에 진출했다. 중국은 또한 북한의 무연탄 및 갈탄 개발에도 투자하고 있다. 중국은 북한의 금, 동, 몰리브덴, 연·아연 등과 같은 여타 지하자원 개발과 함께 대북 석유개발에도 나서고 있다.

〈표 4-7〉 중국의 북한 지하자원 개발 투자 현황

광종	광산명	소재지	투자 금액	세부 내역
철	무산	함북 무산군	1억 위안	· 2004 연변천지공업무역유한회사 100백만 위안 설비 투자 · 2006.11 통화강철 및 오광그룹과 컨소시엄 구성, 50년 채굴권 확보
	덕현	평북 의주군	6억 위안	· 2007.3 홍콩평황투자집단공사와 합작 계약
	옹진	황남 옹진군	3천만 유로	· 2008.6 요녕성 서양그룹과 개선무역총회사 공동으로 『서해합영회사』 설립
	오룡	함북 회령시	3.16억 위안	· 2006.5 연변대원조철유한공사와 조선금천무역회사 합영 『금대광산개발무역회사』 설립
	문락평	량강 갑산군	1억 위안	· 2006.4 중국지린수광과 개선무역총회사 합작 계약
	덕성	함남 덕성군	1억 달러	· 2004.3 흑룡강성민족경제개발총회사와 북한 금속공업성 합작투자 합의
무연탄	28직동 청년	평남 순천시	-	· 2005.4 중국 홍콩투자유한회사 및 허계집단국제공정 유한공사와 북한 전력공업성 MOU 체결
	천성 청년	평남 온산군	-	상동
	룡등	평북 구장군	-	· 2005.10 중국 오광그룹과 북한 석탄공업성 구장탄광 연합소 합작 합의
	룡문	평북 구장군	-	· 2005.10 중국 북경구룡주무역공사와 북한 석탄공업성 구장지구탄광연합기업소 합작 합의

[16] 최수영 외, 앞의 글, 134쪽.

광종	광산명	소재지	투자 금액	세부 내역
갈탄	강안	함북 온성군	-	· 2005.7 중국 심양요산유한공사와 합작 계약
금	보천	량강 보천군	2천만 위안	· 2006.9 베이핑광업과 개선무역총회사 공동개발 계약
	수안	황북 수안군	-	· 2007.1 중국지질탐사대와 금강연합기업소 공동탐사
	선천 (금 · 은)	평북 선천군		· 2006.4 중국 유색광업집단 및 지린하오룽집단공사와 북한 금강총회사 공동개발 MOU 체결
	상농 (금 · 동)	함남 허천군	-	· 2004.8 초원산동국대황금고빈유한공사와 조선대외경 제협력추진위원회 간 금 채굴 MOU 체결
동	혜산 청년	량강 혜산시	44천만 위안	· 2005.2 장백초금광업유한공사와 44백만 위안 투자 합 의 · 2008.11 중국완샹그룹과 혜산청년광산 공동『혜중광 업합영회사』설립
	8월	량강 갑산군	1천만 위안	· 2006.9 충위안광업과 개선무역총회사 공동개발 계약
몰리브데	장진	함남 장진군	240만 유로	· 2004.5 단동위만국제상무유한책임공사와 조선대양총 회사 공동『대양중당국제합영집단공사』설립
	룡흥	평남 성천군	443만 달러	· 2007.9 저장성 광서우집단공사와 대외경제협력추진 위원회 공동『대광합영회사』설립
연 · 아연	은파	황북 은파군	3.5억 위안	· 2006.3 청해성 서부광업유한책임공사와 채취공업성 은파광업소 합작합의서 체결

출처: 최수영 외,『중국의 대북한 정책: 영향력 평가와 대응방향』(서울: 경제 · 인문사회연구
회, 2010), 161쪽.

셋째, 중국의 동북3성 소재 기업들이 대북투자를 주도하고 있다는 점
이다. 이러한 이유는 먼저 저우추취(走出去) 전략이 본격화되기 전까지 중
국의 북한과의 경제협력 모델이라는 것이 특별한 설계나 계획에 의해 이
루어졌다기보다는 주로 북중 접경지역의 민간 사업자들 간의 교역 형태였
기 때문이다. 다음으로 동북진흥전략이 지방의 자율성을 강조한 측면이
있었기 때문이다. 서부대개발 과정에서는 중앙정부의 역할이 강조된 반
면, 동북진흥은 계획부터 지방정부 및 민간기업을 공동주체로 설정하였

다. 이 때문에 중국의 대북투자는 주로 요녕성과 길림성에 근거를 두고 있는 지방급 기업들이 중앙기업들보다 주도권을 가지게 되었다. 지방정부 및 지역기업들 역시 중앙의 분위기에 편승해 지역경제 활성화 및 북한과의 경제협력을 염두에 둔 다양한 인프라 투자에 관심을 기울였다.[17]

중국 상무부 통계에 따르면 2010년 말까지 상무부가 승인한 중국기업들의 대북투자는 총 144개 사로 상당수가 요녕성, 길림성 등 동북3성 기업들이었다.[18] 지리적 인접성을 바탕으로 장기간 대북교류를 통해 신뢰와 친분을 쌓아 왔기 때문이다.[19]

넷째, 중국기업의 대북투자는 보상무역(補償貿易)과 합작투자 형태 위주로 진행되고 있다. 중국기업이 설비를 제공하고 그 대가로 북한 측이 광물자원을 중국기업에 수출하는 형식이기 때문에 중국기업의 대북투자는 엄격한 의미에서의 투자는 아니며 무역형식(補償貿易)이라고 할 수 있다.[20]

이러한 보상무역 형태의 투자는 상호 보완성이 강하고 엄격한 의미의 투자에 비해서 절차가 간편하며 상호 신용이 잘 지켜질 경우 북한의 제한된 경화 지불능력을 고려할 때 북한이 원하는 경제합작방식이라고 할 수 있다.[21]

---

[17] 이기현 외,『중국의 주변외교 전략과 대북정책: 사례와 적용』(서울: 통일연구원, 2015), 93~94쪽.

[18] KOTRA,『중국기업의 북한 진출 현황』(서울: KOTRA, 2012), 3쪽.

[19] 린진수, "북중 접경지역의 경제협력, 어디까지 왔는가?," 정덕구 · 추수롱 외,『기로에 선 북중관계』(서울: 중앙books, 2013) 253~254쪽.

[20] 박승헌, "중국기업의 대북투자와 향후 과제,"『정책과학연구』, 16권 1호(2006), 108쪽; 임금숙, "중국기업의 대북한 투자에 관하여,"『통일정책연구』, 제14권 1호(2005), 249쪽.

[21] 김종오, 앞의 글, 98쪽; 임금숙, 앞의 글, 249쪽.

3. 중국의 대북원조: 전략적·정치적 지원

2000년대 들어 〈표 4-8〉에서 보는 바와 같이 중국의 공식적인 대북 무상원조는 2001년 6,910만 달러를 정점으로 이후 3년(2002~04) 간은 1,000만 달러를 상회하는 정도에 머물렀다. 이에 따라 중국의 대북 수출에서 차지하는 무상원조의 비중은 2001년 12.1%에서 2003년과 2004년에는 각각 1.7%, 1.8% 수준으로 낮아졌다. 그러나 2005년 대북 무상원조는 3,810만 달러로 늘어나 대북 수출에서의 비중은 3.5%로 다소 높아졌다. 2006년에는 2005년과 비슷한 수준의 무상원조를 유지했으나 대북 수출 증가로 인해 그 비중은 3.0%로 다소 낮아졌다.[22]

이 시기 중국의 대북원조는 그 실태가 잘 알려져 있지 않다. 전반적으로 보아 중국이 북한에 대한 무상원조를 줄이는 추세이며 금액상으로는 미미하다고 할 수 있지만 공식적인 무상원조 규모는 큰 기복을 보이고 있다.[23]

중국이 자국의 정치·외교·경제적 이해관계를 우선 고려하여 대북 원조를 결정하면서 국제사회의 대북원조와는 상반되는 방향으로 지원 규모와 시기를 결정하는 양상도 보였고, 냉전기와 마찬가지로 북중 양국관계를 가늠할 수 있는 최고지도자나 고위급 상호방문과 같은 양국의 밀착 정도에 크게 영향을 받는 모습이었다. 2000년 5월 이후 2011년까지 김정일이 중국을 7차례 방문하여 정상회담을 개최했고 중국의 강택민, 호금도, 온가보가 각각 한 차례씩 북한을 방문했으며 양국 간 고위급 교류도 활발하게 이루어졌는데, 과거의 관행에 비추어보면 양국 정상회담이나 고위급

---

22) 최수영 외, 앞의 책, 175쪽.
23) 양문수, "북한경제의 대중국 의존 문제 소고," 『북한경제논총』, 제12호(2006), 93쪽.

회담 계기에는 중국이 북한에 대해 원조를 제공했으며, 2000년 이후의 정상회담에서는 중국의 대북 원조지원 사실이『로동신문』등을 통해 공표된 경우도 있었다.『로동신문』은 김정일의 제3차 중국 방문 직후인 2004년 4월 23일자에서 "중국 측은 우리 나라의 경제건설을 지원하기 위해 무상원조를 제공하였다"[24]라고 보도했다. 또한 김정일의 제4차 중국 방문 직후인 2006년 1월 19일자에서 "우리는 중국당과 정부와 인민이 조중친선을 시종일관 전략적 높이에서 중시하고 사회주의를 고수하기 위한 우리 인민의 투장에 사심 없는 지지와 원조를 주고 있는 데 대하여 진심으로 고맙게 생각합니다"라고 보도했다. 2009년 온가보 총리의 방북 시에 중국이 북한에 지원한 무상경제원조액은 2,000만 달러[25]에 달했다.

정상회담 이외에 고위급 방문이나 북한의 재해 발생 등의 경우에도 원조가 지원되는 것을 볼 수 있다. 2001년 3월 20일 증경홍(曾慶紅) 중국 공산당 조직부장을 단장으로 하는 중국공산당 대표단 방북 시에 중국이 1억 5,000만 톤의 디젤유를 북한에 무상 공급하기로 약속했다. 같은 해 9월 3일 강택민 총서기가 북한을 방문했을 때에도 중국은 북한에 식량 20만 톤과 디젤유 3만 톤을 무상으로 공급하겠다는 의사를 표명했다. 2002년 4월 14일에는 중국이 북한에 5,000만 위안 상당의 무상원조를 결정했으며, 그해 9월 4일 중국은 디젤유 2만 톤을 무상으로 제공하겠다고 북한

---

[24] 장봉에 따르면 중국은 북한에게 세 가지 무상원조를 제공하기로 했다고 전해지는데, ①북한의 신의주 특별구나 라진선봉에 대한 투자와 기초시설 건설을 증가시키고, ②중국 동북지역의 국영기업과 협력하여 철광석을 채굴하며, ③에너지 공급을 증가시킨다는 내용이었다. 장봉, "중국과 북한관계 발전에 대한 사고,"『정책과학연구』, 제14집 제2호(2004), 130쪽.

[25] 金景一 외,『한반도 통일이 중국에 미칠 편익비용 분석(朝鮮半島和平統一與中國的國家利益)』(세종: 대외경제정책연구원, 2014), 76쪽.

에 통보했다. 2003년 7월 16일 조선중앙방송이 중국정부가 최근 북한에 디젤유 1만 톤을 무상으로 제공하기로 했다고 보도했다. 같은 해 10월 30일 오방국(吳邦國) 전인대 상무위원장의 북한 친선방문 계기에 김영남 최고인민회의 상임위원장과의 회담에서 무상원조 제공 의사를 표명했다. 2004년 4월 3일에는 북한 룡천역 열차폭발사고를 지원하기 위한 중국의 1,000만 위안 상당의 구호물자가 룡천에 도착했다. 그해 7월 1일 중국정부의 무상원조에 의한 대안유리친선공장 착공식이 북한 평안남도 대안군에서 거행되었다. 또한 9월 10일에는 이장춘(李長春) 중국공산당 정치국 상무위원을 단장으로 하는 중국 당·정부대표단 북한 방문 시에 김정일, 박봉주 총리와 각각 회담을 갖고 무상원조 제공 의사를 표명했다. 10월 18일 김영남 최고인민회의 상임위원장의 중국 공식방문 계기에 북한이 6자회담 틀 존중 의사를 표명한 데 대해 오방국 전인대 상무위원장은 무상원조를 제공하겠다고 약속했다. 2006년 9월 20일 조선중앙방송은 중국정부가 수해를 입은 북한에 식량과 디젤유를 비롯한 지원물자를 무상으로 제공했다고 보도했다.

그리고 이러한 대북지원은 통계로 나타난 것 외에 음성적으로 이루어지는 부분도 상당했던 것으로 추정[26]된다. 1994년 이후 중국의 연간 대외 식량원조에서 대북한 식량원조가 차지하는 비율이 약 90%라는 주장도 있다. 의심의 여지없이 중국의 경제원조와 북중교역은 북한의 현 정권 유지와 국가운영을 돕는 데 가장 큰 역할을 하고 있다.[27]

---

26) 이원근, 앞의 글, 87쪽.
27) 어우양산(박종철·정은이 옮김), 앞의 책, 240쪽.

〈표 4-8〉 중국의 공식적인 대북 무상원조 (단위: 백만 달러, %)

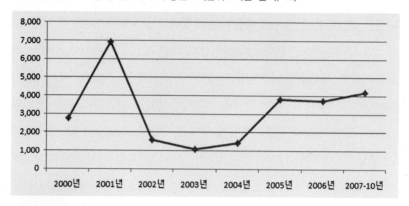

연도	2000	2001	2002	2003	2004	2005	2006	2007~10
대북수출(A)	45,082	57,313	46,731	62,758	79,950	108,118	123,188	759,118
무상원조(B)	2,760	6,910	1,590	1,080	1,450	3,810	3,730	4,200
비중(B/A)	6.1	12.1	3.4	1.7	1.8	3.5	3.0	0.6

출처: 최수영 외,『중국의 대북한 정책: 영향력 평가와 대응방향』, (서울: 경제 · 인문사
회연구회, 2010), 175쪽; 이원근, "북한 · 중국의 경제관계 실태와 정치경제적 함
의에 관한 소고,"『대한정치학회보』, 20집 3호(2013), 87쪽을 참고로 필자 가공.

제2절 북중 경제관계 도약: '결박 – 보상 메커니즘' 강화

1. '결박 – 보상 메커니즘' 강화 배경

1) 북한의 전략적 · 지경학적 · 자원외교적 가치 재인식

북한에 대한 중국의 정책은 약소국의 불안정 상황에 대한 강대국의
태도로 설명이 가능하다. 탈냉전 이후 북중관계는 많은 변화를 경험했지

만 과거 냉전시기의 역사적 경험이 내재되어 있어 중국은 북한과의 우호관계 유지를 중시한다.[28] 북한의 위상에 대한 평가와 관련하여 중국은 동북아 안보환경의 변화에 따라 북한이 가지는 위상을 달리 평가하는데, 한미동맹을 중심으로 북한에 대한 압박이 강해지면 중국은 북한에 대한 지원을 확대한다. 중국은 북중관계에 대한 역사적 경험을 바탕으로 지역 안보환경 변화에 따라 탄력적으로 북한에 대한 정책을 조율한다.[29]

미국은 동북아지역의 세력균형을 자국에 유리한 방향으로 전환하기 위해 미일동맹을 강화하고 중국위협론을 지속적으로 제기하고 있다. 한반도는 미중 간 전략적 이해가 충돌하는 각축장이며, 미국은 한반도를 중국을 견제하는 데 있어서 가장 중요한 축의 하나로 활용하고 있다. 이에 중국은 동북아질서가 자국에 유리한 방향으로 구축되고 지속적인 경제발전을 유지하기 위해 한반도를 전략적으로 매우 중요하게 여긴다. 한반도가 지정학적으로 동북아의 핵심지대에 있는 전략적 위치를 점하고 있을 뿐만 아니라 한반도 자체의 역량 변화를 과소평가할 수 없기 때문이다.[30] 중국의 입장에서 한반도지역은 미국, 일본, 러시아 등 대국의 이해관계가 복잡하게 교차하는 지역이며, 대륙세력과 해양세력의 접점지대일 뿐만 아니라, 중국의 주변지역으로서 선린외교 전략이 적용되는 지역이다. 더욱이 한반도는 중국의 경제발전을 위해 동북아지역에서 중국이 적극 추진하고 있는 경제외교와 경제협력의 중요한 지역이다.[31] 특히, 중국은 북한체제 붕괴로 인

28) 김응수, 『21세기 북한의 이해』(성남: 북코리아, 2011), 117쪽.

29) 이상숙, "김정일─후진타오 시대의 북중관계: 불안정한 북한과 부강한 중국의 비대칭 협력 강화," 『한국과 국제정치』, 제26권 제4호(2010), 123~124쪽.

30) 이희옥, "중국의 대북한정책 변화의 함의: 동북4성론 논란을 포함하여," 『현대중국연구』, 제8집 1호(2006), 81~82쪽.

31) 최수영 외, 앞의 책, 39쪽.

해 미국 주도하에 한반도 판도가 재편되는 시나리오가 현실화될 경우 한반도에서 상당히 수동적인 위치에 처하게 될 것이라는 판단을 갖고 있다.

이러한 지역 안보환경의 변화는 중국의 대북정책 변화에 있어 하나의 중요한 요인이었다. 2008년부터 남북관계가 경색된 가운데 2009년 11월 오바마 미국대통령의 중국 방문을 앞두고 미국정부가 중국의 인권문제를 거론하고 위안화 절상을 요구하면서 표면화되었던 미중 간 갈등이 천안함 사태를 계기로 격화되는 양상을 보였다. 중국은 천안함 사태 이후 겉으로는 차분한 대응을 강조하면서도 이 사태를 빌미로 하여 한미 양국이 서해상에서 연합훈련을 하는 것에 강력히 반발했다. 2010년 7월 1일 중국은 미국이 대만에 약 60억 달러 상당의 무기를 판매하고 양국 군 고위 인사의 상호방문을 포함한 군사교류를 비판하면서 양국 간의 갈등은 보다 첨예화되었던 것이다. 이와 같이 남북관계가 냉각된 상황에서 취해진 한미 간의 안보협력 강화는 중국으로 하여금 한반도에서의 세력균형 유지를 위해 북한에 대한 지원을 강화하도록 만들었다. 북한의 핵도발로 빚어진 한반도의 불안정 상황에서 한국과 미국이 북한에 대해 경제제재를 가하자 중국은 북한을 자국의 영향력하에 두려고 했다.[32]

한편, 지경학적 측면에서도 한반도는 중국에게 있어서 지정학적 가치와 비견될 정도의 영향력을 갖는다. 한반도는 중국과 러시아, 일본, 북미, 동남아를 사통팔달 연결할 수 있는 전략적 요충지이기 때문이다. 더욱이 북한이 개혁개방을 추진한다고 가정할 때 그 가치는 배가될 수 있다.[33] 중국은 북한을 동북3성 지역 발전에 꼭 필요한 시장으로 간주하고 있다.

[32] 이상숙, 앞의 글, 134~135쪽.

[33] 박동훈, "중국의 대북정책 변화와 중한관계: 천안함 사건 이후를 중심으로," 『한국과 국제정치』, 제27권 2호(2011), 130쪽.

특히 라진항은 중국 동북부지역에서 남부지역 및 한국, 일본, 기타 아태지역 국가로 연결하는 하나의 거점으로 간주하고 있다. 이처럼 탈냉전기 북중관계는 경제적인 측면에서 상호 공생관계를 형성해 가고 있다.[34]

이러한 북한의 안보전략적인 중요성과 함께 중국의 자원 병목 해소를 위한 한반도, 특히 북한의 경제적 가치가 부각되었다. 중국의 자원소비 측면에서 볼 때 2000년 이후 중국의 에너지—석유, 석탄, 천연가스 등—와 철광석 소비 증가율은 세계 평균 2~4배에 달하는 높은 수준을 유지했다. 전 세계 자원수요에서 중국이 차지하는 비중이 급격히 상승했는데, 2008년 소비량 기준으로 석탄은 42.6%, 철광석은 57.7%, 동은 28.9%로 세계 최대 소비국이었다. 이에 반해 지리적으로 인접한 북한은 광물자원이 풍부한 국가이다. 북한은 전체 국토면적의 80%에 해당하는 지역에 광물자원이 매장되어 있고 그 경제적 가치는 1조 달러에 달하는 것으로 추정되고 있다. 대량의 석탄과 철광석 등의 광물자원이 매장되어 있을 뿐만 아니라 삼림자원과 관광자원도 풍부하다. 이는 국내 자원병목을 완화시키기 위해 전방위적인 자원외교를 펼친 중국이 북한을 주목하고 있는 이유였다.[35]

이에 따라 2003년을 기점으로 동북진흥전략과 함께 중국의 자원외교 강화는 북중경제협력의 또 다른 동력이 되었다. '에너지안보'는 중국의 대외정책에서 중요한 전략으로 자리 잡았는데, 북한과의 경제협력은 이러한 중국 자원외교의 목표와도 일치한다. 또한 중국에게 있어 북한의 자원 및 북한의 수출항구를 통한 자원의 이동로 확보는 중국 남부로의 자원 이동에 유용한 것이다.[36]

34) 이표규, "유엔안보리 대북제재의 현주소와 효과 제고를 위한 연구: 중국의 역할을 중심으로,"『한국동북아논총』, 제80호(2016), 164쪽.

35) 박동훈, 앞의 글, 131쪽.

2) 북한체제 안정 및 김정은 후계체제 안착 지원

한반도에 대한 중국의 정책 기조는 '중국의 현대화를 위한 한반도의 평화와 안정 유지'라는 선린외교(善隣外交)의 기조와 '대한반도 영향력 강화를 통한 대국으로서의 입지 강화'라는 대국외교(大國外交)의 기조가 동시에 작용하고 있다.[37] 따라서 중국의 한반도 정책은 현상유지 속에서 영향력과 실리를 확대하는 것을 기본으로 하는 조화세계(和諧世界)의 한 부분으로 대북정책은 삼무(三無)정책(無核, 無戰, 不亂)이라 할 수 있다.[38]

중국은 2050년까지 '사회주의현대화'의 실현을 장기 목표로, 2020년까지 '전면적인 소강(小康)사회'의 실현을 중기 목표로 설정하고 있다. 이를 위해 지난 30년 동안 개혁·개방을 통한 경제성장에 주력해 왔고, 지속적인 경제성장을 위한 대내외의 안정적인 환경 조성을 중시해 왔다. 이러한 당면과제는 중국의 대외전략에도 투영되고 있다. 중국은 2020년 전면적 소강 사회의 건설을 위해 자국의 경제발전 및 사회주의시장경제체제 확립에 유리한 평화적인 국제환경을 조성하고 신장된 국력에 상응하는 국제적 위상을 확보하려는 대외전략을 운용하고 있다.[39]

이러한 목표하에서 중국의 대한반도 정책은 시기적으로 많은 변화가 있었지만, 중국의 개혁·개방 이후 특히 1992년 한중수교 이후에는 지속

---

36) 이상숙, 앞의 글, 126~127쪽.

37) 최수영 외, 앞의 책, 39쪽.

38) 윤승현, "북한의 개혁·개방 촉진을 위한 중국의 역할" 『수은북한경제』, 2012년 가을호 (2012), 69쪽.

39) 최수영 외, 앞의 책, 35쪽; 화평발전(和平發展) 전략은 중국의 대외 위상에 걸맞는 지위와 영향력을 확보하고 이에 합당한 대우를 받기 위해서 중국이 국제협력에 좀 더 적극적이고 평화적인 모습을 보여야 한다는 것이다. 이상숙, 앞의 글, 125쪽.

적인 경제발전을 위한 한반도 현상을 안정적으로 유지하는 일관성을 유지해 왔다. 이것은 북한체제의 급격한 변화, 한국 주도의 대북한 통일정책, 한반도에 대한 미국의 주도권 행사 등에 대한 반대로 나타났다. 보다 더 구체적인 정책목표는 '핵무기를 보유하지 않은 친중 정권하에서 북한체제의 안정적 유지'로 요약할 수 있다. 이처럼 한반도의 평화와 안정을 유지하는 것은 '비핵화'와 '대화와 협력을 통한 북핵문제 처리'와 같은 한반도 현안을 처리하는 것보다 우위에 있었다.[40]

중국은 북한체제의 유지가 외교적으로는 부담되지만 북한체제 자체가 없어지거나 불안정하게 되는 상황을 가장 우려한다. 북한체제가 무너지거나 불안정한 상황이 될 경우 중국이 다른 어느 나라보다 압도적으로 큰 비용을 지불할 것이기 때문이다.[41] 중국은 불안정한 북한이 초래할 정치적, 경제적 및 안보적 결과는 북한의 안정을 최우선 목표로 정당화할 만큼 충분히 심각하다고 보았다. 1990년대 있었던 것과 같은 북한경제의 또 다른 붕괴는—북중국경을 넘을 탈북난민들을 어떻게 처리하느냐에 따라 달려 있지만—중국정부가 막대한 재원을 부담하게 할 뿐만 아니라 탈북난민들을 어떻게 다루는가가 국제적인 관심사가 되며 국제사회의 격한 비난을 받게 될 것을 우려하게 만들었다. 남북 간의 무장충돌은 또한 중국의 경제적·사회적 이익을 파괴하고 미국과의 군사적 충돌 위험도 감수하게 만들 수 있으며, 북한이 한국에 흡수통일되는 독일통일 방식을 따르게 되는 격변상황이 발생하게 된다면 중국이 전혀 다른 도전에 직면하게 될 것으로 판단했다. 이런 측면에서 북한에 대한 중국의 식량 및 에너지 지원은 ①북한 붕괴, ②한반도전쟁, ③한국의 북한 흡수통일 등의 경우에 중국이

---

[40] 이희옥, 앞의 글, 197~198쪽.

[41] 이상숙, 앞의 글, 122쪽.

지불하게 될 더 큰 경제·정치·안보적 비용을 피하기 위한 일종의 보험료와 같은 것으로 이해할 수 있다.[42]

특히 북한의 경제난이 점차 심화되고 체제붕괴가 거론되자 북한체제 안정의 중요성은 다시금 대두되기 시작했다. 북한의 정권 또는 체제가 붕괴될 경우 중국의 정치안정에 직접적인 영향을 미칠 수 있기 때문이다.[43] 이에 따라 중국은 김정일 정권과 북한체제의 안정을 한반도정책의 최우선순위[44]에 두고 있다. 북핵문제를 둘러싼 국제협력보다 북한과의 연대가 더욱 중요하게 되었다. 특히 중국은 2010년 이후 천안함 사태와 북한군의 연평도 포격사태 등으로 북한에 대한 서방국가들의 공세가 강화되자 서방세계에서 분출되는 북한붕괴론에 반대하며 북한이 흔들리지 않도록 도울 것임을 분명히 했다. 중국지도부는 북핵문제로부터 북중 양자관계를 분리하여 후자에 우선순위를 두며, 북핵문제는 미국이 일차적인 책임을 지고 장기적인 노력 속에서 풀어가야 하는 과제로 정리했다. 물론 중국이 북핵 폐기 노력을 포기하겠다는 것은 아니었으며, 그 노력이 북중관계를 훼손하고 북한체제에 부담을 주어서는 안 된다는 것이었다.[45]

한편, 중국으로서는 김정일의 건강이상과 이에 따른 권력이양 과정에서 나타날 수 있는 체제 불안정성에 대해 대비해야 할 필요성을 인식하고 2009년부터 북한의 체제 안정을 주시했다.[46] 특히 2009년 이후 북한은

---

42) Dick K. Nanto & Mark E. Manyin, "China-North Korea Relations," *CRS Report for Congress* (Congressional Research Service, December 2010), p. 7.

43) 권오국, 앞의 글, 237쪽.

44) Dick K. Nanto & Mark E. Manyin, op. cit., p. 4.

45) 이종석, 『2차 핵실험 이후 북한-중국 관계의 변화와 함의』(성남: 세종연구소, 2012), 14쪽.

46) 이상숙, 앞의 글, 136~137쪽.

경제난 악화와 함께 화폐개혁을 통한 충격요법이 사회적 혼란을 야기함에 따라 체제 불안정성이 위협받는 지경에 이르렀다. 북한의 화폐개혁은 당초 인플레이션을 억제하면서 동시에 개인이 사적으로 축적한 부를 국가로 환원하기 위한 목적에서 취해졌다. 그러나 이러한 화폐개혁의 당초 취지와는 달리 국가가 주민들의 생명줄과 같은 시장경제 활동을 위축시키고 암시장 거래를 부추기는 부작용을 유발함에 따라 주민들의 불만이 비등해졌다. 이에 위기를 느낀 국가당국은 전국적으로 시장통제를 풀고 모든 물품 거래를 다시 허용하게 되었다. 북한은 이미 주민들이 시장에 의존하는 경제생활을 하고 있고 국가는 시장을 대체할 계획경제를 운영할 능력을 상실했던 것이다. 이러한 상황에서 시장을 인위적으로 통제하고 국가재정을 확충하려했던 개혁은 오히려 인플레이션과 빈부격차 확대와 같은 부작용만 양산하고 사실상 철회됨에 따라 국가당국이 주민들로부터 신뢰를 크게 상실하는 계기가 되었다.

중국은 북한 내부 불안정의 가장 중요한 원인을 경제난이라고 규정하고, 이러한 북한의 불안정이 해소되도록 경제협력을 통해 북한의 안정을 유도하고 있다.[47)]

이 시기 중국이 북한의 후계체제 지원 차원에서 북한에 관련물자를 제공한 흔적이 포착되었다. 2008년 12월과 2009년 12월 두 차례 길림성에서 통관되어 북한으로 수입된 것들은 품목이나 규모 면에서 종전과는 다른 매우 이례적인 경우였다. 먼저 2008년 12월 1,842만 달러, 2009년 12월 925만 달러가 수입된 낚시바늘(HS950720)의 경우에 1998~2007년 간 어망그물 등을 합친 낚시용구(HS9507) 연 수입의 최고치가 37만 달러에 불과했었다. 둘째는 2008

---

47) 이상숙, 앞의 글, 134쪽.

년 12월 6,350만 달러, 2009년 3,331만 달러가 수입된 편물의류(HS61)와 2008
년 12월 4,172만 달러, 2009년 12월 1,527만 달러가 수입된 편물외의류(HS62)
의 경우인데 과거 1998~2007년간 연수입 최고치가 각각 2,379만 달러, 1,918
만 달러에 불과했다. 북한의 시장수요를 월등히 능가하는 금액으로서 한반
도 불안정을 우려한 중국의 대북지원성 물자이거나 북한의 후계체제 등 선
군사상의 강화와 관련된 물자로 추정되는 이중 용도 품목들이었다. 북중
경제관계에 정치적 요인이 작동하고 있다고 볼 수 있는 부분이다.[48]

3) 중국의 대북한 영향력 증대

한반도의 평화·안정 유지와 함께 영향력 우위 유지[49]는 중국의 대
한반도정책에서 매우 중요한 부분이다. 중국은 정치·군사적 측면에서의
대북한 편향, 경제적 측면에서의 대한국 편향을 통한 균형유지 정책으로
자국의 역할과 이익을 극대화한다. 중국은 한중수교 이후 한반도에 대한

---

[48] 배종렬, "최근 北中경제관계의 특징과 시사점," 한국수출입은행, 『수은북한경제』, 2010
년 겨울호(2010), 40쪽.

[49] 중국지도자들이 지닌 전통적인 정세관 가운데 한반도에 대한 인식은 속방 개념으로 대
표되어 왔다. 이러한 관념과 태도는 한국전쟁 중에도 표출되었다. 즉 1950년 8월 20일
주은래는 당시 유엔안보리 의장 말리크(Jacob Malik)와 사무총장 리(Trygive Lie)에게 보
낸 전문에서 중국은 북한의 이웃이므로 중국인은 한반도문제 해결에 깊은 관심이 있다
는 것과 한반도문제는 평화적으로 해결되어야 하므로 토론에 있어서는 중국대표의 참
가가 필요하다고 주장했다. 이와 같은 간여 욕구는 후일 휴전협정의 체결에 있어서나
제네바회담 등에서 현실적으로 충족될 수 있었다. 소치형, 『중국외교정책론』(서울: 도
서출판 골드, 2004), 309~310쪽; 1950년 8월 26일자 「세계문화」 잡지 내용에 의하면 "한
반도문제의 해결은 가장 가까운 이웃인 중국의 참여 없이는 불가능하다. 북한의 친구는
우리의 친구이며, 북한의 적은 우리의 적이다. 북한의 방위는 우리의 방위이다. 북한의
승리는 우리의 승리이다"라고 표현함으로써 중국은 북한에 관한 권리를 당연한 것처럼
주장하고 나섰던 것이다. Allen S. Whiting, *China Crosses the Yalu: The Decision to Enter
the Korean War* (California: Stanford University Press, 1960), pp. 84~85 참조할 것.

총체적 영향력 측면에서 우위를 점하고 있다는 인식을 갖고 있다. 따라서 중국은 한반도에 대한 영향력 우위를 고수하기 위한 방안을 부단히 강구하고자 하며, 그 일환으로 대북지원을 통한 북한의 생존 및 남북한의 기본적인 세력균형과 중장기적으로 미국·일본·러시아의 대북 관계변화 가능성에 대비하고 있다.[50]

역사적 요인과 지리적 근접성은 중국이 한반도에 강한 영향력을 행사할 수 있게 해 주었고, 중국은 한반도를 한편으로는 방어벽으로, 다른 한편으로는 안보적 우려의 원천으로 간주했다. 이러한 요인들이 복합적으로 중국으로 하여금 한반도를 안정적이고 중립적인 완충지대로 유지하는 것을 근본적인 이익으로 만들도록 했다. 반면에 이러한 중국의 한반도 정책은 북한이 이를 악용하게 함으로써 중국의 대한반도 영향력을 오히려 부담 요인으로 바꾸고, 다른 국가들이 북한의 행태를 바꾸도록 중국에 압력을 가하게 하는 요인으로 작용했다.[51]

중국은 북한을 포함하는 한반도에서의 영향력 강화를 통해 세계강국(global power)으로서의 도약대가 될 수 있는 역내에서 먼저 '책임 있는 대국'의 국가 이미지와 위치를 확보하고자 한다. 특히 후진타오 집권 이후 중국은 경제발전의 성과를 바탕으로 국제적 영향력을 확대하는 데 진력하고 있으며, 이 과정에서 한반도는 중국 영향력 확대의 거점이자 일종의 도약대로서의 의미를 지닌다고 할 것이다. 이러한 측면에서 중국은 북핵문제와 관련하여 국제사회에 북한을 통제할 수 있는 나라는 중국뿐이라는 인식을 심어줌으로써 북한에 대한 국제적 영향력을 은연중에 과시하고자 한다. 그리고 중국은

---

50) 문흥호, "중국의 대외전략: 동북아 및 한반도정책을 중심으로," 극동문제연구소 『한국과 국제정치』, 제21권 1호(2005 봄), 84~85쪽.

51) Stratfor, "China Re-Enters the Korean Field of Play," 2018.3.30.(검색일: 2018년 4월 2일).

무엇보다도 북한이 다른 국가의 영향권 내에 들어가는 것을 가장 경계하고 있다. 이와 같이 중국은 북한을 자국의 영향권하에 둠으로써 북한이 중국에 정치 · 군사 · 경제적으로 더욱 의존하도록 만들려고 하고 있다.[52)]

일례로 2010년 5월 5일 북중 정상회담에서 호금도는 김정일에게 "내정 · 외교의 중대 문제, 국제 · 지역 정세, 치당치국(治黨治國)의 경험"에 대한 소통을 제의했고, 온가보는 "중국의 개혁개방과 건설의 경험"을 소개해 주고 싶다는 입장을 전달하여 중국이 북한에 대한 관여와 영향력을 확대하겠다는 의도를 내비쳤다.

핵을 둘러싼 갈등구조가 상존함에도 불구하고 중국의 대북 영향력이 증가하고 있는 이유는 북한이 국제사회의 경제제재 등 외교적으로 고립되어 있지만 중국은 월등한 경제력으로 북한을 지원하고 있기 때문이다. 중국은 원조를 통해 북한을 지원하기도 하고 압박하기도 한다. 중국은 북한이 국제적으로 고립되는 점을 이용하여 경제적 이익뿐만 아니라 군사 및 안보 이익도 포함하는 포괄적 이익을 고려하여 북한에 영향력을 행사하고 있다.[53)]

중국은 2009년 새로운 대북정책으로 선회하는데, 이때 북핵문제에 대한 비중은 상대적으로 낮아졌다. 중국은 명시적으로 밝힌 적은 없지만 '북한 비핵화'라는 기존 목표를 '북핵 상황의 안정적 관리'로 하향화한 것으로 보인다. 즉 6자회담을 재개하여 북한의 핵 능력 강화 과정을 중단시켜서 상황 악화를 방지한다는 기본 목표를 두고, 북한 비핵화는 상황 전개를 보아가며 장기적인 관점에서 풀어나가려는 것이었다. 중국은 북한이 이미

[52)] 박병광, "후진타오 시기 중국의 대북경제교류 확대에 관한 연구," 『북한, 어디로 가는가?: 14인의 전문가가 본 북한체제의 변화 전망』(서울: 도서출판 플래닛미디어, 2009), 407~408쪽; 최수영, 『북 · 중경제관계 확대와 대응방안』(서울: 통일연구원, 2007), 12쪽.

[53)] 양운철 · 유현정, 『창지투 개발계획과 동북아 경제협력』(성남: 세종연구소, 2012), 10~11쪽.

부분적으로 핵무기 개발을 완료했으며 한반도가 핵 확산의 위험에 직면해 있는 것으로 보고 있다. 이러한 상황에서 북한의 핵 포기는 어차피 미북 적대관계의 해체 등을 통해 평화체제가 구축되는 프로세스와 맞물려 있다고 보기 때문에 이를 위해서는 북한 못지않게 미국의 의지가 중요하다고 보았다. 이에 중국은 북한의 핵 능력 강화 과정에 제동을 거는 한편, 핵이 확산되지 않도록 하는 '비확산'으로 정책 중점을 옮긴 것으로 이해되었다.[54]

이러한 대북정책의 변화 결과 중국은 북핵문제를 풀기 위해 경제적 제재를 가하지 않겠다는 점을 분명히 하고 있다. 중국의 한 관영언론은 "모든 당사국들은 북한을 국제사회에 통합시키는 데 협조해야 하며 중국은 이를 위해 북한이 필요로 하는 것을 제공하는 한편 경제협력을 강화하고 있고, 중국이 북한을 돕는 의도는 북한이 자신에게 가해진 서방의 경제·금융 제재를 극복할 수 있도록 하기 위해서"[55]라고 밝히고 있다. 중국은 미국이 압박과 대화, 그리고 제재수단을 활용하는데 반해 자신은 제재에 반대하고 대화와 중재를 통한 문제 해결을 추구한다고 주장했다. 북한에 대한 제재에 실질적으로는 참여하지 않겠다는 의미였다. 중국은 제 1874호에 동의는 했지만 실제로 대북제재에는 참여하지 않았으며, 오히려 북중 경제협력을 비약적으로 확대시켜 나갔다.[56]

중국은 북한의 핵무장을 저지하기 어려운 현실을 직시한 가운데 북한과의 관계를 악화시키고 더욱 통제하기 어려운 상황으로 몰고 가기보다는 북핵문제를 별도로 중장기적인 관점에서 해결하는 방향으로 가닥을 잡는

---

54) 이종석, 앞의 책, 14쪽.

55) Men Honghua and Xiao Xi, "DPRK integrity important for peace," 『China Daily』(Beijing), March 1, 2011.

56) 이종석, 앞의 책, 15쪽.

한편, 북한과의 관계강화를 지속함으로써 대북 영향력 유지에 우선을 두겠다는 정책을 채택한 것이다. 이에 중국은 북한에 대한 관여정책을 보다 높여 개혁개방을 위한 환경을 조성하고 대북 정치적 영향력을 강화하여 궁극적으로 북한체제의 안정 유지와 비핵화를 유도하겠다는 심산[57]이었다. 이를 위해 중국은 경제무역과 대북투자에만 집중했던 경제협력 방식에서 벗어나 지역공동개발을 특징으로 하는 산업협력 차원의 양자협력을 보다 강화하여 진행하고 있다. 즉 중국은 기존의 대북한 경제협력을 경제무역협력에서 지역공동개발협력으로 전환하여 북중 접경지역의 '일구양도(一區兩島, 라선특별시와 황금평 · 위화도)' 시범지역을 공동개발사업으로 추진하는 것을 개혁개방의 수단적 방편으로 이해하고 진행하고 있다. 따라서 중국은 북한의 개혁개방은 국제사회로의 편입이며, 이를 적극 권장하기 위해서는 정경분리 원칙에 기반하여 북중 간의 양자관계를 북핵문제에 결박시키기보다는 국제교류와 협력을 통해 북한의 변화를 유도해야 한다고 본다.[58]

한편, 중국은 대북한 개혁 · 개방을 위한 경제협력 원칙을 '정부인도 · 기업참여 · 시장원칙' → '정부유인 · 기업참여 · 시장원칙' → '정부인도 · 민간참여 · 시장원칙'으로 변화시켜 가는데, 이는 과거 지방정부나 민간차원에서 행해진 대북경협을 중앙정부 차원에서 적극적으로 챙기겠다는 것을 북한에 천명한 것이다. 이는 북한에 대한 경제적 관여정책을 보다 높여 개

---

[57] 중국은 대북정책의 논리를 「한반도문제 해결을 한반도 평화 · 안정이 전제조건→한반도 평화 · 안정을 위해서는 북한체제 '연착륙(개혁개방)' 필요→북한체제 '연착륙' 실현조건으로 북미관계 개선 필요→북미관계 개선에 앞서 중국의 대북 영향력 확대 필요」라는 순서로 전개하고 있다. 또한 이를 실현하기 위한 로드맵은 ①북한과의 정치적 신뢰 및 경협관계 강화(대북영향력 확대), ②북미대화 추진을 통한 북한 국제환경 개선 노력, ③북한 개혁개방 독려 및 지원, ④정상국가 북한의 한반도 비핵화 실현 등으로 정리될 수 있다. 윤승현, "북한의 개혁 · 개방 촉진을 위한 중국의 역할,"『통일경제』, 2012 제2호, 84쪽.

[58] 윤승현, 앞의 글, 80쪽, 84쪽.

혁·개방을 위한 환경을 조성하고, 대북 정치적 영향력을 강화하여 궁극적으로 북한체제의 안정 유지와 비핵화를 유도하겠다는 목적이다.[59]

4) 국제제재에 따른 북한의 체제생존 위기와 대중국 의존 증대

(1) 한일의 독자제재로 남북·북일교역의 북중교역으로의 대체

일본의 대북한 경제제재는 2003년 북한의 미사일 발사, 핵실험 감행 및 일본인 납치문제와 병행되어 추진되었다. 특히 일본의 대북제재 움직임은 2002년 김정일이 북일정상회담을 통해 북한의 일본인 납치사건을 시인한 이후 급속도로 진행되었다. 북한에 대한 일본의 경제제재는 크게 인도지원에 대한 동결·연기, 송금보고의 의무화, 특정품목의 무역정지, 특정선박의 입항금지 및 무역 전면 정지, 선박의 전면 입항금지 등 5가지로 구분된다.[60]

특히 일본은 2004년 2월 개정된 '외국환 및 외국무역법'에 근거하여 송금에 대한 보고를 엄격하게 의무화시켰고 자본거래를 규제했다. 이에 따라 3,000만 엔 이상의 금액을 북한에 송금하려는 기업이나 개인은 철저히 당국에 보고하도록 의무화시켰다. 2007년 7월에는 송금차단관련법을 제정하여 북한의 전략물자와 연계되었다고 의심되는 15개 단체와 1개인에 대해서는 자금이전금지조치를 취했다. 이러한 일련의 조치들의 영향으로 조총련기업의 대북송금 규모는 2004년 2,310만 달러, 2005년 2,440만

---

[59] 윤승현, 앞의 글, 71쪽; 양문수 외, 『2000년대 북한경제 종합평가』(서울: 산업연구원, 2012), 470쪽.

[60] 조명철 외, 『북한의 대외경제 제약요인 분석과 정책적 시사점』(서울: 대외경제정책연구원, 2009), 90쪽.

달러에서 2006년 400만 달러로 감소했다. 또한 일본은 '외국환 및 외국무역법'에 근거하여 양국간 특정품목에 대한 무역을 제한할 뿐만 아니라 무역거래와 대외직접투자를 모두 규제하고 있다. 실제 일본이 제한하는 수입품목에는 꽃게, 바지락, 의료품 등이 포함되어 있고, 수출품에는 중고차 등이 포함되어 있다. 아울러, 일본은 특정선박의 입항을 금지하고, 북한과 무역을 전면금지하는 조치를 취했다.[61] 이러한 조치로 인해 아래 〈표 4-9〉에서 보는 바와 같이 일본과 북한 간의 교역은 급감하게 된다.

〈표 4-9〉 일본의 대북한 교역 추이(2000~2008) (단위: 백만 달러)

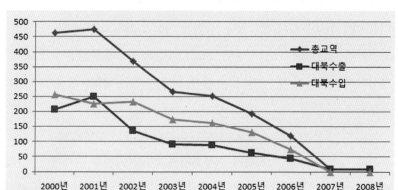

연도	2000	2001	2002	2003	2004	2005	2006	2007	2008
총교역	464	475	369	266	252	194	119	9.1	7.7
대북수출	207	249	135	92	89	63	44	9.1	7.7
대북수입	257	226	234	174	163	131	75	0	0

출처: 조명철 외, 『북한의 대외경제 제약요인 분석과 정책적 시사점』(서울: 대외경제정책연구원, 2009), 93쪽.

---

[61] 조명철 외, 앞의 책, 90~91쪽.

한편, 남북관계의 경색으로 인한 남북교역의 위축과 경제협력 사업의 부진도 북한의 대중국 무역 의존을 더욱 심화[62]시킨 측면이 있다. 북한은 임시방편적이면서도 극단적인 방법을 사용했다. 북한은 풍부한 광물자원인 무연탄과 철광석의 대중국 수출을 크게 늘림으로써 남북교역 중단에 따른 문제를 해결하려 했다. 아래 〈표 4-10〉에서와 같이 2009년에 비해 2010~2012년 동안 북한의 대중국 수출은 연평균 13억 달러 정도 증가했는데, 이 중에서 무연탄과 철광석 수출 증가분이 차지하는 비중이 각각 51%와 12%로 나타나 이들을 합치면 전체 수출 증가분의 63%가 넘었다. 이는 북한이 무연탄과 철광석 대중국 수출을 통해 5·24조치에 따른 부작용을 훨씬 뛰어넘을 정도의 대중국 수출 확대정책을 실시했음을 의미한다.[63]

[62] 김갑식, "북한의 대중(對中) 의존현상 및 시사점," 국회입법조사처, 『이슈와 논점』, 제241호(2011); 2010년 한국의 5·24 대북제재 조치가 '북한지지 교역구조'를 붕괴시킴에 따라 북한의 교역상대는 사실상 중국밖에 없는 상황이 되었기 때문이다. '북한지지 교역구조(DPRK Supporting Trade Structure)'란 북한이 경제의 유지와 개선을 위해 필요한 모든 물자를 중국을 통해 수입하지만 북한은 중국과의 교역에서 언제나 대규모 적자를 기록하고 있는 바, 이러한 무역적자를 충당하기 위한 경화를 남북교역에서 획득하는 교역구조를 말한다. 이러한 기존의 '북한지지 교역구조'에서는 북한이 경화를 획득하는 통로가 남북교역이었으며 이렇게 획득된 경화를 토대로 해외의 물자를 수입하는 통로가 바로 북중교역이었다. 이러한 구조하에서 남북교역이 봉쇄되면 북한의 경화수입 자체가 감소하여 북중교역 역시 자연스럽게 축소될 수밖에 없었던 것이다. 2010년 이후 북중교역은 바로 이러한 북한의 딜레마를 해결하는 과정에서 형성된 것이라고 할 수 있다. 이제 북한은 경제 유지에 필요한 물자를 중국으로부터 수입하기 위해 중국에 대한 수출을 늘리는 수밖에 없었다. 북한은 중국 일변도의 기형적 교역구조를 가지게 된 것이었다. 이석, "경제관계," 이기현 외, 『한중수교 이후 북중관계의 발전: 추세 분석과 평가』(서울: 통일연구원, 2016), 128~129쪽.

[63] 이석, 앞의 글, 136~137쪽.

〈표 4-10〉 5·24조치 이후 북한의 대중 무연탄·철광석 수출의 기여도 (단위: 천 달러, %)

HS코드(품목)	2009년 대중수출	2010~12년 대중수출(연평균)	5·24조치 이후 대중수출 증가액 (연평균)	5·24조치 이후 대중수출 증가액의 상품별 기여도
	(A)	(B)	(C = B − A)	(D)
합	350,136	1,150,849	800,713	100
270111(무연탄)	256,186	900,944	644,758	51.3
260111(철광석)	93,950	249,905	155,955	12.4

출처: 이석, 『5·24조치 이후 북중무역과 남북교역의 변화 분석』(세종: 한국개발연구원, 2013), 42쪽 표를 참고하여 작성.

아래 〈표 4-11〉에서 북중교역은 남북교역과 상반된 추이를 이어가는 것이 관찰되었다. 특히 2010년 천안함 사태를 계기로 남북교역 증가율이 급속히 하락한 반면 북중교역 증가율은 크게 상승했다.

〈표 4-11〉 남북교역과 북중교역의 증가율 비교(2000~11) (단위: %)

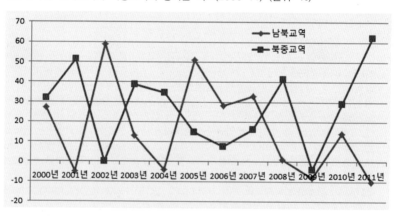

출처: KOTRA, 『북한의 대외무역동향』 각 연도.

북한의 대중국 수출이 증가한 품목 중에서 남북교역에서 전환된 것으로 보이는 부분을 검토해 보면, 〈표 4-12〉에서 보듯이 2010년을 기점으로 중국의 대북한 의류 수입액은 남북 위탁가공교역과 정확히 반대 추세를 보였고 수입액 증가분의 크기도 남북 위탁가공 반입액 감소분과 거의 비슷했다. 남북 위탁가공교역은 대부분 의류로 구성되어 있었으며 2010년 5·24조치로 2010년 하반기부터 급격히 감소했고 결국 2011년에 완전히 중단되었다. 남한기업의 위탁을 받아 의류제품을 가공 수출하던 북한의 공장들은 중국기업으로 거래처를 바꾸어 다시 일감을 확보할 수 있었던 것으로 보인다.[64]

〈표 4-12〉 남북 위탁가공 반입액과 중국의 대북한 의류 수입액 추이 (단위: 백만 달러)

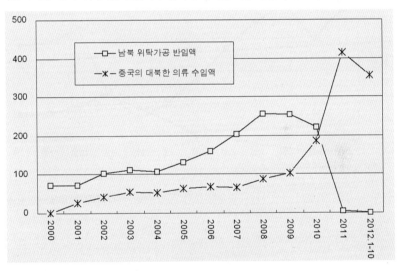

출처: 김석진, "북중경협 확대 요인과 북한경제에 대한 영향," 『KDI 북한경제리뷰』, 2013년 1월호(2013), 104쪽.

[64] 김석진, 앞의 글, 103쪽.

다음 〈표 4-13〉은 2010년 5월 24일 한국정부가 5·24 대북제재조치를 시행함에 따라 북한이 중국에 광물자원 수출을 대폭 증가시킨 것을 보여준다. 동 제재조치 발효 직후인 2010년 7월부터 북한산 광물자원의 대중국 수출이 본격적으로 증가하기 시작했는데, 전년 동기 대비 증가율이 최고 405.6%(2011년 3월)에 달했고, 2011년에 북한의 대중국 광물자원 수출액이 16억 달러를 넘어섰다.[65]

〈표 4-13〉 5·24조치 전후 중국의 대북한 광물자원 수입 추이 (단위: %)

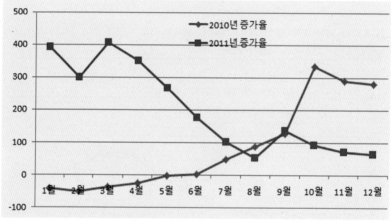

출처: 남진욱, "북한의 광물자원 수출유형 분석: 무역통계를 중심으로," 『KDI 북한경제리뷰』, 2016년 9월호(2016), 28쪽.

(2) 유엔의 대북제재와 대중국 경제적 의존 심화

아래 〈표 4-14〉는 북한의 제1차부터 제6차까지 여섯 차례의 핵실험

---

[65] 남진욱, 앞의 글, 28쪽.

에 대해 유엔안보리가 취한 대북제재를 보여주고 있다. 북한에 대한 유엔 차원의 제재는 형식적으로는 모든 유엔 회원국이 참여하는 다자제재지만 실질적으로는 중국정부가 담당하는 북중무역제재라고 할 수 있다. 과거에 북한의 주요 교역상대국은 한중일 삼국이었으나 앞서 살펴본 바와 같이 한일 양국의 대북제재로 북일교역과 남북교역이 중단됨에 따라 북한의 대외교역은 사실상 북중교역으로 단일화되었다고 해도 과언이 아닐 만큼 대중국 의존도가 높아졌다. 북한의 대중국 교역 의존도가 2014년에 90%를 넘어설 정도로 중국은 북한에 대해 막대한 경제적 영향력을 가지고 있으며, 사회주의적 전통 관계에 따른 동맹조약을 유지하고 있기 때문에 정치적 영향력까지 보유하고 있다. 나머지 국가들과의 거래규모는 얼마 되지 않으며 거래를 하더라도 중국을 통하는 경우가 많다. 주요 제재 대상 품목인 석탄, 철, 철광석 등 광물자원도 거의 대부분 중국으로 수출된다.[66]

특히 중국의 역할이 중요한 이유는 주요국들이 북한을 압박할 수 있는 경제적 제재 카드를 이미 상당수 사용했기 때문이다. 제재를 주도하는 미국의 경우 북한과의 교역관계가 거의 없는 실정이며 앞서 본 바와 같이 한국 역시 5·24 제재조치 및 개성공단 폐쇄 등으로 실질적인 영향력이 약화된 상태이다.[67]

---

66) 신종호 외, 『대북제재의 평가와 향후 전망』(서울: 통일연구원, 2016), 50쪽, 64쪽.
67) 신종호 외, 앞의 책, 49~50쪽.

〈표 4-14〉 북한 핵실험과 유엔안보리 대북제재 결의안 비교

결의안	주요 목표 및 특징	금융, 무역 등 경제관련 제재
1718호 (2006.10.14)	· 추가 핵실험 · 탄도미사일 발사 금지 · 탄도미사일 · 핵무기 · 대량살상무기 프로그램 포기 촉구 · NPT와 IAEA 안전규정 복귀 요구 · 6자회담 복귀 요구	· 회원국들은 북한 핵 · 탄도미사일 관련 프로그램을 지원하는 자국 내 자금과 금융자산, 경제적 자원 동결
1874호 (2009.6.12)	· 탄도미사일 · 핵무기 · 대량살상무기 프로그램 포기 촉구 · NPT와 IAEA 안전규정 복귀 요구 · 6자회담 복귀 촉구 · 1718호 이행 촉구	· WMD · 미사일 프로그램 관련 가능성 있는 금융거래 및 무역 관련 공적 금융지원 제공 금지 · 신규 무상원조, 양허성 차관 등 북한 제공 금지. 단 인도주의, 개발, 비핵화 등 목적의 무상원조 등은 예외 허용
2094호 (2013.3.7)	· 대북제재를 더욱 강화하고 세밀화 · 우라늄농축 프로그램이 안보리 결의 위반임을 최초 명시 · 미사일 · 핵 실험 시 "추가적 중대 조치" 취할 것을 강력 표명	· 북한 수유출입 대량 현금 이전 통제를 포함한 WMD 및 안보리 결의 위반활동 관련 금융서비스 제공 금지 의무화 · 유엔결의 위반 북한은행의 회원국 내 신규 활동 및 회원국 금융기관의 북한 내 신규 활동 금지 촉구 · 결의안 위배 대북 무역 관련 공적 금융지원서비스 제공 금지
2270호 (2016.3.2)	· 북한 자금줄 차단 통해 제재 실효성 확보 · 모든 북한 수출입화물 검색 의무화 · 북한산 광물 수유출입(민생 목적 제외) 금지 · 전면적 무기 금수	· 불법거래 시 북한 외교관 · 대표 추방 · 회원국 내 북한은행 지점, 사무소 신규 개설 금지 · 회원국 금융기관의 북한 내 신규 활동 금지 · WMD 관련 노동당 소속단체 자산 동결 · 북한산 석탄 · 철광석 · 희토류 등 수출 · 공급 · 이전 금지(민생 목적 제외) · 대북 항공유 판매, 공급 금지
2321호 (2016.11.30)	· 이전 결의안 틈새 보완을 통해 제재 실효성 증대 · 석탄수출 상한제 도입 및 수출금지 품목 추가 · 북한 내 제3국 금융기관 전면 폐쇄(WMD 연관성 삭제)	· 석탄 수출액 4억 달러 또는 수출량 750만 톤 초과 금지(낮은 기준 적용) · 수출금지 품목 추가(은, 동, 아연, 니켈 등의 광물 및 조형물) · 모든 회원국 금융기관의 북한 내 활동 금지 및 90일 내 기존 사무소 · 계좌 폐쇄(이전 결의안의 WMD 연관성 조항 삭제) · 북한노동자 해외파견 외화 벌이 착취 우려 제기

출처: 신종호 외, 『대북제재 평가와 향후 정책 방향』(서울: 통일연구원, 2016), 133~134쪽.

중국은 북한의 핵개발과 미사일 시험발사에 대해 기본적으로 반대입장을 보이고 있으며 국제적인 대북제재를 성실하게 이행하고 있다고 주장한다. 표면적으로 드러난 사실만 놓고 본다면 중국은 국제사회의 대북제재에 협력적이었다. 북한의 핵실험이나 미사일 발사가 있을 때마다 대응조치에 차이가 있었지만 역대 유엔의 대북제재 결의안에 모두 찬성했고 이행보고서 역시 제출했을 뿐만 아니라 이행과 관련된 가시적 조치도 실행했다.[68]

중국이 대외적으로 발표하는 대로 제재를 실질적으로 이행했는지 여부를 알아보기 위해 대북제재 1874호 시행을 전후한 시기에 북중 간에 거래되는 석탄, 철광석 등 주요 광물자원과 식량, 원유 등 전략물자의 교역추이를 살펴본다. 순수한 시장원리보다는 중국이나 북한정부가 통제하고 있는 품목들이 제재의 영향을 받고 있는지를 보고자 하는 것이다. 아래 〈표 4-15〉에서와 같이 대북제재 1874호가 발효된 2009년 6월과 7월에 석탄, 옥수수 등의 교역량은 감소하지만 철광석, 석유제품 등의 경우에는 오히려 증가한다. 2009년 8월부터 11월까지는 교역 자체가 없었던 것이 아니고 교역통계를 발표하지 않았기 때문에 교역이 없는 것으로 나온다. 2009년 12월 이후 석탄 교역량은 감소한 것으로 나오지만 원유나 철광석은 증가했으며 다른 품목들도 제재 이전과 차이가 없다고 할 수 있다. 주요 품목의 교역량이 제재를 전후로 해서 크게 영향을 받지 않은 것으로 나온 이유는 제재대상에서 제외된 주요 품목 중 광물자원이나 석유제품의 경우에는 정부의 통제보다는 상업적 거래에 의해 보다 큰 영향을 받았기 때문일 수 있고 식량, 원유 등은 제재대상이 아니라는 이유로 중국이 대북제재에 실질적으로 협조하지 않은 것에 기인한 것일 수도 있다.

---

68) 신종호 외, 앞의 책, 50쪽.

〈표 4-15〉 대북제재 1874호 시행 전후 북중 간 주요 품목 교역 추이 (단위: 천 달러)

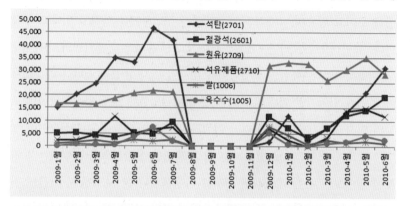

구분	석탄 (2701)	철광석 (2601)	원유 (2709)	석유제품 (2710)	쌀 (1006)	옥수수 (1005)
2009-1월	15,008	4,864	16,578	2,314	905	0
2009-2월	20,299	5,115	16,725	2,099	1,432	609
2009-3월	24,603	4,071	16,282	4,436	2,297	354
2009-4월	34,742	3,536	18,823	11,560	1,250	371
2009-5월	33,135	5,135	20,852	5,002	2,474	3,745
2009-6월	46,434	4,673	21,848	6,649	2,061	7,496
2009-7월	41,718	9,374	21,268	7,458	2,483	1,885
2009-8월	0	0	0	0	0	0
2009-9월	0	0	0	0	0	0
2009-10월	0	0	0	0	0	0
2009-11월	0	0	0	0	0	0
2009-12월	1,632	11,711	31,815	6,838	7,757	5,281
2010-1월	11,829	7,244	33,126	2,318	4,420	806
2010-2월	2,111	3,449	32,486	3,006	806	79
2010-3월	7,094	7,075	26,059	3,473	2,350	1,199
2010-4월	13,310	12,027	30,364	13,804	1,390	1,704
2010-5월	21,157	14,208	35,063	14,755	1,902	4,205
2010-6월	31,058	19,443	28,659	11,980	1,154	2,432

출처: 한국무역협회 중국무역통계(http://stat.kita.net).

요컨대, 대북제재에 적극 참여한다는 중국의 공식적인 발표와는 달리 제제의 실효성 측면을 보면 중국이 발표하는 공식적인 통계만 보더라도 제재국면에서 중국이 북한과의 교역을 증대시킨 것은 쉽게 알 수 있다. 중국이 제재국면에서 북한과의 교역을 오히려 증대시킴으로써 제재를 무력화시킨 측면을 생각해 볼 수 있다는 것이다. 북한경제의 대중국 의존을 높여 북한에 대한 중국의 상대적인 영향력을 강화한 것으로 풀이된다.

문제는 김정일의 선군시대경제건설노선이 가지고 있는 구조적 결함, 즉 군사선행원칙에 의해서 북한과의 경제협력 강화는 북한의 계획경제의 정상화로 이어지고 그것은 군수공업 강화로 연결되는 메커니즘이 작동하고 있다는 것이었다. 이는 북한이 미사일 발사와 핵실험을 과학기술중시노선, 즉 경제강국건설을 위한 김정일의 영도업적으로 선전하고 있다는 점을 통해서도 알 수 있다.[69]

앞서 논의한 바와 같이 2009년 5월 25일 북한의 제2차 핵실험 이후 6월 12일 유엔 대북제재 결의안 1874호가 시행되지만 중국은 그해 7월 대북정책을 전환하여 북한의 비핵화보다는 북한체제 안정을 중시하게 되며, 10월 온가보 총리 방북 계기에 북한에 대한 대규모 경제지원과 함께 양국 간의 경제협력을 크게 확대하기로 합의한다.

한편 이러한 중국의 대북정책 전환 시기에 북한도 기존의 대외정책으로 체제를 유지·발전시키기 어렵다고 판단하고 있었다. 만성적인 경제

[69] 배종렬, "북한의 딜레마: 경제강국 건설과 시장경제," 『수은북한경제』, 2011년 여름호, 29쪽; "정보기술과 생물공학, 유전자기술, 나노기술, 우주기술 등 첨단과학기술을 우리의 힘으로 우리의 식으로 최단기간내에 발전시키도록 이끌어주신 위대한 장군님의 현명한 령도밑에 우리의 과학기술은 인공지구위성을 100% 자체의 기술, 자체의 힘으로 단번에 성과적으로 쏴올리고 지하핵실험을 성공시키는 자랑찬 성과를 이룩하였다." 주성일, "위대한 령도자 김정일동지께서 경제강국건설의 튼튼한 토대를 마련하기 위한 투쟁에서 쌓아올리신 불멸의 령도업적," 『경제연구』, 2011년 제1호(루계 제150호), 4쪽.

침체와 외교적 고립에다가 김정일의 중병이 더해지고 여기에 대북제재 결의 1874호까지 겹쳐서 고통이 가중된 시기였기 때문이었다. 북한은 대북제재 결의 1874호에 강력히 반발하며 중국에 대해 강한 불신감을 나타냈지만 한편으로 체제 생존을 위해 변화가 필요한 시점이었다고 할 수 있다. 북한지도부는 지속되는 서방의 경제제재로 인해 원래 구상했던 한국을 포함한 서방국가들과의 협력을 통해 경제를 발전시키고자 한 기존의 발전전략에 심각한 회의를 갖고 있었다. 더욱이 김정일의 중병 발생으로 체제안정을 위한 경제회복이 시급했다.[70]

북한은 중국의 정책 변화에 화답하면서 그동안 추구해 온 '의존의 분산' 정책[71]에 집착하지 않고 중국에 대한 의존을 확대하는 쪽으로 방향을 선회하는 양상을 보였다. 북한은 역사적 경험을 통해 자국의 경제가 특정 국가에 일방적으로 의존할 경우 그것이 정치적 종속을 초래할 수 있다는 점을 우려[72]해 왔기 때문에 경제적 난관 속에서도 가급적 중국, 한국, 일본, 기타 서방국가들에 경제적 의존을 분산시키는 정책을 추구했던 것이다. 그러나

---

[70] 이종석, 『2차 핵실험 이후 북한-중국 관계의 변화와 함의』(성남: 세종연구소, 2012), 20~21쪽.

[71] '의존의 분산' 정책이란 북한이 심각한 경제적 침체에 직면하여 이를 극복하기 위해 특정 국가에 일방적으로 의존하지 않고 여러 나라에 골고루 경제지원을 요청하여 대외의존은 하되 가급적 의존을 분산시키고자 한 시도를 말한다. 이종석, 앞의 책, 21쪽.

[72] 북한과 중국의 관계를 살펴보면 대외경제관계를 거의 독점한 중국의 경제적인 위상이 정치적인 영향력으로 직결되지는 않고 있음을 알 수 있다. 북한은 경제적 관계가 정치적인 영향력을 파급되지 않도록 분리하고 있어 정치적으로는 중국의 주장이 별로 설득력을 발휘하지 못하고 있다. 중국산 제품이 북한 내에서 광범위하게 유통되고 있으나 그로 인해 정치적 인식의 변화가 일어나는 것은 극도로 경계하고 있기도 하다. 경제관계가 심화되고 무역 의존도가 높아졌다 하더라도 중국이 북한의 핵무기나 미사일 개발 관련 문제를 안정적으로 해결하거나 관리하려는 정치적인 목적을 위해 경제적 영향력을 활용하고자 할 때 실질적으로 북한을 설득하거나 통제하는 효과는 미미했다. 김유리, 『북·중 경제관계의 변화와 향후 북한개발에 대한 시사점』(서울: 한국수출입은행, 2016), 34~35쪽.

한국의 보수정부가 대북강경정책으로 돌아서고 제2차 핵실험을 계기로 유엔의 대북제재가 더욱 강화되자 이러한 '의존의 분산' 정책에 더 이상 크게 연연하지 않았던 것으로 보인다. 북한은 1990년대 후반부터 경제난 극복의 일환으로 한국과 서방국가들에게 식량지원을 요청하고 이들과의 경제협력도 모색했으나 대북제재로 인해 이러한 정책이 난관에 봉착함에 따라 중국을 통해 생존에 필요한 자원이나 물자를 해결하는 '의존의 집중' 방식으로 정책을 전환한 것으로 판단된다.[73] 2010년 5월 이후 김정일 국방위원장이 세 차례나 중국을 방문하여 북중 경제협력을 협의하고 마침내 두 개의 공동 경제특구를 만들기로 합의한 것도 이러한 차원에서 이루어진 것으로 보인다.[74]

5) 정부주도의 동북진흥전략 및 접경지역 공동개발 추진

중국이 추진 중인 동북3성 개발전략은 크게 두 방향으로 나눠볼 수 있다. 2002년에 닻을 올린 동북공정(東北工程)과 2002년부터 2005년 사이에 본격화된 동북진흥전략(東北振興戰略)으로 구분이 가능하다. 중국지도부는 동북지역의 위기를 타개하기 위한 새로운 정책이 필요했다. 변경지역을 둘러싸고 제기될 분쟁 및 충돌에 대한 예방조치로서의 지정학적인 동북공정과 낙후된 동북지역 경제의 재건을 통해 새로운 성장 동력을 확보하려는 의도에서 추진된 지경학적인 동북진흥전략이 그것이었다.[75]

---

[73] 이종석, 앞의 책, 21쪽.

[74] 이종석, "북-중 경제협력의 심화: 특징과 함의," 세종연구소, 『정세와 정책』, 2011년 7월호(2011), 10쪽.

[75] 권오국, "중국의 대북 접경지역 개발전략이 갖는 지정학적 함의,"『통일문제연구』, 23권 1호(2011), 237~238쪽.

중국정부의 동북진흥전략이 실시되면서 동북3성과 인접한 북한경제가 재평가되게 되었다.[76] 중국은 2002년 제16차 공산당대표대회에서 '동북지구 구 공업기지의 조속한 발전을 지지한다(支持東北地區老工業基地快速發展)'라는 전략을 제정함으로써 동북3성 개발의 시작을 알렸고, 2003년 10월 5일에 중국공산당 중앙과 국무원의 명의로 '중공중앙의 동북지구 구공업기지 진흥전략 실시에 관한 의견(中共中央關于振興東北老工業基地的實行意見)'이라는 문건을 발표했다.[77] 이에 기초하여 동북지역에 대한 총 100개 항목의 프로젝트와 610억 위안의 투자계획이 수립되었으며, 지방정부 역시 자체적인 하부 발전전략을 입안해 나갔다. 이 당시까지만 해도 재정지원과 외자유치 등의 문제로 실질적인 진전을 보지 못하다가 2004년부터 중국정부는 동북진흥전략에 중대한 수정을 가하기 시작했다. 대외개방의 중요성을 인식했기 때문이었다.[78]

2004년 3월의 전국인민대표대회 추인을 얻어 4월에 국무원 국가발전개혁위원회 산하에 동북진흥실무기구로서 '동북진흥영도소조판공실(振興東北領導小組)'를 설립했다. 2005년 6월에는 '국무원판공청의 동북구공업기지의 대외개방의 진일보 확대를 촉진할 것에 관한 실시의견(國務院辦公廳關于促進東北老工業基地進一步擴大對外開放的實施意見)' 즉 소위 '36호 문건'을 발표했다.

이 문건을 계기로 대북한 '도로(道路)·항만(港)·구역(區域) 일체화'

---

76) 배종렬·윤승현, 『길림성의 대북경제협력 실태 분석: 대북투자를 중심으로』(서울: 통일연구원, 2015), 3쪽.

77) 이단, "북·중 경협 강화의 실태, 특징, 그리고 함의," 『서석사회과학논총』, 제1집 2호(2008), 390쪽.

78) 권오국, 앞의 글, 243쪽.

가 처음으로 공식적으로 논의되게 되었고 북중 간의 경제협력과 대북투자가 국가전략적인 차원에서 조명되기 시작했다. 중국정부가 대외개방 및 주변국과의 경제협력 확대 차원에서 동북3성과 북한을 연계해서 개발전략을 추진하겠다는 의지를 표명한 것으로 볼 수 있었다.

2007년 5월 동북진흥판공실은 '동북진흥 3년 평가보고'를 개최하여 그간에 진행된 동북진흥전략의 성과를 평가하고, 이를 토대로 같은 해 8월에 향후 15년간 동북지역의 발전 청사진을 담은 '동북진흥계획(東北振興計劃)'을 발표했다. 이 계획을 수립한 배경은 동북지역의 발전을 통한 중국지역의 균형발전과 동북지역 노후 공업기지의 부흥과 발전을 꾀하고 첨단기술산업과 선진제조업을 발전시켜 동북지역의 발전 과정에서 파생된 모순을 해결하는 것이었다.

이 계획의 목표는 2015년부터 2020년까지의 목표를 '4개 기지와 1개 보장구역', 즉 ①국제 경쟁력을 갖춘 장비제조업기지, ②국가신형원재료 및 에너지 저장기지, ③국가 중요 상품곡물 및 농축산업 생산기지, ④국가 중요 기술연구개발과 혁신기지, ⑤국가생태안전을 위한 보장구역 등을 형성해 동북지역의 전면적 부흥과 지속가능 발전을 실현하는 것이었다.

한편 12차 5개년 계획 기간 내에 추진할 동북진흥계획은 '동북진흥 12차 5개년계획(12-5 계획)'인데 여기에는 상기 '4개 기지와 1개 보장구역' 외에 동북아 개발을 지향한 핵심허브로 건설한다는 목표를 추가했다. 이 '12-5 계획'의 주요 내용은 동북지역을 중국 내 4대 경제권의 하나로 발전시켜 나가기 위한 지침으로서 경쟁력 강화와 함께 국유기업 개혁 및 자원형 도시의 전환이라는 동북지역의 전형적 과제 해결에 초점이 맞추어져 있다고 하겠다.[79]

전략자원의 생산기지이면서 중국 내 교통물류 인프라가 잘 갖춰진 동북3성의 인프라를 기반으로 광물자원을 개발하여 북한·러시아·몽골과 지역적으로 연결할 경우 발전 잠재력은 비약적으로 증대될 수 있다. 특히 중국이 나선지역으로의 출해권을 보장받는다면 유라시아와 태평양을 연결하여 물류비용을 대폭적으로 절감할 수 있다. 이러한 지정학적·지경학적 가치는 중국정부로 하여금 이 지역에 대한 기초 인프라 투자를 앞당기게 한 요인으로 볼 수 있다. 요컨대 중국의 동북공정 및 동북진흥전략은 '하나의 중국'을 방어하기 위한 전략의 하나로서 사후적 대응이 아니라 사전적 대처라는 점에서 그 이전의 정책과는 확연히 구분된다.[80)]

중국이 북중 접경지역 개발을 공세적으로 펼친 가장 큰 이유 중 하나는 2008년 미국발 글로벌 금융위기로 중국의 실물경제부문이 영향을 받았기 때문이었다. 이에 중국정부는 2008년 11월 긴급회의를 소집해 4조 위안 규모의 경기부양책을 제정했는데 이런 맥락에서 2009년 '창지투 규획', '요녕성 연해벨트 계획' 등 국가전략 수준의 지역개발 규획이 십여 건 발표되었다.[81)]

중국 두만강지역개발, 동변도 철도, 신압록강대교 부설, 요녕 연해개발지구 등 동시다발적으로 전개되는 중국의 개발 및 개방 구상은 전방위적으로 북한의 변화를 촉구하는 경제벨트를 형성하여 자연스럽게 북한경제의 참여를 유도하기 위한 것으로 보인다. 이는 중국의 대북정책이 종래의 지정학적 접근을 넘어 지경학적 접근에 바탕을 두고 좁은 범위에서는 중국의 동북진흥, 넓은 범위에서는 동북아 경제공동체 구축을 염두에 두고 북한과의 관계를 설정하고 있음을 시사하는 것이다.[82)]

79) 원동욱 외, 『중국의 동북지역 개발과 신북방 경제협력의 여건』(세종: 대외경제정책연구원, 2013), 48쪽.

80) 권오국, 앞의 글, 245~246쪽.

81) 박동훈, "동북3성과 한반도 경협의 비전과 과제," 『통일과 평화』, 5집 2호(2013), 28쪽.

2009년 8월 중국 국무원은 「長吉圖를 개발개방선도구로 하는 중국 두만강구역 합작개발 계획강요('장길도 개발계획')」를 국가전략으로 정식 비준했다. 이 계획은 형식적으로는 국가급 개발계획인 동북진흥계획의 하위계획의 하나라고 할 수 있는 길림성 지방정부 차원의 지역개발정책을 국가급 프로젝트로 격상한 것이라고 볼 수 있다. 즉, 길림성의 중심도시인 장춘과 길림을 일체화하여 산업도시 클러스터를 만들고, 이것을 성장의 배후지로 삼아 연길(延吉)·용정(龍井)·도문(圖們)을 개발의 전진기지로 하고, 훈춘·(북)라진을 연계하여 대외창구로 만든다는 구상인 것이다.

그렇지만 '두만강구역 합작개발'이라는 계획의 명칭에서 알 수 있듯이 실제로 이 계획은 1990년대 초반 UNDP 주도로 추진되었던 '두만강유역 개발프로그램(TRADP)'과 2000년대 중반 이후 이를 발전적으로 승계한 대두만강개발계획(GTI)의 연장선상에서 중국 주도의 초국경 연계개발을 통한 국제무역지대의 구축을 궁극적인 목표로 하고 있다. 즉, 이 계획은 중국 중앙정부에서 처음으로 비준한 국가급 변경지역 개발프로젝트로서, 기타 변경지역의 초국경 연계개발에도 파급효과가 예상된다.[83]

동북진흥전략의 또 하나의 국가급 프로젝트인 「요녕 연해경제벨트 발전계획('요녕 발전계획')」은 중국 동북지역의 유일한 출해통로를 확보한 지경학적 우위를 바탕으로 이러한 장점을 살릴 수 있도록 연해지역의 주요 도시를 연결하는 해안도로를 건설하여 이들 연해도시를 산업벨트로 구축한다는 계획이다.

즉, 이들 연해벨트를 중심으로 대외개방을 확대하고 연해도로 및 항

82) 배종렬, "중국의 장길도개발계획과 북중경협의 향방," 평화재단, 『제38차 전문가포럼 자료집』(2010), 13~14쪽.
83) 원동욱 외, 앞의 책, 49쪽.

만 등 교통물류 인프라의 개선을 통한 적극적인 투자유치를 도모함으로써 점차 요녕성 내륙지역까지 단계적으로 발전을 추진한다는 구상이다. 요녕 '연해경제벨트'는 환발해만에 위치하여 중국 동북지역과 징진지(북경—천진—하북성) 도시권을 연계할 뿐 아니라 남북한, 일본과 러시아, 몽골이 연계되는 동북아의 주요 관문이자 유라시아 랜드브리지의 역할을 수행할 수 있다. 공간적으로 대련(大連), 단동(丹東), 금주(錦州), 영구(營口), 반금(盤錦), 호로도(葫蘆島) 등 여섯 개의 연해도시 관할구역을 포함하는 총면적 5만 5,600km²이며 해역면적은 6만 8,000km²에 달한다.[84]

북 황금평·나선 경제특구 지역

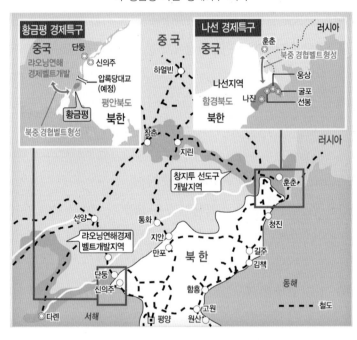

84) 원동욱 외, 앞의 책, 55~56쪽.

황금평경제지대는 위화도를 포함 16km²(약 500만 평)에 상업센타와 정보산업, 관광문화산업, 현대시설농업, 가공업 등 4대 산업단지를 조성하기로 했다. 이를 위해 황금평과 신의주를 잇는 여객·화물부두가 건설되고, 황금평지역 내에는 그물망 도로가 개설될 뿐 아니라 단동(丹東)신개발구와 연결되는 2개의 출입통로도 건설되며, 단동의 전력이용을 위해 송전선을 연결하고 이동통신망 및 인터넷망도 건설한다. 중국정부는 신압록강대교를 2010년 12월에 착공하여 공사를 완료하고 개통을 기다리고 있으며, 중국의 대북한 개혁·개방의 상징이 될 것으로 보인다. 중국의 대북한 개혁·개방에서 이 지역을 '일교양도(一橋兩島, 신압록강대교 및 황금평과 위화도)' 개발이라고 부르고 있다.[85]

2. '결박-보상 메커니즘' 강화와 '전략적 경제관계'의 전개

2000년 이후 북중 경제관계는 냉전기나 1990년대보다 오히려 '결박-보상 메커니즘'이 강화되는 모습을 보인다. 본 연구가 다루는 기간인 2000년부터 2016년까지의 기간에는 양국 정부가 경제관계에 전략적으로 관여 내지 개입함으로써 '결박-보상 메커니즘'이 전반적으로 원활하게 작동되는 모습을 보였다. 이 기간 중에 특히 '결박-보상 메커니즘'의 작동을 실감할 수 있는 대표적인 시기인 2002년 제2차 북핵위기 전후의 시기 (2001~2003년), 2009년 북한의 제2차 핵실험 이후 시기(2009~2012년) 및 습근평 집권기(2013~2016년) 등을 중심으로 보다 면밀히 분석해 봄으로써

---

85) 윤승현, "북한의 개혁·개방 촉진을 위한 중국의 역할," 『수은북한경제』, 2012년 가을호, 78쪽.

북한이 중국의 결박 요구에 호응할 경우에는 중국의 대북한 보상도 이루어져 북중 경제관계가 호전되지만 중국의 북한 결박이 이루어지지 않을 경우에는 중국의 대북한 보상도 이루어지지 않거나 중국이 기 북한에 부여한 보상을 박탈함으로써 북중 경제관계가 악화되는 양상을 보인다는 것을 입증해 보고자 한다.

1) 제2차 북핵위기 전후: 결박 불안정과 보상 감소로 경제관계 침체

강택민 총서기는 2001년 9월에 북한을 방문했다. 강택민은 양국 간의 우호협력관계를 상징하는 '전통계승, 미래지향, 선린우호, 협력강화(繼承傳統, 面向未來, 睦隣友好, 加强合作)'의 16자 방침을 김정일에게 제시[86]했고 김정일은 강택민이 중국공산당의 활동 목표로 주장한 '3개 대표론'[87]을 지지한 것으로 알려졌다. 그러나 이러한 외면적인 관계 개선 모습과는 달리 양국 정상회담의 결과물인 공동성명이 발표되지 않은 것은 양국 간 현격한 입장 차이를 노정한 것이며, 양국관계가 종래와 다른 '미묘한 관계'로 이행하고 있음을 의미하는 것이었다.

이러한 '미묘한 관계'는 2001년 미국에서 발생한 9·11테러를 계기로 더욱 복잡한 양상으로 전개되었다. 부시행정부는 2002년 연두교서에서

---

[86] 劉金質 外, 『中國與朝鮮半島國家關係 文件資料汇編(1991~2006)』(北京: 世界知识出版社), 399쪽.

[87] 첫째, 당은 선진적 사회생산력을 대표해야 하고, 둘째, 선진문화로의 전진 방향을 대표해야 하고, 셋째, 모든 인민의 이익을 대표해야 한다. 이 이론은 강택민 집권 당시 마르크스·레닌주의, 모택동 사상, 등소평 이론과 함께 중국의 지도이념으로 떠받들어졌다. 특히 2004년 3월 열린 제10회 전국인민대표대회에서 이 이론을 수정 헌법에 포함시키기도 했다.

북한을 이란, 이라크와 함께 '악의 축'으로 지정했다. 반면 중국이 대테러 전선에 동참한 것에 대해 사의를 표하고 중국의 세계무역기구(WTO) 가입을 지지했다. 이에 2월 21일 미중정상회담에서 강택민은 미중관계의 중요성을 강조했다. 미국은 중국의 '하나의 중국정책'에 대한 지지를 재확인하고 중국과의 관계 개선 의지를 표명함에 따라 미중관계는 9·11 이전보다 개선되는 양상을 보였다. 즉 9·11 사태는 미중관계는 개선시키고 미북관계를 악화시키는 계기로 작용했던 것이다. 중국이 북한과 긴밀한 관계를 유지하는 것은 미국과의 관계에서 부담요인으로 작용했다.

이러한 상황에서 북중관계는 작은 악재에도 민감하게 반응했고, 2002년 들어 보다 더 소원해졌다. 그해 3월 중국이 탈북자들의 여러 차례에 걸친 기획망명을 허용해 주면서 양국관계를 긴장시켰다. 한편 김정일 국방위원장은 8월 23일 러시아 극동지역을 방문하고 푸틴 대통령과 정상회담을 가졌다. 이는 다분히 한중관계가 긴밀해지는 것을 견제하려는 고려에서 이루어진 행보였다고 할 것이다. 북한은 러시아와 에너지 협력을 강화함으로써 중국에 대한 에너지 의존을 줄이는 한편, 한반도 종단철도와 시베리아 횡단철도 연결 문제를 논의함으로써 중국을 견제하겠다는 의도를 숨기지 않았다. 2002년 9월 김정일 국방위원장이 고이즈미 일본 총리와 정상회담 개최를 논의함에 있어 중국 대신 러시아 채널을 활용한 것도 북중 간의 관계 악화와 미묘한 상황을 반영한 것으로 보인다. 양국의 이익에 관련된 중요 국제 및 지역사안에 대해 사전 협의 및 통보를 해야 하는 전통을 무시한 것이었다.

10월에는 북한이 신의주 특별행정구 장관으로 임명한 양빈을 중국 당국이 전격 구속하는 일이 벌어졌다. 북한은 양빈을 행정장관으로 임명하면서 중국과 사전에 협의하지 않았는데, 이것이 중국의 심기를 불편하게 만들었다고 알려졌다. 중국이 북한에 양빈을 특구장관으로 임명해서는 안 된다는 점을 분명하게 밝혔음에도 불구하고 북한은 중국의 요청을 무시하고 특구장관 임명을 강행했다는 것이다. 북중 갈등이 표면화된 계기였다.

신의주를 특별행정구로 지정하고 양빈을 신의주 특별행정구 초대 장관으로 임명한 것은 모두 김정일의 결정[88]이었다. 김정일이 2000년 5월과 2001년 1월 두 차례에 걸쳐 중국을 방문했는데, 특히 김정일은 2001년 1월 중국 개혁개방의 성공지역이면서 경제개혁의 상징인 상해를 시찰[89]하고 상해의 발전상에 대해 "천지개벽"이라고 높이 평가[90]했다. 신의주 특별행정구 지정은 7·1조치와 함께 김정일이 상해 방문 후에 추진한 개혁개방 정책의 대표적인 프로젝트라고 할 수 있었다.

김정일은 2002년에 이미 양빈을 두 차례 만나 장관직을 수행해 줄

[88] 『로동신문』(1995.4.29.)에 따르면 김정일은 이미 1975년 4월 27일 신의주를 현지지도했다. 신의주는 김일성의 교시에 따라 이미 1984년부터 개발되기 시작했다. "신의주시를 현대적인 도시로 더욱 알뜰히 꾸리자," 『로동신문』, 1984년 3월 29일자 이후 남신의주 건설에 대한 기사가 계속 나타난다.

[89] 2001년 1월 상해방문은 탐색 수준을 넘어서 김정일이 개혁 선택을 굳힌 상태에서 권력층과 실무관료들에게 공감대를 형성할 목적으로 이루어진 것으로 보인다. 김정일은 동 상해방문에 핵심간부 수십 명과 경제실무 관료 20여명을 대동하였고, 일선 간부들을 대상으로 '상해의 비약적 발전 경험'을 강연하도록 하였고 주민들에게도 자신의 방중결과를 적극 홍보하였다. 한기범, "북한 정책결정과정의 조직행태와 관료정치: 경제개혁 확대 및 후퇴를 중심으로(2000~09)," 경남대학교 대학원 정치학 박사학위논문(2009), 116쪽.

[90] "김정일동지께서는 상해시를 참관하시고 그 전날의 상해시의 모습은 찾아 볼수 없게 현대적으로 변모되었다고 하시면서 상해시에 일떠선 웅장한 고층건물들과 화려한 주택들, 강력한 공업기지와 편리한 교통망들 그리고 최첨단과학연구기지와 금융, 문화, 후생시설들은 모두다 중국 력사에 남을 위대한 창조물이며 중국인민의 재능과 힘의 과시로 된다고 말씀하시였다. 세계가 놀라운 시선으로 바라보고 있는 상해는 천지개벽되었다고 하시였다." 『조선중앙년감』, 2002, 219쪽.

것을 요청한 상태였다. 9월 24일에 신의주 특별행정구 장관 취임식이 평양 만수대 의사당에서 거행되었다. 김영남 최고인민회의 상임위원장이 양빈에게 직접 임명장을 수여했다. 이 자리에는 양형섭 부위원장, 김영대 부위원장과 함께 상임위원들도 참석했다. 하루 전날인 23일 북한 정부는 특별행정구로 지정된 신의주를 동북아 지역의 고도로 발달한 경제 중심지이면서 동시에 첨단기술산업, 항구가공업, 유통업, 금융업과 관광업을 지주산업으로 하는 국제화 지역으로 육성하겠다는 담대한 비전을 마련하여 '신문공고'[91]를 통해 최초로 외신기자들에게 공표했다. 북한 측에서 신의주 특별행정구와 양빈을 매우 비중 있게 다루고 있음을 암시하는 대목이었다. 김정일이 직접 결정한 신의주 특별행정구가 중국의 방해로 좌초됨에 따라 북한의 중국에 대한 불만이 적지 않았을 것으로 보인다.

---

[91] "조선민주주의인민공화국 정령(政令)에 근거해 신의주시 및 그 주변지역을 특별행정구로 지정한다. 특별행정구는 독립된 입법권과 사법권 및 행정관리권을 부여받으며, 국제적으로 통용되는 관리체제와 경제체제를 시행하며 중앙정부는 이를 간섭하지 않는다. 조선 최고인민회의는 '신의주 특별행정구 기본법'을 제정했으며 네델란드 국적의 중국인 양빈 선생을 특구 장관으로 임명하고 신의주 특별행정구 준비위원회 설립과 특별행정구 정부 설립을 수권했다. (중략) 신의주의 발전목표는 동북아 지역의 고도로 발달한 경제중심지가 되며 동시에 첨단기술산업 항구가공업 유통업 금융업과 관광업을 지주산업으로 하는 국제화 지역으로 발돋움하는 것이다. 신의주 특별행정구는 고도로 자유화된 경제무역 체제를 시행하며 세계인의 출입국 및 화물유통과 자금의 자유로운 출입을 보장한다. 세금특혜 정책을 통해 투자자들의 경제적 이익을 도모하며 특별행정구 기본법이 규정한 투자자의 권익을 법적으로 보장한다. 특구정책은 50년 간 변하지 않으며 50년 후 투자자들의 기존 이익은 여전히 조선 정부의 보호를 받는다. (중략) 신의주 특별행정구의 설립과 건설은 조선반도의 평화와 안정에 유리할 것이며, 동북아 지역의 평화와 안정에 유리할 것이며 또한 세계의 평화와 안정에 유리할 것이다. 신의주 특구의 경제 번영은 주변지역 나아가 세계의 경제발전에도 중요한 기여를 할 것이다. 세계 각지의 벗들과 투자자들이 신의주 특구에 투자 또는 상업활동에 종사하는 것을 환영하며 신의주 번영과 아름다운 내일을 공동 개척하기를 진심으로 바란다." 관산(황의봉·정인갑 역), 『김정일과 양빈』(고양: 두우성, 2004), 321~323쪽.

한편, 9·11테러를 계기로 미중관계가 개선되면서 중국은 안정적인 대미관계에 초점을 맞추었다. 중국은 미국과의 충돌을 피하고 미국으로 하여금 자신의 이익을 존중하도록 유도하는 동시에 미국이 힘의 우위를 바탕으로 자신의 의지를 강요하려는 가능성에 대비해 세계 여러 나라들과 전략적 동반자관계를 형성하고 지속적인 경제발전을 추진했다. 중국이 대미관계에서 자제력을 가지고 대응함에 따라 미중관계는 미국에 의해 주도되었으며 중국의 대미정책은 반응적이고 온건한 기조를 유지했고, 중국의 대북정책은 이러한 대미관계 속에서 전개되었다.[92]

미중관계를 의식한 중국은 2002년 10월 제2차 북핵위기를 계기로 북한 핵문제에 대한 기존의 방관자적 자세를 탈피하고 적극적으로 참여하는 쪽으로 방향을 선회했다. 북핵문제는 미중관계와 북중관계 협력과 갈등의 새로운 요인으로 등장했으며 북핵문제는 중국의 동북아전략의 중요한 과제로 되었다. 미국 부시행정부는 경제제재를 포함한 대북제재가 중국의 도움 없이는 한계가 있다고 판단하고 중국이 북핵문제 해결에 적극적으로 개입하도록 만들었다. 또한 미국은 북핵문제를 계기로 동북아지역 정세 변화의 주도권을 장악하려고 의도했다. 반면 중국으로서는 미국과의 관계 개선을 통해 '중국위협론'을 불식시키는 동시에 안정적인 국제환경을 조성하여 경제발전에 매진하려는 '화평굴기(和平崛起)' 전략의 견지에서 북핵문제에 대한 관여를 강화했다.[93] 중국은 남북화해와 긴장완화가 먼저 선행되고 한반도의 '항구적' 평화를 미국과 중국이 보증하는 한반도 문제 해

---

92) 박용국, "북·중관계 재정상화 성격 연구," 성균관대학교 일반대학원 정치학 박사학위
   논문(2013), 123쪽.
93) 박용국, 앞의 논문, 110쪽, 119쪽.

결 구도를 가장 선호해 왔다.[94]

한편, 북한은 기본적으로 한반도 문제에 대한 중국의 영향력을 탐탁지 않게 생각하고 있었다. 북한은 한국으로의 흡수 통일도 두려워하지만 중국에 종속화되는 것도 바라지 않는다. 북한의 이러한 입장은 한반도 평화체제의 당사자 문제에서 잘 나타난다. 북한은 1990년대 중반 4자회담에 응한 바 있으나, 중국의 평화협정 내지는 평화체제 참여를 꺼려 한다고 볼 수 있다.[95] 즉 북한은 한반도에 국한된 제한된 핵 억지력을 보유하고 미국과 전략적인 관계를 설정하게 되면 불리한 남북 군사균형을 일거에 역전시켜 한국에 의한 흡수통일을 방지하고 미중 간 세력균형적 대립 구도하에서 자국의 전략적 위상을 제고시키는 '생존의 정치적·심리적 안전판'을 마련할 수 있다고 판단한 것처럼 보인다. 이런 차원에서 북한은 '북한문제 해결을 위한 다자기제의 등장을 원치 않았다. 다자기제의 공고화는 대북 관리체제의 등장만을 의미하는 것이었기 때문이다. 바로 이러한 북한의 전략적 의도에서부터 북중관계의 딜레마가 출현했던 것이다.[96]

이 시기 정상 및 고위급 상호방문 내역을 살펴보면, 아래 〈표 4-16〉에서 보듯이 2001년에는 김정일과 강택민이 상호방문을 통한 정상회담을 개최했다. 그해 9월 강택민의 방북 이후 양국 간 장관급 이상 수준의 고위급 방문이 중단되는 점이 주목된다. 2002년에는 상호 한 차례씩 방문을

---

94) 최명해, "북한의 2차 핵실험과 북·중 관계,"『국방정책연구』, 제25권 제3호(2009년 가을), 124쪽.

95) 윤덕민, "미·중관계와 북한문제: 미·북·중 3각 관계를 중심으로," 외교안보연구원, 『동아시아 정세 변화와 한국 외교 과제』(서울: 늘봄플러스, 2008), 177~178쪽.

96) 최명해, 앞의 글, 124쪽.

주고받는 데 그친다. 중국 측에서는 증경홍(曾慶紅) 당정치국위원 겸 북경시 당서기가 북한을 방문하고, 북한 측에서는 양형섭 최고인민회의 상임부위원장이 중국을 방문한다. 이는 2000년대에는 매우 이례적인 경우이며, 그만큼 양국관계가 소원해지고 냉각되었고 결박이 불안정한 상태임을 반증하는 것이라고 할 수 있다. 2003년에는 정상방문은 없었지만 각각 세 차례씩의 상호방문을 주고받음으로써 평균적인 수준은 유지했다.

〈표 4-16〉 제2차 북핵위기 전후의 북중 정상 및 고위급 상호방문 내역

연도	중국 → 북한	북한 → 중국
2001	· 강택민(江澤民) 당 총서기 · 왕가서(王家瑞) 당 대외연락부장 · 증경홍(曾慶紅) 당 조직부장 · 강춘운(姜春雲) 당 정치국위원 겸 전인대부위원장	· 김정일 국방위원장 · 김윤혁 최고인민회의 비서장
2002	· 증경홍(曾慶紅) 당 정치국위원 겸 북경시 당서기	· 양형섭 최고인민회의 상임부위원장
2003	· 전기침(錢其琛) 부총리 · 서재후(徐才厚) 인민해방군 총정치부 주임 · 오방국(吳邦国) 전인대 상무위원장	· 최태복 최고인민회의 의장 · 김영남 최고인민회의 상임위원장 · 조명록 국방위 제1부위원장

출처: 히라이와 슌지(이종국 역), 『북한·중국관계 60년』(서울: 선인, 2013), 462~464쪽 참고하여 작성.

앞서 지적한 대로 결박이 불안정하면서 그에 대한 보상도 감소하는 모습을 보인다. 2001년까지 가파르게 증가하던 교역이 〈표 4-17〉에서 보는 바와 같이 2002년 들어 미약하나마 감소세로 돌아선다. 비록 작은 감소세지만 2000년 이후 비약적으로 증가하던 추세에 비추어보면 결코 무시할 수 있는 수준은 아니라고 할 수 있다. 특히 중국의 대북한 월별 수출이

2002년에는 전년 대비 마이너스 성장률을 기록하는 달이 대부분이다. 중국이 북한에 대한 원유 수출은 29.7%, 쌀 수출은 24.9% 감소시키는 등 전략물자 수출을 대폭 줄이는 것이 주목되는 부분이다.

〈표 4-17〉 제2차 북핵위기 전후의 북중교역 추이 (단위: 만 달러)

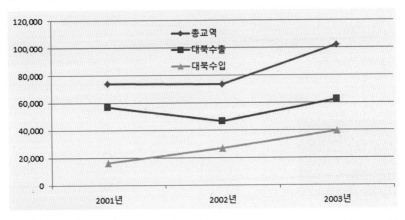

연도	2001	2002	2003
총교역	73,986	73,817	102,292
대북수출	57,313	46,731	62,758
대북수입	16,673	27,086	39,534

출처: KOTRA, 『북한의 대외무역동향』 각 연도.

한편, 2002년 남북교역은 〈표 4-18〉에서와 같이 전년 대비 59.3% 증가하고, 한국산 물품의 북한으로의 반출도 63.2% 급증한다. 그해 6월 서해교전 등으로 남북 간 갈등이 고조되었음에도 한국은 북한에 40만 톤의 쌀을 차관 형식으로 지원한다. 남북교역이 북중교역을 대체하거나 보완하는 역할을 했다고 볼 수 있을 것이다.

〈표 4-18〉 제2차 북핵위기 전후의 남북교역 추이 (단위: 만 달러)

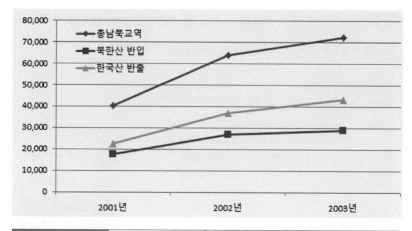

연도	2001	2002	2003
총 남북교역	40,296	64,173	72,422
북한산 반입	17,617	27,158	28,925
한국산 반출	22,679	37,015	43,497

출처: 통일부, 『2004년 통일백서』, 170쪽.

2) 제2차 핵실험 이후: 결박 강화와 보상 증대로 경제관계 급진전

2009년 4월 북한이 미사일을 시험발사하고 이어 5월에는 제2차 핵실험을 감행한 데 대해 중국은 거세게 비난하면서 국제사회와 함께 대북제재에 참여해 북한을 압박했다. 이로 인해 북중관계는 다시 한 번 냉각되었다.

그러나 대북제재에 지속적으로 동참하기를 원하는 국제사회의 기대와는 달리 중국은 2009년 북한의 제2차 핵실험을 계기로 대북정책을 전환했다.[97] 중국은 북한이 제2차 핵실험을 강행했음에도 불구하고 대북 압박

정책을 시행하는 대신 오히려 대북지원을 확대했다.

중국이 이와 같은 대북정책 전환을 추진하게 된 배경은 다음 몇 가지로 정리해 볼 수 있을 것이다. 첫째, 2002년 제2차 북핵위기 이후 2006년 북한의 제1차 핵실험 시까지 중국이 견지했던 '대미 협력적 중재' 정책이 실패한 데 따른 학습효과라고 할 수 있다. 제2차 북핵위기 개입 과정에서 중국은 '확고부동한 목표를 세워, 성과를 공고히 하며, 적극적으로 중재해 착실히 추진한다(堅持目標, 鞏固成果, 積極斡旋, 隱步推進)'라는 16자방침으로 북핵문제 해결에 대한 중국의 강한 의지를 표현했다. 북핵문제는 6자회담의 틀 내에서 자신이 '중재'하는 한편, 북한문제에 대해서는 북중 정상 교류 등 양자구조에서 '협력'하는 '압력'과 '매수' 방식을 병행하여 두 문제의 균형을 유지하면서 조정하고자 했다. 그러나 2006년 북한의 제1차 핵실험 등 일련의 사태는 이러한 중국이 의도와 정책이 쉽지 않다는 것을 보여주었다.[98]

그 당시 미중관계는 중국이 미국의 이해상관자로 격상될 만큼 협력

[97] 2009년 7월 15일 중국공산당 중앙 외사영도소조(外事領導小組, 조장: 호금도 총서기) 회의가 개최되었고, 며칠 후인 17~20일에는 북경에서 재외공관장회의도 개최되었다. 이 기간 동안 당정과 외교부의 주요 정책결정자들이 참석하는 '중국의 대북정책 관련 내부회의'를 개최하여 중국의 대북정책의 전략적 조정이 있었다고 한다. 한국의 일부 북한연구자들은 당시 외사영도소조회의에 한반도 관련 전문가 60여 명이 참석했으며, 이 회의를 통해 2차 북핵실험 이후 중국의 대북정책을 한반도 비핵화에서 안정화로 무게중심을 이동했는데, 첫째 대북제재는 상황을 악화시킨다. 더욱이 제재를 통하여 북핵문제를 해결할 수 없다. 둘째 북핵문제를 북한문제로부터 분리하고, 문제의 근원은 북핵문제로 접근해야 하는 것이 아니라 북한문제로 접근해야 한다. 즉 북한문제는 경제회생을 통해 해결해야 한다. 그러므로 북핵문제를 강압적으로 해결하기보다는 북중경제협력을 통해 북한경제를 회복시키면서 동시에 북핵문제의 해법을 찾고 있다. 김정일과 호금도 및 김정일과 온가보 회담에서 일정 정도 공감하였다고 주장한다. 박종철, "중국의 대북 경제정책과 경제협력에 관한 연구," 『한국동북아논총』, 제62호 (2012), 83쪽.

[98] 박용국, 앞의 논문, 124쪽.

적인 분위기였다.[99] 이런 이유로 중국은 정직한 중재자라기보다는 미중 관계 개선을 위해 북핵문제를 활용하고자 했다. 그러나 대미 공조를 통해 북핵·북한문제를 해결하려했던 중국의 대북정책은 미북관계가 급속히 진전되면서 대북 동맹안보의 딜레마에 빠졌다. 제1차 핵실험 이후 중국과 북한 간 갈등이 심화된 반면 미국과 북한은 2007년 '2·13합의'와 '10·3합의'를 이끌어냈고 2008년 10월에는 양국이 '테러지원국' 해제에 합의했다. 북한의 대중 견제정책에 의해 북핵문제 해결 과정에서 상대적으로 배제된 중국은 미북관계 개선과 북중관계의 조정이 비대칭적으로 발생해 대북정책의 딜레마에 직면했다. 결국 중국은 대미 공조를 통한 북핵 '중재'는 '양날의 칼'처럼 효과적인 방식이 아니었다는 점을 인식하는 한편 미국이 변하지 않으면 중국이 먼저 움직이지 말아야 한다는 것을 체득했다.[100]

둘째, 2009년 북한의 제2차 핵실험 이후 서방국가들의 대북제재 강화 움직임과 함께 한국정부의 대북 강경책 등으로 북한의 고립이 심화되고 체제 불안정성이 증대되었기 때문이다. 미국 등 6자회담 참가국들은 정상 또는 정부 공식성명을 통해 북한의 도발적 행위를 강력하게 비난하고 한반도와 동북아에서 핵실험이 미칠 안보적 긴장 고조에 대한 우려를 표명했다. 미국은 오바마 대통령이 핵실험 당일인 5월 25일 직접 북한의 핵실험은 "국제 평화와 안보에 대한 위협"을 가하고 있으며, "북한의 고립을 심화시킬 뿐만 아니라 국제사회의 압력을 초래할 것"이라고 말해 북한에 강력한 제재를 부과할 방침임을 시사했다. 일본은 북한의 핵실험 직후 총리

99) 박형준, "중국의 대북정책 결정 요인과 영향력 연구: 북한 핵실험을 중심으로," 동국대학교 대학원 북한학 박사학위논문(2015), 174쪽.
100) 박용국, 앞의 논문, 123~125쪽.

실 위기관리센터에 대책실을 설치하고 아소 다로 총리가 주재하는 안전보장회의를 개최하는 등 발 빠른 행보를 보이면서 새로운 유엔제재 결의안과 함께 독자적인 대북제재 강화 방안을 검토하고 있다고 발표했다. 또한, 6자회담 참가국 이외의 주요 서방국가들도 북한의 핵실험에 심각한 우려를 표명하고 한반도 비핵화를 지지하는 성명을 발표했다. 이에 유엔안보리는 2009년 6월 12일 기존의 대북제재 결의안인 1718호보다 훨씬 강력해진 결의안 1874호를 채택했다. 결의안 1718호가 전문과 17개 조항으로 구성되었던데 비해 결의안 1874호는 전문과 34개 조항으로 세분화되어 제재를 보다 구체화했다.

셋째, 김정일의 중병으로 인해 북한체제의 불안정성이 증대된 것이 중국지도부로 하여금 북한의 미래와 중국의 이해관계에 대해 숙고하게 만들었던 것이다. 2008년 김정일이 뇌졸중으로 쓰러지자 서방세계에서는 북한체제 붕괴론이 급격히 확산되었다. 중국은 1인 절대권력체제인 북한에서 후계자가 확정되지 않은 상태에서 최고지도자가 사망한다면 그 혼란은 매우 클 것으로 예상했다. 이러한 상황에서 중국지도부는 북한체제의 안정이 무엇보다도 중요하며, 이를 위해 북중관계를 강화시켜야 한다는 결론에 도달한 것으로 보인다.[101]

넷째, 한미동맹 강화에 대한 중국의 우려와 불만은 적극적인 대북접근으로 선회하도록 하는 명분을 제공했다. 2008년 5월 한중 정상회담에서 양국은 두 나라의 관계를 '전략적 협력 동반자 관계'[102]로 발전시키는 데

---

101) 이종석, 『2차 핵실험 이후 북한-중국 관계의 변화와 함의』(성남: 세종연구소, 2012), 17~18쪽.

102) 전략적 관계는 양국 간의 교류 협력이 정치, 경제, 사회, 문화, 외교, 안보, 환경 등 모든 영역에 미칠 뿐만 아니라, 양자 관계를 넘어서서 지역 및 전(全) 지구적 차원의 문제에까지 상호 긴밀한 협력을 추구한다는 것을 함축한다.

합의한다. 중국에 있어서 한국이 '전략적 고려 대상'이 되는 이유는 한국의 국력 그 자체에 있다기보다는 한국의 존재가 미중관계에 영향을 미칠 수 있는 무시 못 할 하나의 변수이기 때문이다. 즉 중국은 한국이 대미, 대중 관계에 있어서 균형을 유지해야 한다고 생각했으며, 최소한 한국이 지나치게 미국 편향이 되지 않도록 조절하는 것이 필요하다고 인식하고 있었다. 중국은 특히 한·미·일 삼각동맹관계의 강화가 중국을 견제하는 데 이용되거나 향후 양안관계에서 발생할 수 있는 모종의 위기 상황에 대처하는 협력 기제로 발전할 가능성을 우려했다. 다시 말해 중국은 한국이 중국을 견제하고자 하는 외부세력에 합류하거나 그러한 시도에 편승하는 것을 염려했다. 따라서 중국이 한국과 전략적 관계를 맺은 것은 다분히 '전략적'인 의도를 깔고 있었던 것이다.[103]

그러나 이러한 중국의 의도와는 달리 한국은 이명박 정부 등장 이후 외교정책 노선을 근본적으로 변화시키는데 그 핵심은 기존의 대북관계 중심에서 대미관계 중심으로 전환한 것이다. 즉 과거 남북관계 개선을 최우선시 했던 정책목표가 잘못 되었다는 인식을 바탕으로 보다 중요한 한미동맹 관계가 불필요하게 훼손되었기 때문에 그 복원이 시급하다는 것이었다. 통일에서 안보 위주로의 노선 변화라고 할 수 있었다. 한중 정상회담 직전 한미동맹을 "과거의 역사적 산물"이라고 규정한 외교부 대변인(秦剛)의 발언은 중국이 그 불편한 심기를 우회적으로 드러냈다.[104]

중국지도부는 북핵문제를 북중 양자관계와 분리했고 북한과의 경제

103) 전성흥, "한중 정상회담의 의미와 과제," 세종연구소, 『정세와 정책』, 2008년 7월호, 6쪽.
104) 전성흥, 앞의 글, 5~6쪽.

적 연계를 강화하고 북한을 개혁개방으로 유인하는 방향으로 정책을 재조정했다. 2009년 10월 온가보 총리가 양국 수교 60주년에 맞춰 북한을 방문해 이러한 중국의 대북정책 전환을 김정일에게 알렸다. 김정일－온가보 회담에서 "쌍방은 공동의 관심사로 되는 중대한 국제 및 지역문제들에 대하여 의견을 나누었다"[105]고 발표되었다. 중국은 북한경제의 불안정성 증대, 북한의 국제적 고립 심화, 김정은 후계체제 안착 필요성 등을 감안한 가운데 동북진흥전략을 구현하고, 북한의 개혁개방을 유도하기 위해 북한과 경제 분야 협력과 연대를 강화하기로 합의했다. 양국 정부가 경제관계에 대한 관여를 강화한다는 의미였다.

새로운 북중경협의 중요한 특징 중의 하나는 중국의 대북정책에 대한 전략적 판단에 기초하고 있다는 점이다.[106] 물론 과거에도 북중경협은 단순한 경제관계를 넘어 한반도를 둘러싼 국제정치적 맥락에서 추진되었다. 양국 간의 새로운 차원의 경제협력은 북한의 핵실험과 국제사회의 대북 제재, 북한체제 안정성 등과 직접적으로 연결되어 있다고 볼 수 있다. 실제 북중 양국은 온가보 총리의 방북을 포함해 2009년에 고위급 인사들의 상호교류를 활발히 전개했으며, 양국은 중국의 대북 경제지원,

---

105) 『조선중앙년감』, 2010, 326쪽.

106) 최수영 외, 『중국의 대북한 정책: 영향력 평가와 대응방향』(서울: 경제·인문사회연구회, 2010), 193쪽; 박병광도 호금도 시기에 북중 교역이 급속히 확대되고 특히 중국자본의 북한 진출이 적극화되고 있는 배경에는 중국이 당면하고 있는 여러 가지 대외적인 요인이 작용하고 있고, 아울러 중국의 경제협력을 이끌어내기 위한 북한 측의 필요성과 적극적인 유인도 무시할 수 없지만 무엇보다 중요한 것은 그러한 요인과 상황을 종합적으로 평가하고 결정한 뒤 대북경제협력을 추동하는 중국공산당과 정부의 전략적 판단이 작용하고 있다고 한다. 즉 중국의 대북경제협력은 기업의 수익관점이 강조되는 시장논리보다도 당과 국가지도부에 의한 전략적 판단 요인이 더 크게 작용하고 있다고 한다. 박병광, "후진타오 시기 중국의 대북경제교류 확대에 관한 연구," 김연철 외, 『북한, 어디로 가는가?: 14인의 전문가가 본 북한체제의 변화 전망』(서울: 플래닛미디어, 2009), 402쪽.

경제기술협조, 교육교류협력 등에 관한 협정을 체결하고 상당한 규모의 원조도 제공한 것으로 알려졌다. 이는 북한의 2차 핵실험 이후 취해진 유엔 안보리의 결의 1874호를 사실상 '무력화'시킨 것으로 볼 수도 있다.[107] 중국지도부는 북중경협을 과거의 원조와 교역 중심에서 투자로 확대할 것을 주장했으며, 이는 중국이 의도하는 북중관계의 미래지향적 변화를 담은 전략적 판단을 하고 있다는 것을 보여준 것이었다.[108] 이 회담을 계기로 황금평 및 라선항구 개발, 중국 상무부의 북한 자원의 잠정수치 발표 및 북한과의 양자무역 지지, 신압록강대교 등 북한 변경지역을 연결하는 도로·철도 투자, 중앙급 기업의 북한 광물자원 투자 등이 줄을 이었다.

이와 같은 북중관계의 우호적인 흐름은 2010년 3월 발생한 천안함 사태에서도 입증되었다. 그해 5월 20일 천안함 침몰 원인이 북한이 어뢰라는 조사결과가 나오자 국제사회는 북한에 대한 규탄성명을 내고 한·미·일의 독자적인 제재 외에 유엔 차원의 추가적인 대북제재를 시도하였다. 그러나 중국정부는 5월 27일 천안함 관련 자료를 수집하고 있으며 관련 당사국들이 한반도와 동북아지역의 평화와 안정 유지라는 대국적인 견지에서 냉정하고 적절하게 사태를 처리함으로써 한반도의 긴장을 완화시켜야 한다는 기존 입장을 되풀이했다. 즉 중국은 천안함 사태에도 불구하고 북한과의 관계 강화를 통해 한반도의 안정과 6자회담 재개 노력을 기울였다.

김정일은 2010년 5월과 8월 두 차례에 걸쳐 중국을 방문했을 때 중국

---

107) 최수영 외, 앞의 책, 193~194쪽.
108) 박병광, 앞의 글, 403쪽.

이 북한에 요구한 것은 양국 지도부 간 전략적 소통을 강화하고, 경제 및 무역협력도 강화하는 것이었다. 특히 중국지도부가 북한 도발로 발생하는 한반도 위기 상황에서 북한지도부와 '불통' 상황에 빠지는 현실을 극복하기 위해 북한과 정상적이며 상시적인 대화통로를 갖기를 열망했음을 보여준다. 이러한 전략적 소통 강화와 경제·무역협력 강화를 연계시키면 바로 중국이 전통적으로 북한에 대해 적용해 온 '결박—보상 메커니즘'을 보다 강화하려는 의지를 표출한 것이라고 판단된다.[109]

김정일은 주요 국제 및 지역문제에 대한 상호 협의 및 통보를 원하는 중국의 결박 요구에 응하고 중국이 국가적 사업으로 추진하는 동북3성 진흥계획에 큰 관심을 표명하고 협조를 약속하는 대신, 중국으로부터 김정은 후계체제에 대해 인정받고 후계체제를 안정적으로 정착시키기 위한 차원의 경제적 지원을 얻어냈던 것으로 보인다.

김정일은 2011년 5월 중국을 방문해서 온가보와 개별회담 가졌다. 김정일은 신(新)압록강대교 건설을 예로 들면서 양국 간 경제협력 수준을 격상하자고 제안했고, 이에 대해 온가보는 지방과 기업의 적극적 참여를 유도해 양국 간 경제협력을 상호이익이 되는 형태로 활성화시키자고 화답했다. 김정일—온가보 회담의 구체적인 합의사항이 공개된 것은 없지만 동 회담에서 심도 있는 경제협력 강화방안이 논의된 것으로 추정되는 이유는 미국 중심의 국제제재와 천안함·연평도 사태 이후 남북교역 중단에 따른 북한의 경제난이 심화되었다는 점, 북중 경제협력 규모가 꾸준히 증대하고 있다는 점, 그리고 특히 창지투 개발계획과 연동해 라선개발, 황금평·

---

109) 이종석, 앞의 책, 24쪽; 이재호 외, 『동북아 분업구조하에서의 북중 경제협력: 현황과 전망, 그리고 정책적 시사점』(서울: 한국개발연구원, 2010), 93쪽.

제4장 2000년 이후의 북중 경제관계 233

위화도 개발, 신압록강대교 건설 등 중국이 다양한 접경지역 공동개발사업을 적극 추진하는 상황이었다는 점 등이다.[110]

이 시기 북중 간의 정상회담과 고위급 교류가 활발하게 전개되었다. 김정일의 세 차례 중국방문을 포함하여 아래 〈표 4-19〉와 같이 양국의 당·정·군의 수뇌부가 상호방문을 통한 교류를 활성화했다.

〈표 4-19〉 제2차 북한 핵실험 이후 북중 정상 및 고위급 상호방문 내역

연도	중국 → 북한	북한 → 중국
2009	· 대병국(戴秉國) 국무위원 · 온가보(溫家寶) 총리 · 양광렬(梁光烈) 국방부장	· 최태복 최고인민회의 의장 · 주상성 인민보안상
2010	· 왕가서(王家瑞) 당 대외연락부장 · 주영강(周永康) 당 정치국상무위원 · 곽백웅(郭伯雄) 중앙군사위 부주석 · 대병국(戴秉國) 국무위원	· 김영남 최고인민회의 상임위원장 · 김정일 국방위원장(5월) · 김정일 국방위원장(8월) · 최태복 최고인민회의 의장 · 최영림 내각 총리 · 최태복 최고인민회의 의장
2011	· 맹건주(孟建柱) 당 공안부장 · 이원조(李源潮) 당 조직부장 · 장덕강(張德江) 부총리 · 이극강(李克强) 부총리 · 이계내(李繼耐) 군 정치부 주임	· 김정일 국방위원장 · 양형섭 최고인민회의 상임부위원장 · 최영림 내각 총리
2012	· 왕가서(王家瑞) 당 대외연락부장 · 이건국(李建國) 전인대 상무부위원장	· 김영일 로동당 비서 · 리명수 인민보안상 · 장성택 국방위부위원장

출처: 박용국, "북·중관계 재정상화 성격 연구," 성균관대학교 일반대학원 정치학 박사학위논문(2013), 142~143쪽.

110) 조명철 외, "김정일 위원장의 방중과 북·중 경협 전망," 『KIEP 오늘의세계경제』, Vol. 11, No. 18(2011.6.3.), 3~4쪽.

〈표 4-20〉에서와 같이 2009년부터 2012년까지 3년간 북중 교역은 26억 8,073만 달러에서 60억 1,254만 달러로 두 배 이상에 달했고, 연간 평균 41.4%에 달하는 수준으로 급증했다. 특히 중국의 북한석탄 수입이 급증했다. 2009년 2억 863만 달러 → 2010년 3억 9,040만 달러 → 2011년 11억 4,091만 달러 → 2012년 11억 9,849만 달러로 연 평균 158.2%의 유례없는 수준으로 폭증했다.

이는 북중이 전략적으로 협력 강화의 필요성에 공감하면서 북한은 중국의 정치적 결박에 적극 호응하고 중국이 북한에 대한 교역 및 투자 증대를 통해 보상하면서 경제관계가 크게 도약한 것으로 풀이된다.

〈표 4-20〉 제2차 북한 핵실험 이후 북중교역 추이 (단위: 만 달러)

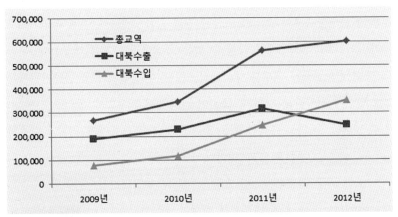

연도	2009	2010	2011	2012
총교역	268,073	346,568	562,937	601,254
대북수출	188,768	227,782	316,518	248,470
대북수입	79,305	118,786	246,419	352,784

출처: KOTRA, 『북한의 대외무역동향』 각 연도.

3) 습근평 집권기: 결박 약화와 보상 감소로 경제관계 조정국면

2011년 12월 17일 김정일 사망으로 북한에서는 김정은 체제가 출범했고, 중국에서는 이듬해인 2012년 11월 제18차 당대회를 통해 습근평 지도부가 구성되었다. 중국에 새로운 지도부가 출범한 직후인 그해 12월 북한은 중국에 통보하지 않고 장거리 로켓을 발사했으며, 이듬해인 2013년 2월 12일에 제3차 핵실험을 감행했다. 이어서 3월에는 핵·경제개발 병진노선을 선언했다.

3월 7일 유엔은 북한의 제3차 핵실험에 대해 대북제재 결의안 2094호를 채택했다. 중국은 결의안 2094호의 대부분 규정을 의무 및 촉구사항으로 격상시키는 데 동의했다.[111] 특히 중국은 미국이 요구한 금융제재 의무화에 동의함으로써 결의를 위반한 자국 금융기관들에 대해 미국이 2차 제재(secondary boycott)를 가할 수 있는 국제법적 근거를 제공했다. 북한의 불법 금융거래는 대부분 중국에서 이루어지고 있어 중국 금융기관들은 2차 제재에 취약한 상황이다. 중국이 금융제재 의무화에 동의한 것은 스스로 벗어날 수 없는 족쇄를 채운 것이고, 그만큼 대북제재 의지가 단호하다는 사실을 보여주고 있는 것이다.[112]

또한 중국 외교부는 3월 교통운수부, 은행업관리감독위원회, 해관총서, 변방부대 등에 유엔 대북제재 결의안 2094호를 엄격히 집행하라고 요청하는 협조 공문을 보냈다. 공문을 받은 교통운수부 등 관련 부처·기관

---

[111] 최명해, "2013 북중관계 동향과 향후 전망," 국립외교원 중국연구센터, 『2013 중국정세보고』(2014), 206쪽.

[112] 임수호, "북한 3차 핵실험 이후 동북아정세와 남북관계," 『수은북한경제』, 2013년 봄호, 65쪽.

은 다시 각자의 산하 기관에 이 같은 내용의 지시문을 내려 보냈다. 지시문은 안보리 결의안 2094호의 내용과 취지를 설명하면서 이를 엄격히 준수하라는 내용으로 구성돼 있다. 이를 바탕으로 중국 당국이 세관 통관 검사 강화, 국경 밀무역 단속, 북한 은행들의 불법 환치기 영업 중단 등 조치에 나서면서 그동안 편법·불법 거래 관행에 의존했던 북한의 각종 물자 수입이 감소하는 결과를 낳았다.[113]

중국이 이러한 압박 위주의 대북정책을 취한 배경에는 습근평의 리더십이 작동했다는 분석이 있다. 중국의 정책결정 특성상 리더십이 교체되어도 정책의 지속성과 연속성을 고려해 전임 지도부의 정책이 일정부분 계승되는 것이 일반적이다. 제2차 핵실험 이후 호금도 지도부는 북한의 전략적 가치를 감안해 양국 정상 방문, 고위급회담 개최 등 정치적·인적 교류를 활성화 했으며 경제원조 및 협력을 통한 경제교류도 강화해 나갔다. 반면에 습근평 체제하에서 이와 반대로 대북 압박정책이 전개되고 있는 것은 그만큼 습근평이 북한의 핵실험을 불쾌하게 생각했을 가능성이 크다. 습근평 체제 출범 직후 북한이 핵실험을 한 것은 습근평 면전에서 핵실험을 한 것이나 다름없는 행위였다. 이에 습근평의 불만은 최고조에 달했고, 나아가 책임대국의 이미지를 강화해 나갔던 중국의 체면에 손상을 입힌 아주 '괘씸'한 행위로 간주되었다. 그러한 불만이 대북 압박정책으로 표출된 것으로 볼 수 있다. 습근평의 북한에 대한 부정적 인식과 우려는 제3차 핵실험 이후 지재룡 대사를 수차례 초치해 엄중 경고하는 한편, 제3차 핵실험이 한반도 긴장 국면을 과거와는 비교할 수 없을 정도의 새로운 양상으로 끌어올릴 수 있다는 점을 지적하면서 북한 지도부가 '올바

---

113) "중국, 안보리 대북제재 엄격 집행 지시,"『연합뉴스』, 2013년 4월 29일.

른 선택'을 할 것을 강력히 권고했다는 점에서도 확인할 수 있다.114)

습근평 정부는 미중관계의 새로운 발전 모델로 '신형대국관계'를 제시하는 한편 한국과도 '전략적 협력 동반자관계'에서 '성숙한 전략적 협력 동반자관계'로 격상시키는 등 한미와의 협력관계를 강화했다. 이는 중국이 북핵문제가 국제정세 불안정 요인이 될 뿐만 아니라 이로 인해 중국의 대외환경이 복잡해질 것으로 인식했으며, 한미일 동맹 강화, 미사일방어체제(MD) 구축과 일본의 우경화 등을 촉진시켜 중국의 국익을 훼손하는 상황이 전개될 가능성이 크다고 판단했기 때문이다. 아울러 중국이 미국과의 관계에서 변화를 모색한 것은 동아시아에서 강화되고 있는 미국의 대중국 견제를 미중 협력관계를 통해 상쇄시키고, 단계적으로 중국 주도의 새로운 동아시아 협력관계를 구축하고자 했기 때문이다. 이러한 이유로 중국은 한미와의 협력을 통한 관리자 역할을 선호했다.115)

이에 북한은 최룡해 특사를 중국에 파견해 양국 간의 입장 조율을 시도했고 중국 측의 한반도 위기 조성 행위 중단 요구를 수용했다. 이 자리에서 북한이 비핵화 의지와 6자회담 참여 의사를 표명한 것으로 알려졌다.

최룡해 특사의 방중을 앞두고 『환구시보(環球時報)』는 "북한 특사가 어떤 목적을 가지고 오든 중국은 그동안의 대북 입장에서 물러서서는 안 되며 평양에 대한 필요 압력을 유지해야 한다."고 강경한 입장을 보였다.116) 중국은 7월 말 리원조(李源潮) 국가부주석을 북한에 파견하여 김정

114) 박형준, "중국의 대북정책 결정 요인과 영향력 연구," 동국대학교 대학원 북한학 박사 학위논문(2015), 226쪽.

115) 박형준, 앞의 논문, 226~227쪽.

116) "社評: 金正恩特使来访, 中国应坚守立场," 『環球時報』, 2013년 5월 23일, http://opinion. huanqiu.com/editorial/2013-05/3961277.html(검색일: 2018년 12월 15일).

은과의 면담을 통해 습근평의 구두친서를 전달하고 김정은으로부터 6자회담 지지 발언을 이끌어냈다. 이와 같이 중국은 제재와 대화의 병행을 통해 북한과의 전략적 소통을 복원하는 가운데 북한의 6자회담 참여를 유도했다.[117]

2014년에는 양국 간 당과 정부의 고위급 교류 자체가 중단되는 등 정치적 냉각이 심화되었다. 중국정부는 북중관계를 국가이익에 기반을 둔 '정상적 국가관계'로 전환한다는 목표하에서 북한의 행보에 좌우되지 않고 중국이 주도권을 잡고 북중관계를 재정립해야 한다는 기조를 일관되게 유지했다. 이러한 중국의 전략적 의도를 보다 분명하게 북한에 전달하기 위해 정치적 색채를 배제한 실무 차원의 외교적 소통을 해나갔다. 특히 중국은 북한이 6자회담에 복귀해야 관계를 복원하겠다는 입장이었고, 이에 대해 북한이 강경하게 반발하면서 양국관계의 경색국면이 예상보다 장기화되었다.

그러나 2015년 들어 중국은 대북관계에서 강경기조를 완화하는 모습을 보였다. 『환구시보(環球時報)』는 8월 22일자에서 남북간 군사적 긴장이 고조된데 대해 "북중관계가 현재 상대적으로 미묘해 한반도 분쟁을 외부에서 조정하기가 쉽지 않을 것이라는 우려도 나오고 있다. 미국이 한국 편을 들고 있을 때 중국이 적극 나서야 한반도 조정에 진공이 생기지 않을 것이다."라는 사평을 실어 경색된 북중관계를 우려했고[118], 이어 9월 15일자에서는 북한이 핵능력을 고도화하고 있는 것과 관련하여 "북중 새 지도

---

117) 전병곤, "정치외교관계," 이기현 외, 『한중수교 이후 북중관계의 발전: 추세분석과 평가』, 35~36쪽.

118) "社评: 半岛冲突若升级, 朝韩最遭殃," 『環球時報』, 2015년 8월 22일, http://opinion.huanqiu.com/editorial/2015-08/7334769.html(검색일: 2018년 12월 15일).

자가 취임 이후 만나지 못한 것은 분명히 '비정상'이다. 이와 함께 북중 간에는 의사소통 채널이 잘 되어 있고, 의식적으로 적절한 시기에 상대방에게 호의와 우의를 표하고, 핵 문제에 있어서도 의견 차이가 있지만 양국의 우호관계는 확고하며, 이를 유지하는 것이 중요하다는 것을 알게 되었다."라는 사평을 실어 북중 간 전략적 소통 채널이 복원되어야 한다는 입장을 보였다.[119]

이에 향후 불확실성 예방 등의 차원에서 북중관계 회복 필요성을 절감한 중국은 2015년 10월 북한로동당 창건 70주년 기념식에 습근평 집권 이후 처음으로 권력서열 5위의 최고위급 인사인 류운산(劉雲山) 정치국 상무위원을 북한에 파견해 당 대 당 교류 등 북중관계의 복원을 시도했다. 그러나 그해 12월 북한 모란봉 악단의 갑작스런 북경공연 취소와 2016년 1월 북한의 제4차 핵실험 등의 악재가 겹치면서 북중관계는 다시 경색국면을 맞았다.

중국은 제4차 핵실험 당일 지재룡 대사를 초치해 항의하는 한편, 북한의 핵실험을 규탄하는 외교부 성명을 발표했다. 이어서 중국은 3월 2일 유엔안보리 대북제재 결의안 2270호에 찬성하였고, 4월 5일에는 그 구체적 이행조치로서 대북 수출입을 금지하는 25개 품목을 발표했다. 또한 6월 14일에는 40여 개 품목과 기술을 새로 추가한 '대량살상무기 및 운반도구와 관련한 이중 용도 품목 및 기술의 북한 수출 금지' 목록도 발표했다. 이러한 중국의 적극적인 대북제재 조치는 국제사회의 규범을 준수하는 책임대국 이미지를 구축함으로써 국제사회에서 제기하는 '중국책임론'에서

119) "社评: 朝鲜发卫星恢复核设施是恶性循环," 『環球時報』, 2015년 9월 15일, http://opinion. huanqiu.com/editorial/2015-09/7496616.html(검색일: 2018년 12월 15일).

벗어나는 한편, 북한의 6자회담 복귀를 유도하기 위한 것이었다고 할 수 있다.[120]

중국은 책임대국으로서 국제사회의 대북제재 공조 움직임에 동참해야 하고 대북제재가 일정 부분 강화되어야 할 필요성에는 공감했지만 김정은 체제의 안정을 흔들지 않는 선에서 제재 강화 수위를 찾기 위해 고심하는 모습이었다. 중국이 이렇게 고민을 거듭했던 이유는 근본적으로 북핵문제를 북중관계 또는 중국의 한반도 전략하에서 보지 않고 동북아에 존재하는 미중의 전략적 경쟁 구도의 틀에서 접근했기 때문이다.[121]

김정일-호금도 시기의 북중관계와 비교할 때 김정은-습근평 시기의 양국관계에서 나타나는 가장 큰 차이는 바로 양국 간 전략적 소통 채널의 단절 또는 부재라고 할 수 있다. 아래 〈표 4-21〉에서와 같이 이 시기 양국 정상회담은 한 차례도 열리지 못하며, 고위급 교류도 연 1회 수준에도 미치지 못하고 2014년에는 고위급 교류 자체가 완전히 중단된다. 특히 2013년 12월 북중 경제협력을 총괄했던 장성택의 숙청은 그나마 유지되던 북중 소통 채널과 경제협력의 약화를 가속화시켰다.[122]

시진핑 시기 중국의 대북 의사소통은 보다 세분화되고 실무적인 모습으로 변화되는 양상이다. '특사 파견'과 같이 최고지도자와 관련된 특수한 사안에 있어서는 여전히 당 채널을 통해 진행했지만 '전략대화'를 포함한 전반적인 정치적 교류는 공식적 실무 차원을 통해 중국의 전략의도를 명확히 표명하는 방향으로 의사소통이 추진되었다.[123]

---

120) 전병곤, 앞의 글, 40~41쪽.

121) 김한권, "4차 핵실험과 대북 경제 제재에 대한 중국의 전략적 고민," 『KDI 북한경제리뷰』, 2016년 2월호(2016), 32쪽.

122) 전병곤, 앞의 글, 37쪽.

〈표 4-21〉 습근평 집권기 북중 정상 및 고위급 상호방문 내역

연도	중국 → 북한	북한 → 중국
2013	· 이원조(李源潮) 국가부주석	· 최룡해 당정치국 상무위원 겸 인민군 총정치국장
2015	· 류운산(劉雲山) 당정치국 상무위원	· 최룡해 당정치국 위원
2016	-	· 이수용 당 중앙정무국 부위원장

출처: 외교부, 『2017 중국개황, 133쪽.

북중교역은 2013년에는 전년 대비 8.8% 늘어났고, 2014년에는 2013년 대비 4.8% 증가한다. 그러나 2015년에는 전년 대비 16.8%의 큰 폭으로 감소한 뒤에 2016년에는 6.0% 반등한다. 앞서 살펴본 바와 같이 북중관계가 호조세를 보였던 2009년부터 2012년까지 기간에 북중교역 증가율이 연 평균 40%를 상회하면서 가파르게 증가했던 것을 감안하면 이 시기에는 증가율이 크게 둔화된 것을 알 수 있다. 북한의 통치자금과 관련된 중국의 북한 석탄 수입은 2013년 13억 7,979만 달러를 정점으로 2014년 11억 3,570만 달러, 2015년 10억 4,979만 달러로 감소세를 유지하다가 2016년 11억 8,094만 달러로 약간 반등하는 모습을 보였다.

2013년 북한의 제3차 핵실험으로 안보리 제재 결의안 2094호가 시행되었음에도 북중교역이 증가한 것은 제재로 인해 북한의 대중국 의존이 심화된 측면과 함께 대북제재를 성실히 이행한다는 중국 중앙정부의 대외적인 약속과는 달리 중국 지방정부의 제재 불이행 등으로 북중교역이 크게 위축되지 않은 데 따른 것으로 보인다. 핵실험 등으로 중국의 북한 결박이 제대로 이루어지지 못하면서 보상도 감소하여 경제관계가 잠재력을 발휘하지 못하고 조정국면을 맞았다고 할 수 있다.

123) 최명해, 앞의 글, 205쪽.

〈표 4-22〉 습근평 집권기 북중교역 추이 (단위: 만 달러)

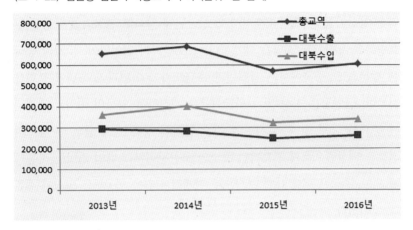

연도	2013	2014	2015	2016
총교역	654,653	686,399	571,040	605,644
대북수출	291,362	284,148	248,394	263,440
대북수입	363,291	402,251	322,646	342,204

출처: KOTRA, 『북한의 대외무역동향』 각 연도.

제3절 '결박-보상 메커니즘' 강화를 위한 정부의 역할

1. 북중 공생을 위한 '전략적 경제관계' 형성

1) 중국 중앙정부: 전략적 북한 관리 및 대북 경제관계 구축

중국은 2000년대 들어 북한과의 관계를 개선하는데 초반에는 '전통계
승, 미래지향, 선린우호, 협력강화'라는 양국관계 발전방침(16자 방침)에

입각해서 김일성 생전의 친밀했던 북중관계 수준으로 복원하는 데 초점을 맞춘 양상이었다. 특히 1990년대에 양국관계 악화로 단절되었던 정상 상호방문을 통한 정상회담을 재개한다. 2006년까지 김정일이 네 차례 중국을 방문하고, 중국에서는 강택민과 호금도가 2001년과 2005년에 북한을 방문한다. 양국은 정상 및 고위급회담을 개최하여 '양국의 이익과 관련되는 중요한 국제 및 지역 사안에 대한 협의'를 통해 상호 협의 및 통보의 전통을 되살림으로써 전통적인 중국의 북한관리 시스템인 결박이 작동하게 되고, 중국은 이에 대한 보상으로 경제적 지원을 제공하는 방식이 재현된 것이었다.

이러한 정치적 측면에 의한 양국 경제관계의 호전 외에도 이 시기에는 중국경제의 급성장과 북한경제의 개혁에 따른 대중국 의존도 심화 등에 따라 양국 간의 교역과 투자가 급증함으로써 경제관계가 도약하는 모습을 보인다.

이러한 양국관계 흐름은 2009년 10월 온가보 중국총리의 방북을 계기로 일대 전환점을 맞는다. 특히 변화된 중국의 대북정책 기조가 2010년 이후 개최된 세 차례의 정상회담을 통해 보다 구체화되는데, 중국의 전략적인 북한 관리 및 북한과의 경제관계 형성이라고 할 수 있을 것이다.

그 당시 중국을 둘러싼 상황을 지역적, 중국 국내적, 북한 내부적 맥락에서 살펴보면, 지역적으로는 미국 오바마 정부의 아시아 중시 정책과 미일 및 한미동맹 강화로 미중 경쟁구도가 격화되는 가운데 천안함 사태로 갈등이 고조되는 국면을 맞았다. 다른 한편으로는 중국은 북핵문제 해결을 위해 미국 주도의 대북한 국제제재에 동참하고 있었다. 중국 국내적으로는 9%대의 경제성장을 지속하면서 경제력을 강화하고 2008년 글로벌 금융위기를 계기로 국제적인 위상이 높아지는 상태였다. 한편

북한 내부적으로는 김정일 중병으로 인해 김정은 후계체제의 안착이 시급한 가운데 북한의 경제난이 가중되어 체제 붕괴의 위험성도 내포하고 있었다.

북한이라는 존재는 중국 입장에서 지역 및 세계 전략의 전위대 또는 교두보로서 유용[124]하며 전략적 관리와 포용의 대상이라고 할 수 있다. 중국은 북핵문제 중심으로 북한을 관리하던 차원에서 벗어나 북핵문제와 북한문제(후계체제)를 분리하여 북핵문제는 6자회담이라는 다자적인 프레임하에서 미국 등 관련국과의 협력을 통해 중장기적으로 해결하는 방식으로 가르마를 타는 한편, 당면과제인 김정은 후계 체제의 조기 안착과 함께 개혁개방을 통한 북한체제의 장기적인 안정성 도모를 위해 북한과의 경제협력을 크게 강화하는 방식으로 선회한다. 이러한 중국의 새로운 대북접근법은 2010년 3월 천안함 사태에서도 유사하게 나타났다. 천안함 사태를 둘러싸고 북한을 제재해야 한다는 국제사회의 입장과는 달리 중국은 온갖 비난을 무릅쓰고 일방적인 북한 감싸기로 일관했다.

2010년 5월 호금도는 김정일과의 정상회담에서 "양당 및 양국 내정 및 외교 중대 사안이 발생할 경우 공동의 사안에 대해 의사소통을 심화한다"와 "국제 및 지역 평화문제에 대한 협의를 강화한다"를 제의했는데, 이는 중국이 북한을 전략적으로 관리하겠다는 의도를 내비친 것으로 볼 수 있다.

한편, 호금도 집권기의 중국은 북한과의 교역 확대와 투자를 중심으로 북한에 대한 개입정책을 보다 적극적으로 추진하겠다는 입장이었다.

---

124) 이정태, "북한 후계체제에 대한 중국의 입장,"『한국동북아논총』, 제60호(2011), 89쪽.

즉 중국으로서는 북한에 대한 전략적 개입을 통해 경제적으로는 자신들의 실리를 분명히 하고 정치적으로는 지역안정의 실마리를 찾고자 했다. 그 결과 과거 현물 및 구상무역 위주였던 북중 경제협력이 이 시기에 들어서 는 대안친선유리공장 건설, 서해안 유전의 공동 개발, 중국기업의 북한 광 산개발 등 '개발지원'의 형태로 변화하고 있다. 또한 북한과의 합작을 통해 자원개발을 포함한 항만건설 등 인프라 건설 사업에 적극 참여했다. 그리 고 이러한 대북경제협력을 실현하는 과정에서 과거와 달리 중국 중앙정부 의 직접적인 개입이 확대되었다.[125]

특히 호금도는 2010년 8월 김정일과의 정상회담에서 양국 간 경제관 계의 새로운 원칙으로 '정부주도(政府主導)'를 제시하는데, 이는 중국이 북 한에 대한 경제협력을 경제적 차원만이 아닌 정치적 고려에 따른 전략적 인 관리 차원에서 추진하겠다는 것을 시사한 것이었다. 즉 정부의 역할을 강조하고 중국정부 주도의 정부계 기업의 투자를 바탕으로 동북3성의 지 방정부와 민간기업이 협력하여 북한의 자력갱생을 목표로 한 경제협력으 로 전환한다는 의미를 내포하고 있다. 중국정부가 대북경제협력에 전략적 으로 개입하여 정부계 대기업이 에너지와 자원 등 분야의 전면에 나서도 록 함으로써 북한경제 재건을 위한 경제협력으로 전환한다는 의미였다. 이는 장기간에 걸친 북중경협의 문제점(특히 신뢰문제)이 부각되면서 중 국의 기업, 특히 대기업들이 북한에 대한 투자와 협력을 꺼리는 상황에서 이들 대기업들의 투자를 권장하기 위해 중국정부의 보증과 협조가 필수적 인 상태였던 것으로 풀이된다.[126]

---

[125] 박병광, 앞의 글, 403~404쪽.
[126] 박종철, 앞의 글, 84~85쪽.

즉 2000년대 들어서도 국유기업들이 투자환경 개선 측면에서 큰 진전이 없던 북한에 대한 투자를 기피하는 상황에서 중국정부가 국가적으로 추진하는 황금평·위화도 특구 등 동북3성 진흥계획이나 경제성장을 위해 필수적인 자원·에너지 확보를 위해 북한에 대한 중국기업들, 특히 대규모 사회간접자본 사업이나 자원개발 사업에 투자할 국유기업들의 투자를 유도하고 참여시키기 위해 각종 투자안전 장치를 마련하기 위한 차원에서 중국정부가 북한정부와 합의한 경제협력 원칙이 '정부주도'나 '정부인도'라고 볼 수 있을 것이다.

2) 북한정부: 북중 접경지역 공동개발 추진

2009년 중국 온가보 총리의 북한 방문을 계기로 북중 간에 '신북중경협시대'를 열어나가기로 합의하게 되는데, 이때 북한이 의도한 것은 기존과 같이 중국과의 교역이나 투자를 확대하는 단순한 수준이 아니라 중국과의 접경지역을 개발함으로써 외자유치의 허브로 만들어 경제도약의 발판을 마련하겠다는 보다 원대한 구상이었던 것으로 보인다.

북한은 2009년 12월에 김정일 위원장이 라선시를 현지지도한 후 한 달 뒤인 2010년 1월에 라선시를 특별시로 승격시키고 중국으로부터의 투자 유치를 위해 진력한다. 북한은 투자 유치를 위한 법·제도 정비 차원에서 2011년 12월 21일에 외국인 투자법, 외국인 기업법, 외국투자기업 및 외국인 세금법, 외국투자 은행법, 외국투자기업 등록법, 외국인 투자기업 파산법·회계법·재정관리법·노동법 등을 개정한다.

김정일이 사망한 지 4일 만에 이루어진 조치였다. 이는 한편으로는 김정일 추모를 기하면서도 다른 한편에서는 외자유치를 위한 활동을 멈추지 않는다는 것을 보여주는 것으로, 북한에게 있어 외자유치가 그만큼 중요하면서도 한시도 늦출 수 없는 절박한 문제로 제기되었음을 시사하는 것이라고 하겠다.[127]

한편, 북한은 2011년 12월 3일 '황금평·위화도 경제지대법'을 제정하고 '라선경제무역지대법'을 개정했다. 이는 북한이 중국정부의 개혁개방 압박 및 중국기업들의 투자환경 개선 요구[128]를 수용하는 차원에서 이루어진 것으로 보인다.

기업의 경영활동과 관련된 조항들을 중심으로 살펴보면, 토지이용권과 건물소유권의 양도, 기업활동의 자유보장 등에서 과거 법률에 비해 큰 진전을 보이고 있다. 기업의 권리가 구체적으로 명시되고 기업에 대한 정부의 불법적 간섭 배제가 강조되는 등 과거보다 크게 진일보 했다. 첫째, '경제지대에서 기업은 유효기간 안에 토지리용권과 건물소유권을 매매, 교환, 증여, 상속의 방법으로 양도하거나 임대, 저당할 수 있다'(라선경제무역지대법 제19조, 황금평·위화도 경제지대법 제20조)고 명시했다. 과거 '개성공업지구법'(2003)이나 '라선경제무역지대법'(2010) 등에는 없었던 조항을 신설한 것이다. 둘째, '기업은 규약에 따라 경영 및 관리질서와 생산계획, 판매계획, 재정계획을 세울 권리, 근로자 채용 및 노임 기준과 지불 형식, 생산물의 가격, 이윤의 분배방안을 독자적으로 결

---

127) 김영희, "북한의 외국인 투자기업노동법과 재정관리법의 제정의미와 평가," 한국법제연구원 워크숍 자료집, 『북한의 최근 경제법제의 동향과 평가』(서울: 한국법제연구원, 2012), 12쪽.

128) 2012년 8월 장성택 노동당 행정부장이 중국을 방문했을 때 온가보 총리는 장성택 부장에게 법률 및 법규 개선, 양국 지방정부 간 협조 강화, 시장원리 적용, 투자기업의 애로사항 해결, 세관과 품질관리 개선 등 중국기업들이 제기한 고충사항 5가지를 전달하고 북한정부의 태도 변화를 촉구했다. 양문수 외, 『2000년대 북한경제 종합평가』(서울: 산업연구원, 2012), 470쪽.

정할 권리를 가지며, 기업의 활동에 대한 비법적인 간섭은 할 수 없으며 법규에 정해지지 않은 비용을 징수하거나 의무를 지울 수 없다'(라선경제무역지대법 제40조, 황금평·위화도 경제지대법 제34조)고 명시했다. 이 역시 '개성공업지구법'(2003)이나 '라선경제무역지대법'(2010) 등에는 없었던 조항을 신설한 것이었다. 셋째, '경제지대 내의 기업은 계약을 맺고 경제지대 밖의 북한 내부에서 경영활동에 필요한 원료, 자재, 물자를 구입하거나 생산한 제품을 판매할 수 있으며, 위탁가공을 요청할 수 있다'(라선경제무역지대법 제43조, 황금평·위화도 경제지대법 제38조)고 규정하고 있어, 경제특구와 북한 내부와의 '일반적 거래'를 허용함으로써 경제지대의 경영방식, 제도 등이 북한 내부로 확산될 가능성이 커졌다고 할 수 있다.[129]

2. 상호 이익 확대를 위한 경제협력 강화

1) 중국 중앙정부: 정부주도의 하향식 경제협력과 관여 확대

중국은 2005년 10월 호금도 방북 시에 북한에 '정부인도' 방침을 제시하면서부터 경제관계 활성화를 위한 정부의 역할을 강조했다. 이러한 방침하에 과거 민간 위주로 추진했던 경제협력을 이때부터는 중앙정부 차원에서 큰 틀의 경제협력 사업을 합의한 다음에 지방 단위 혹은 개별기업 단위로 하달하는 하향식(top-down) 경제협력으로 전환했다. 이와 같이 중앙정부 차원에서 경제협력을 추진하기 때문에 기업들의 대북 경제협력 방

129) 양문수 외, 앞의 책, 471~473쪽.

식에도 큰 변화를 보이고 있다. 대표적인 예로 황금평개발은 정부기구인 '공동관리위원회'와 민간기구인 '투자개발공사' 간 공조체제하에 사업을 추진하고 있다. 정부가 인도하되 민간이 시장의 수요에 따라 단계적으로 개발을 추진하고 있는 것이다. '공동관리위원회'는 중앙정부가 총괄하고 지방정부가 실무를 담당하는 형식이다. 한편 '투자개발공사'는 개발사업을 주도해 온 신항기집단유한공사(新恒基集團有限公司) 외에 대규모 중앙 및 지방 기업들로 구성되어 있다.130)

북중 양국은 "정부 지도하에 기업중심의 시장 지향적인" 경제특구를 만들기로 했는데, 먼저 제안한 측은 중국이었다. 양국은 정상 간의 합의를 구체화하기 위해 2010년 12월경 '라선경제무역지대와 황금평, 위화도경제지대 공동개발 및 공동관리에 관한 협정'을 맺었으며 그 실천을 보장하기 위해 중앙정부 차원에서 '중조공동(연합)지도위원회'를 만들었다. 이 위원회의 북한 측 위원장은 김정일의 매제이자 국방위원회 부위원장인 장성택이 맡았으며, 중국 측 위원장은 진덕명(陳德銘) 상무부장이 맡았다. 양국이 이 사업을 고도로 중시하고 있음을 보여주는 대목이다.131)

중조공동지도위원회가 작성한 '공동개발 총 계획 요강'은 이 두 경제특구에 대해 단순한 경제협력지대의 수준을 넘어서는 비전을 담고 있다. 양국은 개발의 원칙으로 '총체적인 계획', '정부인도', '공동개발', '기업위주', '시장운영', '호혜공영' 등을 내세움으로써 시장원리가 작동하지만 양국 정부가 책임성을 가지고 개발해 나간다는 점을 분명히 했다.

130) 양문수 외, 앞의 책, 470~471쪽.
131) 이종석,『2차 핵실험 이후 북한－중국 관계의 변화와 함의』(성남: 세종연구소, 2012), 32쪽.

이러한 개발원칙에 따라 '북한의 공업화 수준과 인민생활수준을 높이고 북한제품의 외화획득 능력과 제품의 경쟁력을 높이며 북한의 인력, 토지, 광물 등 자원의 비교우위를 경제의 비교우위로 전환시키겠다'는 것이다.[132]

한편, 2000년대 들어 급진전된 북중경제의 밀착은 북한경제의 국제 경쟁력 강화나 중국경제의 성장에 따른 자연스러운 결과로 볼 수 없는 측면들이 발견되고 있다. 첫째는 중앙정부의 개입 흔적이다. 예를 들어 ①광산개발·제철공업·항구개발 등 북한의 기간산업에 대한 개발원조 약속과 관련 인프라건설의 11차 5개년 계획 반영, ②중국 중앙정부 차원에서 대북진출을 총괄하는 대북투자자문회사인 북경화려경제문화교류유한공사의 설립과 북중 간 '투자장려 및 보호에 관한 협정'의 체결, ③과거와 다른 대형투자의 급증 및 대북협상 과정에 깊이 개입하고 있는 중국 성정부, ④국무원 판공청의 36호 문건 및 성정부의 실시의견 등을 통한 대북투자 기업에 대한 금융지원책 강구 등이다.[133]

둘째는 정부와 민간의 역할 분담이 전략적 관점을 보여주고 있다. 전력·통신·수송 인프라 열악, 설비·자재의 태부족, 정책의 투명성 결여, 외화교환의 규제 등 여러 가지 투자제약요인으로 인해 중국 민간기업들의 독자적인 대북투자 진출이 쉽지 않은 상황에서 2000년대 중반부터 이어지고 있는 대북투자는 중국정부와 기업이 역할분담을 통해 나름대로의 최적해법을 찾은 결과라고 할 수 있다. 즉 중국기업들의 대북투

---

[132] 이종석, "북-중 경제협력의 심화: 특징과 함의," 세종연구소 『정세와 정책』, 2011년 7월호, 8쪽.

[133] 배종렬, "북·중 경제관계의 특성과 변화전망," 『수은북한경제』, 2006년 겨울호, 65~66쪽.

자는 민간기업 단독으로 경제성 있는 프로젝트 진출이라기보다는 중앙 정부의 사전방침 결정을 반영하여 전략적 분야를 중심으로 경제성 있는 방안을 찾아가는 방식으로 진행되었다. 예를 들어 ①대북투자자문회사 등의 타당성조사 및 협상지원, 투자법 정비와 투자협정 체결, 해외합작구 건설 지원 등 대북투자리스크 해소를 위한 노력, ②대북투자 진출 기업에 대한 금융지원 및 투자 관련 인프라 정비를 11차 5개년 계획에 반영을 통한 대북투자 유인 제공(무산철광, 라진항만개발 등), ③무연탄, 철광 등 지하자원개발형투자에서와 같이 중국 국내의 수입수요를 개발수입으로 전환 등이다.[134]

2) 중국 지방정부: 지역발전을 위한 독자적 역할 확대

과거 중국의 대외정책에 가장 큰 영향을 미친 행위자는 당·정·군이었으나 중국의 대외정책 결정구조가 다원화·전문화·분권화되면서 지방정부·기업·시민사회 등과 같은 새로운 행위자들이 등장하고 있다. 특히 개혁개방 이후 중앙정부의 권력이 지방정부로 대거 이양·분산됨[135]에

---

134) 배종렬, 앞의 글, 66~67쪽.

135) 중국공산당은 1978년 12월의 제11기 제3중전회에서 과도하게 중앙집권화된(over-centralized) 의사결정 구조가 중국 경제관리 체제의 심각한 약점임을 분명히 한 후 지방정부와 기업을 자율권을 확대하는 것이 개혁의 주된 방향이었다. 백승기, "중국의 중앙정부와 지방정부 간 관계: 정치경제적 관점," 한국정책학회 기타자료(1994), 333쪽; 분권화 개혁의 특징은 ①기업관리권, ②재정관리권, ③경제계획권의 분권화사 동시에 결합되어 이루어졌다는 점이다. 기업관리권의 분권화는 기업소유권의 분권화를 의미하며 성(省)으로 향한 것도 있었지만 성보다 하위의 시(市) 혹은 현(縣)으로 향한 것이 대부분이었다. 1977년부터 시작된 기업관리 권한의 대대적인 분권화 결과 1980년대 초가 되면 중앙정부가 직접 관할하는 기업은 약 83,000개의 전체 국유기업 중에서 3%에 불과하게 되었다. 재정분권화 결과 중앙정부와 약속한 이상의 수입 증가분은 전액 또는 상당 부분이 지방의 재정수입이 되기 때문에

따라 지방정부가 대외정책에 미치는 영향력이 갈수록 커지고 있다. 지방 정부는 종래와 같이 중앙의 일원적인 지휘와 통제를 받아 중앙의 정책을 지방 단위에서 집행하는 대리인(agency)의 역할에서 점차 벗어나 지역발 전과 관련된 독자적인 결정권을 다수 확보하게 되었다. 특히 성(省)급 지 방정부는 자체적으로 자원에 대한 배분·통제권을 많이 보유하고 있기 때 문에 비교적 독립적인 이익주체로서 대외행위가 가능하다. 주로 수출입무 역이나 투자유치 심사비준, 금융협력, 경제원조, 지역경제협력 등과 같은 경제 분야에서 지방정부의 대외행위가 두드러진다. 특히 지방정부는 해당 지역의 산업구조 고도화와 지방 기초설비 건설 수요 등으로 인해 대량의 외국자본 유치를 대외경제협력의 가장 중요한 목표의 하나로 설정하고 있 다.[136] 동북3성이 깊이 관여하고 있는 동북진흥전략이 그러한 대표적인 예이다.

더욱이 개혁개방의 심화에 따라 중앙정부는 각 지방정부의 대외 무역과 국제경제활동을 고취하기 위해 각 성정부가 성 소속 대외무역 회사를 설립해서 대외무역을 할 수 있도록 허락했다. 각 성정부는 대 외무역을 통해 벌어들인 외환수입을 일부분 보유할 수 있었고, 이러한

지방정부의 재정수입 증대에 강한 유인을 제공했다. 각급 지방정부들은 자체의 재 정지출에 대해 책임을 지고 자체 보유분에 대해서는 독자적인 권한을 향유하는 독 립적인 재정적 실체가 되었으며, 이는 지방정부들로 하여금 경제발전에 적극 나설 수 있는 강력한 동기를 부여했다. 또한 개혁기 중국에서 계획관리 권한의 지방 이양 및 축소는 지방들로 하여금 시장행위에 몰두하게 만든 결정적인 요인으로 작용했 다. 이것은 바로 시장화 개혁을 의미했다. 결국 재정체제와 계획권한의 분권화 결과 지방정부들은 자신의 재정수입을 증가시키는 데 보다 큰 관심을 가지게 되었고, 지 방정부들은 바로 자신의 소유하에 있는 기업을 통해 재정수입 증대를 도모하게 되 었다. 정환우, "중국에서 기업가적 지방정부의 대두와 경제성장," 『中蘇研究』, 통권 85호(2000), 149~151쪽.

136) 신종호, "중국의 대외정책에서 지방정부의 역할," 『현대중국연구』, 제16집 1호(2014), 3쪽, 10~11쪽.

외환들을 해당 지방의 수출입 화물과 설비를 위해 사용했다. 각 성정부는 외국인투자 유치를 위해 일정한 금액 범위 내에서 외국인 직접투자 항목을 비준했다. 이처럼 대외무역의 전개와 직접투자 유치는 개혁개방시기 성급정부가 대외교류를 할 수 있게 하는 직접적인 추동력이 되었다.[137]

비록 중국 전체의 교역에서 북한과의 교역이 차지하는 비중이 미미하긴 하지만 동북3성 경제에서 북한과의 교역은 매우 중요한 비중을 차지하며 경제발전에 북한경제가 매우 중요한 역할을 하고 있다. 중국에서 북한과의 교역이 동북3성에 집중되어 있기 때문이다. 북한과 접하고 있는 동북3성의 경제발전에 북한과의 관계가 중요하다는 이러한 인식이 중국 중앙정부의 정책을 견인했다.[138] 이와 같이 지방정부는 중앙정부와 기업의 중간적인 입장인 경우가 많다. 때로는 중앙정부가 직접 나서기 어려울 때 중앙정부의 대리인 자격으로, 그리고 때로는 자기의 지역 내에 있는 기업들의 이익을 대변하고 옹호하는 후원자로서 행동하고 있다. 특히 동북3성의 경우 후자의 측면이 매우 강하다.[139]

대북제재의 이행 과정에서 중국 지방정부는 중앙정부와는 다른 이해관계를 가질 수 있다. 중국의 대북제재와 관련된 중요 정책은 중앙정부가 결정하지만 실질적인 이행은 북한과 직접 경제협력 관계를 맺고 있는 동북3성 등에서 이루어지고 있기 때문에 지방정부의 역할이 그만큼 중요하다. 제재 국면 초기에 중앙정부의 강력한 의지와 분위기에 따라 제

137) 신종호, 앞의 글, 18~19쪽.
138) 이상숙, "김정일—후진타오 시대의 북중관계: 불안정한 북한과 부강한 중국의 비대칭협력 강화,"『한국과 국제정치』, 제26권 제4호(2010), 132쪽.
139) 양문수, "북한경제의 대중국 의존 문제 소고,"『북한경제논총』, 제12호(2006), 102쪽.

재에 협조하지만 이러한 초기의 의지가 약화되고 분위기가 이완되면 지방정부도 자신의 이익에 맞는 행동을 하게 된다. 특히 민생이나 인도적 수요에 해당되는 경우 제제를 엄격하게 집행할 경우 북한주민들의 민생이 타격을 받지만 북한과 거래하는 지방정부 소재 기업들의 타격도 불가피하기 때문이다.

동북진흥전략의 본격적 추진에 따라 동북3성 각 지방정부 차원에서도 이를 기회로 삼아 각자의 비교우위를 발휘할 수 있는 성 차원의 개발 프로젝트를 구상하였고, 중앙정부와 오랜 논의 및 정책조율을 거쳐 국무원의 비준을 받은 국가급 프로젝트로서 성급 개발계획이 잇달아 출현했다.

3) 북한정부: 경제적 지원 확보를 위한 대중협력 강화

앞서 제3장 제3절에서 살펴본 바와 같이 북한은 1990년부터 1998년까지 9년간 경제가 마이너스 성장을 하며 극심한 식량난을 겪고 공식경제가 붕괴될 지경에 이른다. 1998년 유훈통치를 마치고 김정일이 국방위원장으로 취임한 이후인 1999년부터 경제가 개선되는 것으로 나타난다. 이러한 경제적 어려움은 탈냉전에 따른 사회주의국가들의 몰락과 자연 재해 등이 주요한 원인이었지만 이 시기 중국과 관계 악화로 유일한 의존처라고 할 수 있는 중국으로부터 충분한 경제적 지원을 얻어내지 못한 것도 하나의 큰 원인이었다고 판단된다.

김정일이 중국과의 갈등관계를 과감하게 청산하고 관계를 개선하고 경제협력을 크게 확대하는 것은 중국과의 관계를 계속 단절해 나갈 경우 파탄 난 경제를 회생시킬 수 없고 민생고를 해결하지 못함으로써 체제나 정권의 안위가 위태로워질 수 있다는 매우 절박한 심정에서 나온 결단이

었던 것으로 보인다. 아무리 지독한 독재국가나 정권이라고 하더라도 권력 승계나 체제 정당성을 인정받으려면 현안문제를 해결하는 것은 필수적이기 때문이다.

북한은 체제 유지와 경제회생을 위해 2002년 7 · 1조치와 시장 허용 등의 개혁을 시행하고, 2009년에는 화폐개혁을 추진하지만 개혁의 부작용 등으로 소기의 목적을 달성하지 못한 데다가 국제제재 본격화에 따른 고통 가중, 김정은 후계체제 안착 등을 위해 외부의 경제적 지원이 절실했다. 또한 북한은 경제 개혁개방을 성공적으로 추진하기 위해서도 중국의 개혁개방 성공 사례를 벤치마킹해야 할 필요성 측면에서도 중국과의 협력 강화에 나설 수밖에 없었다고 할 수 있다.

김정일은 2000년 5월부터 2011년 8월까지 11년 3개월 간 총 8차례 중국을 방문하는데, 그의 행보의 공통점을 찾는다면, 첫째는 중국과의 정치 관계 개선을 통해 중국으로부터의 경제적 지원을 얻어내는 것이다. 둘째, 중국과의 경제협력 확대를 위한 협력방안을 논의한 것이다. 셋째, 중국의 경제 개혁개방 성공사례를 일부 벤치마킹하기 위한 것이다.

먼저, 중국으로부터 경제 지원을 확보하기 위해서는 북중정치관계 강화가 필수적이라는 판단하에 김정일은 매 회담 시에 전통적인 우호관계 복원과 강화에 주력했다. 또한 북핵문제의 평화적인 해결을 위한 6자회담 프로세스에 참여하라는 중국의 요구를 들어줌으로써 결박을 수용하는 모습도 보였다. 전통적인 결박-보상 메커니즘에 따라 중국으로부터 원조 등 보상을 획득하는 것을 염두에 두었을 것이다.

다음으로 김정일은 경제문제 및 경제협력 방안을 정상회담의 가장 주요한 이슈로 다루고 있다. 김정일은 강택민이나 호금도와의 정상회담과 별도로 중국의 경제 총책임자인 온가보 총리와도 여러 차례 회담을 가졌다.

또한 김정일은 중국 방문 시 경제관련 시찰 및 관람 기회를 가졌다. 북한경제의 회생과 발전을 위해 중국식 개혁개방의 사례를 면밀히 검토함으로써 일정 부분 벤치마킹하기 위한 것이었다고 판단된다. 김정일이 매 방중 계기에 심지어 건강상태가 좋지 않은 상황에서도 긴 여정(2011년 5월 제7차 방문 시에는 평양 → 흑룡강성 → 길림성 → 강소성 → 북경으로 이어지는 5,000Km)을 마다하지 않고 필사적으로 중국 경제개혁의 상징 도시와 기업 및 기관들을 방문한 이유도 그러한 차원에서 이해할 수 있을 것이다. 한편, 김정일이 중국의 개혁개방 성과, 중국특색의 사회주의 현대화 성과 및 중국의 동북진흥전략의 적실성을 긍정적으로 평가하고 있는 점도 2000년 이전에는 상상하기 어려웠다. 1990년대 말까지만 하더라도 중국의 개혁개방에 대해 부정적인 인식을 가지고 수정주의라고 비판했었던 김정일이 중국의 개혁개방 성과를 높이 평가[140]함에 따라 개혁개방을 둘러싼 양국 간의 갈등이 해소되었다고 할 수 있다. 〈표 4-23〉과 〈표 4-24〉은 각각 김정일 방중 개요, 김정일 방중 시 시찰·참관지를 보여주고 있다.

---

[140] 윤승현, "북한의 개혁·개방 촉진을 위한 중국의 역할," 『통일경제』, 2012 제2호, 80쪽; "여러나라에서 사회주의가 붕괴된 것은 제국주의자들과 반혁명세력의 공모결탁의 산물이며 제국주의 사상문화적 침투와 우경기회주의 사상의 부식작용의 결과이다. 여기에서 결정적 작용을 한 것은 내부에서 생긴 사회주의 배신자들의 반혁명적 책동이다. 제국주의자들은 (중략) 혁명의 타락분자, 변절자들을 저들의 앞잡이로 리용하여 왔다. (중략) 공산주의운동에서 일어난 사상적 혼란과 우여곡절은 다 상층에 혁명의 배신자들이 나타난 것과 관련되어 있다. (중략) 당원들과 인민의 신임에 의하여 당과 국가의 지도적 지위를 차지하고서도 자신을 내세우던 당원들가 인민들의 신임을 저버리는 것은 가장 비도덕적인 행위로 된다." 김정일, 「사회주의에 대한 훼방은 허용될 수 없다」, 『로동신문』, 1993년 3월 4일.

〈표 4-23〉 김정일 방중 개요(2000~11)

회차	방문 일정	주요 활동 내용	정상회담 주요 의제
1차	2000.5.29.~31 (2박3일)	· 강택민 총서기와 정상회담(북경) · 중관촌전자단지 연상그룹 컴퓨터 생산공장 시찰	· 북중관계(혈맹관계) · 남북정상회담 포함 국제정세 · 양안문제(대만통일) · 중국의 개혁개방정책 평가 · 중국의 대북 원조 지원
2차	2001.1.15.~20 (5박6일)	· 상해 시찰(2박 3일), 주룽지 총리 (경제총괄) 동행 · 강택민 총서기와 정상회담(북경)	· 북중관계(호상방문) · 국제정세 · 양안관계 및 남북관계 · 중국의 발전상황 평가(상해개벽) · 중국의 대북 원조 지원
3차	2004.4.18.~21 (3박4일)	· 호금도 총서기와 정상회담(북경) · 온가보 총리와 회담(북경) · 강택민 중앙군사위 주석 면담 · 천진시 시찰 *박봉주 총리 한춘허 방문	· 북중관계(16자방침 재확인) · 국제정세 및 핵문제(6자회담) · 경제문제(7·1조치, 무상원조) · 양안관계 및 남북관계 · 중국의 개혁개방 성과 평가
4차	2006.1.10.~17 (7박8일)	· 광주·주해·심천 시찰 · 호금도총서기와 정상회담(북경) · 중국농업과학원작물과학연구소 시찰	· 북중관계(선린우호관계) · 국제정세 및 핵문제(BDA 문제) · 경제문제(중국경제지표, 무상원조) · 양안관계 및 남북관계 · 중국의 개혁개방 성과 평가
5차	2010.5.3.~7 (4박5일)	· 대련·천진·심양 시찰 · 호금도 총서기와 정상회담(북경) · 리커창 부총리와 담화(대련) · 온가보 총리와 회담(북경)	· 북중관계(후계체제 지원) · 국제정세 및 핵문제(대화 강조) · 양국 경제무역 협조 · 양안관계 및 남북관계 · 중국경제발전 평가
6차	2010.8.26.~30 (4박5일)	· 호금도 총서기와 정상회담(장춘) · 길림·장춘·하얼빈 시찰 · 쑨정차이 길림시 당서기와 담화	· 북중관계(후계체제, 혈맹 강조) · 국제정세 및 남북관계(천안함) · 양국 경제개혁조치 평가 · 중국 동북진흥전략
7차	2011.5.20.~26 (6박7일)	· 목단강 경박호·해림농장 시찰 · 장춘·양주·남경 시찰 · 호금도 총서기와 정상회담(북경) · 다이빙궈 국무위원과 담화	· 북중관계(친선협조관계 발전) · 국제정세 및 핵문제(비핵화3원칙) · 양국 경제개혁조치 평가 · 중국 동북진흥전략
8차	2011.8.25.~27 (2박3일)	· 내몽고 만저우·후룬베이얼 시찰 · 흑룡강성 다칭 시찰 · 길림성 통화 시찰	-

출처: 필자 작성.

〈표 4-24〉 김정일 방중 시 시찰·참관지

회차	방문 지역 및 기관 · 기업
1차	중관촌 전자단지 련상그룹(컴퓨터 생산공장)
2차	상해도시건설계획전시관, 상해제네랄모터스 승용차공사, 상해화홍전자유한공사, 상해보산강철공사, 상해벨유한공사, 손교현대농장개발구역, 포동행정구청사, 포동신구 청수원주택구역, 상해지하철도, 기타 상해교통시설, 상해증권교역소, 상해국제회의쎈터대주점, 쏘프트웨어개발연구소, 인간게놈남방연구쎈터, 상해대극장, 상해텔레비죤방송탑, 륙가주중앙록지
3차	천진시
4차	장비빛섬유, 빛케블공사, 봉화통신주식유한공사, 장강삼협수력발전소, 위창일신전자공사, 련중불수강공사, 광주국제회의전람쎈터, 지하철도, 중산대학, 성해음악학원, 동승농장유한공사, 중국공상은행 쏘프트웨어개발쎈터, 그리공기조화기생산공사, 동신화평스마트카드주식유한공사, 염전항, 화위기술유한공사, 대족레이자과학기술주식유한공사
5차	방추도빈관, 대련빙산그룹, 대련기관차생산공사, 료녕어업그룹, 대련설룡산업그룹, 천진항, 박오생물유한공사, 심양송풍기유한공사, 심양제1기계제작공장, 북릉공원, 단동영빈관
6차	길림육문중학교, 북산공원 약왕묘, 길림화학섬유그룹, 길림시카톨릭교회, 장춘농업박람원, 장춘궤도객차공사, 하얼빈혜강식품공사, 하얼빈전기그룹
7차	경박호, 해림농장, 장춘동북핵심구역건설계획 전람관, 제1자동차집단공사, 〈지곡〉전람중심, 정오태양에네르기과학기술공사, 양력그룹수자조종설비공사, 화윤소과대형시장, 남경판다과학기술공사, 신주디지탈공사
8차	호룬패이 하이라얼 구역, 제제합이 제2공장기계그룹(CNC공작기계생산), 명뉴우유산업공사, 제제합이분공사, 대경시 도시계획전람관, 대경주택건설구역, 습지대교, 리밍호수다리, 통화포도주주식유한공사

출처: 노영지, "김정일 중국방문의 의미와 특징분석," 이화여자대학교 대학원 석사학위논문(2012), 109~110쪽을 참고하여 필자 가공.

제4절 소결

2000년대 들어 북중 경제관계는 북중교역과 중국의 대북투자가 급증하고 중국의 북한에 대한 지속적인 원조 제공 등으로 도약기를 맞았다.

이러한 북중 경제관계의 도약은 북중 양국이 '결박-보상 메커니즘'을 냉전기나 1990년대보다 강화함으로써 가능했다. 전면적 소강사회 실현을 위한 지속적인 고도 경제성장 달성, 2008년 미국발 글로벌 금융위기로 중국의 실물경제부문이 받은 타격을 만회하기 위한 동북지역 노후공업지대 재건 등에 집중하고 있었던 중국은 ①북한의 전략적 · 지경학적 · 자원외교적 가치, ②북한체제 안정 및 김정은 후계체제 안착 지원, ③대북한 영향력 증대, ④동북진흥전략 및 접경지역 공동 개발 등을 감안하여 북한을 보다 강하게 '결박'하기를 원했다. 반면에 국제제재로 인한 고립 심화 등으로 체제존립의 위협을 받고 있었던 북한은 중국과의 관계를 개선하고 중국이 요구하는 결박에 응함으로써 중국으로부터의 '보상'인 경제적 실리를 확보해야 할 절박함이 있었다.

이 기간 중에 '결박-보상 메커니즘'의 작동을 실감할 수 있는 대표적인 시기인 2002년 제2차 북핵위기 전후 시기(2001~2003년), 2009년 북한의 제2차 핵실험 이후 시기(2009~2012년) 및 습근평 집권기(2013~2016년) 등의 세 시기를 대상으로 본 연구의 가설을 검증했다.

제2차 북핵위기가 발발하기 전인 2001년 9월 강택민 총서기가 북한을 방문하지만 양국 간 현격한 입장 차이로 공동성명도 발표하지 못하는 '미묘한 관계'로 이행한다. 이런 상황에서 미국의 9 · 11테러 이후 미중관계 개선과 미북관계 악화가 동시에 발생하면서 북중관계가 더욱 멀어졌다. 중국 상해 등을 둘러본 후 김정일이 의욕적으로 추진한 신의주 특별행정구의 장관 양빈을 중국이 2002년 10월 전격 구속함에 따라 북한의 중국에 대한 불만이 비등해진 가운데 중국이 대미관계를 고려하여 북한의 의사를 고려하지 않고 제2차 북핵위기에 적극 개입함에 따라 북중 간 갈등의 골이 깊어졌다. 이를 반영하듯 2002년에 양국 간 고위급 교류는 각각 1회에 그쳤다. 중국의 북한 결박이 불안정해짐에 따라 보상도 감소하여 경제관계도 침체된다. 2001년까지 가파르게 증가하던 교역도 2002년 들어 미약하나마 감소세로 돌아선다. 특히 중국이 북한에 대한 원유 수출은 29.7%, 쌀 수출은 24.9% 감소시키는 등 전략물자 수출을 대폭 줄였다.

2009년 북한의 제2차 핵실험에 대해 비난하고 유엔 제재결의안 채택에도 찬성했던 중국은 북한체제 안정에 최우선 순위를 두고 북한을 지원하고 북한과의 경제협력을 강화하는 방향으로 대북정책을 급격히 선회한다. 그해 10월 온가보 총리가 북한을 방문하여 신북중경협시대의 개막을 알린 이후 김정일이 2010년과 2011년 기간 중에 세 차례 중국을 방문하여 '전략적 경제관계'를 추진해 나가기로 합의한다. 중국의 북한 결박은 그 어느 때보다 강화되고 정부가 직접 경제관계에 관여하여 북한에 대한 보상도 대폭 늘림으로써 경제관계는 유례없는 도약기를 맞게 된다. 2009년부터 2012년 기간 중 북중교역 증가율은 연평균 40%를 상회하며, 특히 2010~11년 사이 중국의 북한산 석탄 수입이 3배 가까이 폭증한다.

습근평 집권 직후 이루어진 북한의 제3차 핵실험에 대해 중국은 유엔 제재 결의안 2094호 찬성, 대북 수출금지 품목 발표 등 대북 압박정책으로 대응한다. 중국정부는 북한은 원치 않는 조속한 6자회담 복귀를 종용하고 북중관계를 국가이익에 기반을 둔 '정상적 국가관계'로 전환할 목적으로 고위급 교류를 중단하다시피 한다. 불확실성 통제 등의 필요에서 최고위급 인사를 북한에 파견하여 전략적 소통 채널을 복원하고자 하지만 모란봉 악단 북경공연 취소와 함께 북한의 제4차 핵실험으로 실패하고 북중관계는 다시 악화된다. 중국의 북한 결박이 약화되고 보상도 감소하면서 경제관계는 조정국면에 들어선다. 북중교역은 2013~14년 기간 중 증가세를 유지하지만 2009~12년 기간에 비해 증가폭은 크게 둔화되고 2015년에는 16.8%나 감소하며, 김정은의 통치자금과 관련된 북한산 석탄 수입도 줄어든다.

분석 결과 냉전기 및 1990년대와 마찬가지로 북한이 중국의 결박 요구에 호응할 경우에는 중국의 대북한 보상도 이루어져 북중 경제관계가 호전되지만 중국의 북한 결박이 이루어지지 않을 경우에는 중국의 대북한 보상도 이루어지지 않거나 중국이 북한에 기 부여한 보상을 박탈함으로써 북중 경제관계가 악화되는 양상을 보였다.

요컨대 이 시기 중국은 전략적 관리의 필요에서 북한을 냉전기나 1990년대보다 더욱 강하게 '결박'하는 대신 '보상'도 강화하는데, 냉전기나 1990년대와 같이 북한체제 안정을 위한 전략물자 원조 등에 추가하여 북한과의 경제관계 강화를 통한 이익 증대를 위해 정부가 경제관계에 직접 관여하여 북중교역과 북한에 대한 중국기업들의 투자 증대를 유도함으로써 경제관계가 크게 활성화된다고 할 수 있다.

이와 같이 중국과 북한은 상호 공생을 위한 전략적 경제관계를 형성하는데, 중국은 지역 및 세계 전략의 전위대 또는 교두보로서 북한의 유용성을 재인식하고 북한을 전략적 관리의 대상으로 간주한다. 중국이 2010년 5월 정상회담에서 "양당 및 양국 내정 및 외교 중대 사안이 발생할 경우 공동의 사안에 대해 의사소통을 심화한다"와 "국제 및 지역 평화문제에 대한 협의를 강화한다"를 제의한 것은 전략적으로 관리하겠다는 의도를 내비친 것이었다.

이러한 차원에서 중국은 북한에 대한 전략적 개입을 통해 경제적으로는 자신들의 실리를 분명히 하고 정치적으로는 지역안정의 실마리를 찾고자 했다. 중국은 정부의 역할을 강조하면서 과거 민간 위주로 추진했던 경제협력을 이때부터는 중앙정부 차원에서 큰 틀의 경제협력 사업을 합의한 다음에 지방 단위 혹은 개별기업 단위로 하달하는 하향식(top-down) 경제협력으로 전환했다. 또한 정부와 민간이 역할분담을 통해 중앙정부나 지방정부의 사전방침 결정을 반영하여 전략적 분야를 중심으로 경제성 있는 방안을 찾아가는 방식도 병행했다.

북한과 접경지역이면서 북한과 긴밀한 경제관계를 맺고 있는 중국 동북3성은 자신의 경제발전에 북한과의 관계가 중요하다는 인식을 바탕으로 중국 중앙정부의 정책을 견인했다. 특히 동북진흥전략의 본격적 추진에 따라 동북3성 각 지방정부 차원에서도 이를 기회로 삼아 각자의 비교우위를 발휘할 수 있는 성 차원의 개발 프로젝트를 구상하였고, 중앙정부와의 오랜 논의 및 정책조율을 거쳐 국무원의 비준을 받은 국가급 프로젝트로서 성급 개발계획을 잇달아 출현시키기도 했다.

한편, 1990년부터 1998년까지 9년간 경제가 마이너스 성장을 하며 극심한 식량난을 겪고 공식경제가 붕괴될 지경이었던 북한은 중국과의 갈등관계를 과감하게 청산하고 경제협력을 크게 확대한다. 이는 중국과의 관계를 계속 단절해 나갈 경우 파탄 난 경제를 회생시킬 수 없고 민생고를 해결하지 못함으로써 체제나 정권의 안위가 위태로워질 수 있다는 매우 절박한 심정에서 나온 결단이었던 것으로 보인다. 2000년 5월부터 2011년 8월까지 11년 3개월 간 총 8차례 이루어진 김정일의 방중 행보의 공통점은 중국과의 정치관계 개선을 통해 중국으로부터의 경제적 지원을 얻어내고 중국과의 경제협력 확대를 위한 협력방안을 논의한 것이었다.

더 나아가 북한은 2009년 온가보 총리의 방북을 계기로 기존과 같은 단순한 교역·투자의 확대가 아니라 중국과의 접경지역을 공동 개발함으로써 외자유치의 허브로 만들어 경제도약의 발판을 마련하겠다는 원대한 구상을 마련했던 것으로 보인다. 김정일 위원장이 라선시를 현지지도한 후 한 달 뒤에 라선시를 특별시로 승격시키고 중국으로부터의 투자 유치를 위해 관련 법제도를 신속하게 대폭 정비한다.

〈표 4-25〉 분석 내용 종합

	냉전기 및 1990년대(1950~99)	2000년 이후(2000~16)
중국의 대북정책	· 정치적 유대 강화 · 현상유지	· 정치적 및 경제적 유대 강화 · 현상유지, 영향력 확대
북중 경제관계의 양상	· 지속적 개선 · 확대 + 기복 · 원조, 특혜무역 · '정치적 경제관계': 북한 결박과 북한체제 안정 목적(일방적 지원)	· 도약 · 교역 · 투자, 변경지역 공동개발 · '전략적 경제관계': 북한체제 안정과 실리 획득을 위한 양국의 협력 강화(쌍방향의 협력)
북중 경제관계 변화의 정치적 요인	· '결박－보상 메커니즘' 형성 · 작동 - 결박: 중국 측 필요 - 보상: 원조 및 특혜무역	· '결박－보상 메커니즘' 강화 - 결박: 북중 양국의 필요로 강화 - 보상 증대: ① 전통적 원조 지원 + ② 정부 관여에 의한 교역 · 투자 증대 및 접경지역 공동개발
정부의 역할	· 정상 및 고위급 외교 중심의 의사소통 · 경제적 매수를 통한 정치적 경제관계 형성: 결박－보상 교환	· 북중 공생을 위한 전략적 경제관계 형성 - 중국중앙정부: 전략적 북한 관리 및 대북 경제관계 구축 - 북한정부: 접경지역 공동개발 추진 · 상호 이익 확대를 위한 경제협력 강화 - 중국지방정부: 정부주도의 하향식 경제협력과 관여 확대 - 중국지방정부: 지역발전을 위한 독자적 역할 확대 - 북한정부: 경제적 지원 확보를 위한 대중협력 강화

출처: 필자 작성.

위 〈표 4-25〉는 제4장의 내용을 제3장과 대비시켜 분석 내용을 간략하게 정리한 것이다. 먼저 중국의 대북정책은 냉전기와 1990년대까지는 북한과의 정치적 유대 강화와 북한체제의 현상 유지를 중시했다. 2000년 이후에는 이러한 정치적 유대 강화와 함께 경제적 유대도 증진하고 북한체제 안정과 대북 영향력 증대를 목표로 한 현상유지 플러스를 목표로 했다.

둘째로 북중 경제관계의 양상은 냉전기와 1990년대에는 지속적인 상승세와 함께 여러 차례의 기복을 경험한다. 북한 결박과 체제 안정 등의 정치적 목적 달성을 위한 중국의 일방적인 특혜무역과 원조 지원 중심의 '정치적 경제관계'의 성격을 띤다. 반면에 양국 경제관계가 도약기를 맞은 2000년대에는 양국이 북한체제 안정과 자국의 경제적 실리 획득을 위해 쌍방향의 전략적 협력을 지향하는 '전략적 경제관계'를 형성·유지한다.

셋째, '결박─보상 메커니즘' 측면에서 냉전기와 1990년대에는 주로 중국 측의 의도에 의해 결박이 이루어지고 이에 따른 보상이 제공되는 형태가 지속된다. 반면 2000년대에는 체제 존립과 경제 회생을 위해 중국의 경제 지원 확보와 경협 확대에 나서는 북한도 결박을 적극 수용함에 따라 결박이 강화되는 가운데, 중국은 전통적인 대북 원조 지원이라는 보상에 추가하여 정부의 관여에 의한 교역·투자 증대와 함께 접경지역 개발을 북한과 공동으로 추진함으로써 북중 경제관계를 크게 활성화시킨다.

이 시기 정부의 주요한 역할은 앞서 살펴본 바와 같이 북중 공생을 위한 전략적 경제관계 형성과 상호 이익 확대를 위한 경제협력 강화였다.

결 론

결론

　본 연구는 북중 경제관계는 중국의 북한 결박에 대한 보상 차원에서 형성된다는 가설을 검증하는 방식을 채택했다. 그 결과 정상회담 및 고위급회담을 통해 중요 사안에 대한 '상호 협의 및 통보'가 이루어질 경우에는 중국이 북한을 관리·통제하기 위한 중국의 북한 결박이 성공하여 중국은 '결박-보상 메커니즘'에 따라 북한에 대한 경제적 보상을 부여함으로서 경제관계가 개선되고, '상호 협의와 통보'가 이루어지지 않을 경우에는 결박이 약화되거나 실패하여 '결박-보상 메커니즘'에 따라 보상이 제공되지 않음으로써 경제관계도 악화된다는 것을 입증했다.

　냉전기 북한과 중국의 양국관계가 기본적으로 당제관계가 국가관계에 우선시 되는 정치관계를 중심으로 전개되었기 때문에 북중 경제관계도 이러한 정치관계에 종속되는 '정치적 경제관계'였다. 중국이 북한과의 관계에서 '결박-보상 메커니즘'을 도입한 것은 비대칭동맹 관계에서 일반적으로 적용되는 '안보-자율성 교환' 모델이 북중 간에는 작동되지 않고 북한에 대한 중국의 영향력 행사가 매우 제한되었기 때문인 것으로 보인다.

중국은 1956년 소위 '8월 종파사건'을 계기로 북한에 대한 영향력이 급격히 저하되는 가운데 소련과의 이념분쟁에 접어들면서 미국과 소련을 모두 적국으로 상대해야 하는 심각한 안보 위협을 느끼면서 전략적 · 지정학적으로 중요한 북한이 소련 쪽에 가담하는 것을 막고 자기편으로 붙들어 두고 관리 · 통제하기 위해 장치를 고안해서 북중군사동맹조약 제4조에 규정하게 되는데 그것이 바로 '결박'이다.

이러한 북한의 전략적 · 지정학적 가치 외에도 중국이 북한을 결박하게 된 배경은 소련과의 사회주의 주도권 경쟁과 북한의 전략적 중요성, 프롤레타리아 국제주의적 전통, 중국의 전통적 세계관 및 종번의식, 전투적 혈맹관계의 유산 등이다.

중국은 또한 '양국의 공동 이익과 관련되는 일체 중요 국제문제들에 대한 협의'를 담은 동맹조약 제4조의 결박과, 북한의 입장을 배려해서 포함시킨 조항인 '경제적 · 기술적 원조 및 경제 · 문화 · 과학기술적 협조'를 규정한 동맹조약 제5조를 연관시켜 '결박―보상 메커니즘'을 구축하고, 이를 토대로 정상외교 또는 고위급회담을 열어 북한을 관리 · 통제한다. 중국이 북한을 '경제적으로 매수'한 것이라 할 수 있다.

중국은 양국의 공동 이익과 관련된 중요 현안에 대한 '정상 및 고위급 간 상호 협의 및 통보'를 통해 김일성의 독자적인 행동을 통제하고 불확실성 높은 북한을 '관리'하고자 했던 것이라고 판단된다. 북중 '정상 및 고위급 간 상호 협의 및 통보를 통한 중국의 북한 관리 · 통제'를 결박으로 이해할 경우 그 결박을 실행할 수단은 바로 '양국 정상회담 및 고위급회담 개최'였던 것이다.

따라서 정상회담 및 고위급회담 개최를 통해 중요 사안에 대한 '상호 협의 및 통보'가 성사될 경우에는 중국이 북한을 관리 · 통제하기 위한 중국의 대북한 '결박-보상 메커니즘'에 따라 '결박 성공-보상 제공'이 이루어져 북중 경제관계가 호전되고, 정상회담이나 고위급회담이 개최되지 않아 '결박 실패-보상 미제공'이 될 경우에는 북중 경제관계도 악화되는 상황이 발생하게 된 것이다.

1956년 소위 '8월 종파사건' 시기에는 북한의 중국에 대한 불만이 고조되고 양국 관계가 소원해지면서 북한이 중국의 결박을 거부함에 따라 중국의 보상도 중단되어 경제관계가 악화된다. 반면 중소분쟁 때에는 북한을 강하게 결박하려는 중국의 의도에 북한이 순응함에 따라 중국이 원조 및 특혜무역 등 다양한 보상을 제공함으로써 경제관계는 호전된다. 한편, 중국의 문화혁명기에 양국 간 갈등이 최고조에 달하면서 북한은 중국의 결박에 응하는 대신 소련에 편승함에 따라 중국은 기 제공하기로 했던 원조 등을 박탈함에 따라 경제관계는 하강국면을 맞는다. 이러한 문화혁명기를 지나 1970년부터 시작된 미중데탕트 시기에는 모택동과 주은래 사망 등에 따른 중국지도부 교체 등에도 불구하고 중국의 북한 결박이 성공적으로 이루어지고 보상도 크게 확대됨에 따라 경제관계가 급격히 호전된다. 그러나 탈냉전 및 개혁개방이 진행된 1990년대에는 북한의 전략적 가치가 감소한 가운데 중국의 개혁개방과 한중수교에 대해 북한이 크게 비판하고 반발하면서 양국관계가 냉각되고 정상 상호방문 정상회담이 중단됨에 따라 중국의 북한 결박은 성공하지 못했고, 중국이 그동안 북한에 부여했던 구상무역이나 우호가격제와 같은 특혜무역과 원조 지원을 중단하게 되면서 양국 경제관계도 다시 침체된다.

이 시기에 중국의 북한 결박 메커니즘인 '결박-보상 메커니즘'은 제대로 작동되어 중국의 북한 결박이 성공하면 보상을 부여하여 경제관계가 개선되고, 결박이 성공하지 못할 경우에는 보상이 제공되지 않아 경제관계가 악화되는 모습을 보였다.

북중 간의 정치관계가 정상회담이나 고위급 협의를 통해 이루어지게 된 배경으로는 첫째, 북중관계는 국가 대(對) 국가의 관계가 아닌 당 대(對) 당 관계로 시작되었다는 점이다. 당 대 당의 당제(黨際)관계가 독립된 단위로서의 주권국가 간의 관계보다 우선시되었던 것이다. 양당 간의 수뇌회담이 양국 간의 정상회담인 것이다. 둘째는 1956년 소위 '8월 종파사건'을 계기로 북한 내부적으로 친중파인 연안계가 거의 다 축출되어 중국이 북한에 대한 영향력을 크게 상실한 데다가 1958년 중국인민지원군을 북한에서 모두 철군하게 되면서 북한에 대한 지렛대를 완전히 상실하게 될 위기에 처한 중국은 북한을 관리·통제할 수 있는 장치를 강구하게 된다. 전후 중국인민지원군의 주둔과 함께 8월 종파사건을 계기로 심화된 불신의 역사적 경험 때문에 양국은 정부 간 공식적 외교채널이 아니라 최고지도자 간 상호 왕래를 통해 의사소통을 진행하게 되었다. 셋째, 중국지도자 모택동의 북한지도자 김일성 관리방식이었다. 과거 전통적으로 중국이 '조공국(朝貢國)'을 다루는 방식과 흡사하다고 할 수 있다.

한편 봉건적 사회를 타파하고 사회주의 건설의 기치를 내건 김일성 입장에서 경제건설에 실패하여 민생문제를 해결하지 못할 경우 체제 존립의 정당성을 인정받을 수 없기 때문에 절박할 수밖에 없었을 것이다. 결국 북한이 자신에게 더 많은 경제적·군사적 지원을 해 주는 쪽에 편승한 것은 불가피한 결정이었다고 하겠다. 이런 상황에서 중국과 북한 간에 안보와 경제의 교환은 자연스러운 일이었다.

2000년대 들어 북중 경제관계는 북중교역과 중국의 대북투자가 급증하고 중국의 북한에 대한 지속적인 원조 제공 등으로 도약기를 맞았다.

이러한 북중 경제관계의 도약은 북중 양국이 '결박-보상 메커니즘'

을 냉전기나 1990년대보다 강화함으로써 가능했다. 전면적 소강사회 실현을 위한 지속적인 고도 경제성장 달성, 2008년 미국발 글로벌 금융위기로 중국의 실물경제부문이 받은 타격을 만회하기 위한 동북지역 노후공업지대 재건 등에 집중하고 있었던 중국은 ①북한의 전략적 · 지경학적 · 자원 외교적 가치, ②북한체제 안정 및 김정은 후계체제 안착 지원, ③대북한 영향력 증대, ④동북진흥전략 및 접경지역 공동 개발 등을 감안하여 북한을 보다 강하게 '결박'하기를 원했다. 반면에 국제제재로 인한 고립 심화 등으로 체제존립의 위협을 받고 있었던 북한은 중국과의 관계를 개선하고 중국이 요구하는 결박에 응함으로써 중국으로부터의 '보상'인 경제적 실리를 확보해야 할 절박함이 있었다.

2002년 제2차 북핵위기를 전후한 시기에 북중 양국은 강택민 총서기 방북 이후 미묘해진 관계가 미국의 9 · 11테러 이후 더욱 소원해진 가운데 2002년 10월 중국의 신의주 특별행정구 장관 양빈 구속과 제2차 북핵위기 등을 계기로 양국관계가 갈등관계로 악화됨에 따라 중국의 북한 결박은 불안정해지고 보상이 감소함에 따라 경제관계가 침체되는 양상을 보였다. 반면 2009년 북한의 제2차 핵실험 이후 중국이 북한을 비난하고 제재를 강화하는 대신 북한과의 관계 개선과 경제협력 확대로 정책을 전환하고, 북한은 경제난 극복과 김정은 후계체제 안착을 위한 중국의 지원이 절실해짐에 따라 양국의 상호 필요에 의해 결박이 강화되고 보상도 크게 확대됨으로써 경제관계는 유례없는 도약기를 맞는다. 이렇게 호전되었던 양국관계가 2013년 북한의 제3차 핵실험과 그 이후의 중국의 대북 강경정책, 북한에 대한 6자회담 복귀 요구, 정상적 국가관계로의 전환 시도 등으로 고위급 교류가 사실상 중단되고 전략적 소통 채널이 폐쇄됨에 따라 중국의 북한 결박은 약화되고 보상도 감소하면서 경제관계도 조정국면에 들어선다.

이와 같은 분석 결과를 통해 냉전기 및 1990년대와 마찬가지로 2000년 이후에도 북한이 중국의 결박 요구에 호응할 경우에는 중국의 대북한 보상도 이루어져 북중 경제관계가 호전되지만 중국의 북한 결박이 이루어지지 않을 경우에는 중국의 대북한 보상도 이루어지지 않거나 중국이 기 북한에 부여한 보상을 박탈함으로써 북중 경제관계가 악화된다는 것을 확인했다.

요컨대 이 시기 중국은 전략적 관리의 필요에서 북한을 냉전기나 1990년대보다 더욱 강하게 '결박'하는 대신 '보상'도 강화하는데, 냉전기나 1990년대와 같이 북한체제 안정을 위한 전략물자 원조 등에 추가하여 북한과의 경제관계 강화를 통한 이익 증대를 위해 정부가 경제관계에 직접 관여하여 북중교역과 북한에 대한 중국기업들의 투자 증대를 유도함으로써 경제관계가 크게 활성화된다고 할 수 있다.

이와 같이 중국과 북한은 상호 공생을 위한 전략적 경제관계를 형성하는데, 중국은 지역 및 세계 전략의 전위대 또는 교두보로서 북한의 유용성을 재인식하고 북한을 전략적 관리의 대상으로 간주한다. 중국이 2010년 5월 정상회담에서 "양당 및 양국 내정 및 외교 중대 사안이 발생할 경우 공동의 사안에 대해 의사소통을 심화한다"와 "국제 및 지역 평화문제에 대한 협의를 강화한다"를 제의한 것은 전략적으로 관리하겠다는 의도를 내비친 것이었다.

이러한 차원에서 중국은 북한에 대한 전략적 개입을 통해 경제적으로는 자신들의 실리를 분명히 하고 정치적으로는 지역안정의 실마리를 찾고자 했다. 중국은 정부의 역할을 강조하면서 과거 민간 위주로 추진했던 경제협력을 이때부터는 중앙정부 차원에서 큰 틀의 경제협력 사업을 합의한 다음에 지방 단위 혹은 개별기업 단위로 하달하는 하향식(top-down)

경제협력으로 전환했다. 또한 정부와 민간이 역할분담을 통해 중앙정부나 지방정부의 사전방침 결정을 반영하여 전략적 분야를 중심으로 경제성 있는 방안을 찾아가는 방식도 병행했다.

　북한과 접경지역이면서 북한과 긴밀한 경제관계를 맺고 있는 중국 동북3성은 자신의 경제발전에 북한과의 관계가 중요하다는 인식을 바탕으로 중국 중앙정부의 정책을 견인했다. 특히 동북진흥전략의 본격적 추진에 따라 동북3성 각 지방정부 차원에서도 이를 기회로 삼아 각자의 비교우위를 발휘할 수 있는 성 차원의 개발 프로젝트를 구상하였고, 중앙정부와 오랜 논의 및 정책조율을 거쳐 국무원의 비준을 받은 국가급 프로젝트로서 성급 개발계획을 잇달아 출현시키기도 했다.

　한편, 1990년부터 1998년까지 9년간 경제가 마이너스 성장을 하며 극심한 식량난을 겪고 공식경제가 붕괴될 지경이던 북한은 중국과의 갈등관계를 과감하게 청산하고 경제협력을 크게 확대한다. 이는 중국과의 관계를 계속 단절해 나갈 경우 파탄 난 경제를 회생시킬 수 없고 민생고를 해결하지 못함으로써 체제나 정권의 안위가 위태로워질 수 있다는 매우 절박한 심정에서 나온 결단이었던 것으로 보인다. 2000년 5월부터 2011년 8월까지 11년 3개월 간 총 8차례 이루어진 김정일의 방중 행보의 공통점은 중국과의 정치관계 개선을 통해 중국으로부터의 경제적 지원을 얻어내고 중국과의 경제협력 확대를 위한 협력방안을 논의한 것이었다.

　더 나아가 북한은 2009년 온가보 총리의 방북을 계기로 기존과 같은 단순한 교역·투자의 확대가 아니라 중국과의 접경지역을 공동 개발함으로써 외자유치의 허브로 만들어 경제도약의 발판을 마련하겠다는 원대한 구상을 마련했던 것으로 보인다. 김정일 위원장이 라선시를 현지지도한 후 한 달 뒤에 라선시를 특별시로 승격시키고 중국으로부터의 투자 유치를 위해 관련 법제도를 신속하게 대폭 정비한다.

본 연구는 북중 경제관계가 냉전기부터 현재까지 구체적으로 어떤 정치적 요인과 메커니즘에 의해 형성되고 진전되어 왔는지를 분석했다는 데 나름의 의미가 있다. 북중정치관계와 관련하여 많은 연구가 있어왔지만 북중 경제관계에 대한 연구는 많지 않았고, 특히 북중 경제관계가 어떤 정치적 요인과 메커니즘에 의해 형성·진전되어 왔는지에 대한 연구는 크게 부족했다고 해도 과언이 아니다.

다만, 본 연구는 이러한 성과에도 불구하고 2000년대 들어 북중 경제관계는 정치적 요인 외에 경제적 요인에 의해서도 형성되고 더 나아가 정치경제적 요인이 상호작용한다는 것을 암시하면서도 이에 대한 분석은 진전시키지 못한 한계를 지닌다. 따라서 후속연구에서 이러한 부분에 대한 면밀한 분석이 추가로 이루어져 보완되기를 기대한다.

1. 국내 문헌

1) 단행본

고미 요지 저, 김동욱 · 박준상 · 이용빈 옮김.『북한과 중국: 이해타산으로 맺어진 동맹국은 충돌할 것인가?』. 파주: 한울아카데미, 2014.

관 산 저, 황의봉 · 정인갑 역.『김정일과 양빈』. 고양: 두우성, 2004.

김경일 · 김경일 · 박은철.『한반도 통일이 중국에 미칠 편익비용 분석』. 세종: 대외경제정책연구원, 2014.

김기호.『현대 북한 이해』. 서울: 탑북스, 2016.

김병연 · 양문수.『북한경제에서의 시장과 정부』. 서울: 서울대학교출판부, 2012.

김석진.『개발원조의 국제규범과 대북정책에 대한 시사점』. 서울: 산업연구원, 2009.

김세균 외.『북한체제의 형성과 한반도 국제정치』. 서울: 서울대학교출판부, 2006.

김우상 외.『국제관계론강의 1(국제정치편)』. 파주: 한울아카데미, 1997.

김유리.『북 · 중 경제관계의 변화와 향후 북한개발에 대한 시사점』. 서울: 한국수출입은행, 2016.

김응수.『21세기 북한의 이해』. 성남: 북코리아, 2011.

김재철.『중국의 외교전략과 국제질서』. 서울: 폴리테리아, 2007.

김진무 · 성채기 · 전경만.『북한과 중국: 의존과 영향력』. 서울: 한국국방연구원, 2011.

김창희.『김정일의 딜레마』. 서울: 인물과사상사, 2004.

김학준.『북한50년사』. 서울: 동아출판사, 1995.

_____.『한국전쟁: 원인 · 과정 · 휴전 · 영향』. 서울: 박영사, 1989.

김흥규 엮음.『시진핑 시기 중국 외교안보 그 패러다임 변화』. 서울: 오름, 2015.

單秀法 · 王曉輝 저, 손상하 옮김.『등소평과 21세기 중국의 전략』. 서울: 유스북, 2005.

마이클 핸델 저, 김진호 옮김.『약소국생존론』. 서울: 대왕사, 1995.

문흥호.『중국의 대외전략과 한반도』. 서울: 울력, 2006.

박명림.『한국전쟁의 발발과 기원 I』. 서울: 나남출판, 1996.

박영실.『중국인민지원군과 북 · 중관계』. 서울: 선인, 2012.

박재영.『國際政治패러다임』. 서울: 법문사, 2015.

박희진.『북한과 중국: 개혁개방의 정치경제학』. 서울: 선인, 2009.

배종렬 · 윤승현.『길림성의 대북경제협력 실태 분석: 대북투자를 중심으로』. 서울: 통일연구원, 2015.

서대숙.『현대북한의 지도자: 김일성과 김정일』. 서울: 을유문화사, 2000.

서진영.『21세기 중국외교정책』. 서울: 폴리테리아, 2006.

_____.『현대중국정치론』. 서울: 나남, 1997.

_____ 편.『현대중국과 북한연구』. 서울: 고려대학교 아세아문제연구소, 1987.

성균중국연구소 편.『북중관계 다이제스트』. 서울: 다산출판사, 2015.

성균관대학교 동아시아지역연구소.『북 · 중 관계: 구조와 이슈』. 2008.

션즈화 저, 김민철 · 김동길 · 김규범 옮김.『최후의 천조: 모택동 · 김일성 시대의 중국과 북한』. 서울: 선인, 2017.

세종연구소 북한연구센터 엮음.『북한의 대외관계』. 파주: 도서출판 한울, 2007.

소치형.『중국외교정책론』. 서울: 골드, 2004.

송봉선.『중국을 통해 북한을 본다』. 서울: 시대정신, 2011.

송영우. 『현대외교론』. 서울: 평민사, 1998.

신종호 외. 『대북제재 평가와 향후 정책 방향』. 서울: 통일연구원, 2016.

신창섭. 『북중변경르포, 1300』. 서울: 책밭, 2016.

안드레이 란코프. 『소련의 자료로 본 북한 현대정치사』. 서울: 오름, 1995.

양문수. 『북한경제의 시장화: 양태 · 성격 · 메커니즘 · 함의』. 서울: 한울, 2010.

_____. 『북한경제의 구조: 경제개발과 침체의 메커니즘』. 서울: 서울대학교출판
　　　　부, 2001.

_____ · 이석기 · 이영훈 · 임강택 · 조봉현. 『2000년대 북한경제 종합평가』. 서울:
　　　　산업연구원, 2012.

양운철. 『북중 광물자원 교역의 증가에 따른 북한경제의 대중국 종속 가능성에 관
　　　　한 논의』. 성남: 세종연구소, 2012.

_____ · 유현정. 『창지투 개발계획과 동북아 경제협력』. 성남: 세종연구소, 2012.

어우양산 저, 박종철 · 정은이 역. 『중국의 대북조선 기밀파일』. 서울: 한울, 2008.

오용석. 『현대 중국의 대외경제정책: 정책원리의 흐름과 운용메커니즘』. 서울: 나
　　　　남출판, 2004.

오진용. 『김일성시대의 중소와 남북한』. 서울: 나남출판, 2004.

외교부. 『2017 중국개황』. 서울, 2017.

원동욱 · 강승호 · 이홍규 · 김창도. 『중국의 동북지역 개발과 신북방 경제협력의 여
　　　　건』. 세종: 대외경제정책연구원, 2013.

윤해수. 『북한곡예외교론』. 서울: 한울아카데미, 2002.

은천기. 『北韓의 對 中蘇 外交政策』. 서울: 남지, 1994.

이근욱. 『왈츠 이후 국제정치이론의 변화와 발전』. 서울: 한울, 2009.

이금휘. 『북한과 중국의 경제지정학적 관계와 경협 활성화』. 서울: 선인, 2014.

이기현 · 전병곤 · 이석 · 박동훈. 『한중수교 이후 북중관계의 발전: 추세분석과 평
　　　　가』. 서울: 통일연구원, 2016.

_____ 외. 『중국의 주변외교 전략과 대북정책: 사례와 적용』. 서울: 통일연구원,
　　　　2015.

이기택. 『현대국제정치이론』. 서울: 박영사, 1997.

이상우. 『국제관계이론(3정판)』. 서울: 박영사, 1979.

이 석.『5 · 24조치 이후 북중무역과 남북교역의 변화 분석』. 세종: 한국개발연구
　　　원, 2013.

_____ 외.『1990~2008년 북한무역통계의 분석과 재구성』. 서울: 한국개발연구원,
　　　2010.

_____ · 전병곤.『대북경제제재의 영향력 추정과 실효성 증진방안』. 세종: 한국개
　　　발연구원, 2016.

이수형 외.『중국의 부상과 동아시아』. 서울: 백산서당, 2012.

이수훈 외.『동북아시대의 중국』. 서울: 아르케, 2005.

이장규 외.『중국의 부상에 따른 한국의 국가전략 연구 I』. 서울, 대외경제정책연
　　　구원, 2009.

이재호 · 고일동 · 김상기.『동북아 분업구조하에서의 북중 경제협력: 현황과 전망,
　　　그리고 정책적 시사점』. 서울: 한국개발연구원, 2010.

이정균 · 김준영 · 임소정 · 안국산 · 미무라 미쓰히로.『대북제재로 인한 북 · 중 접
　　　경지역에서의 무역 거래관행 변화 분석』. 세종: 대외경제정책연구원, 2016.

이정식.『21세기에 다시 보는 해방후사』. 서울: 경희대학교 출판문화원, 2013.

_____.『대한민국의 기원』. 서울: 일조각, 2006.

이종석.『북한－중국관계 1945~2000』. 서울: 중심, 2000.

_____.『2차 핵실험 이후 북한－중국 관계의 변화와 함의』. 성남: 세종연구소, 2012.

_____.『'문화대혁명'시기 북한－중국 관계 연구』. 성남: 세종연구소, 2015.

_____.『북한을 둘러싼 경계정치: 개념 · 특징 · 함의』. 성남: 세종연구소, 2013.

_____.『새로 쓴 현대북한의 이해』. 서울: 역사비평사, 2000.

이태환.『중국의 국내정치와 대외정책』. 서울: 한울, 2007.

임강택.『북한 대외무역의 특성과 무역정책 변화전망』. 서울: 통일연구원, 1998.

임호열 외.『북한무역의 변동요인과 북한경제에 미치는 영향』. 세종: 대외경제정책
　　　연구원, 2015.

장달중 · 이즈미 하지메 외.『김정일 체제의 북한: 정치 · 외교 · 경제 · 사상』. 서울:
　　　아연출판부, 2004.

_____ 편.『현대북한학강의』. 서울: 사회평론, 2013.

전병곤 · 임강택 · 신종호 · 김갑식 · 배종렬.『북한 접경지역에서의 남 · 북 · 중 협력방향 모색』. 서울: 통일연구원, 2015.

정규섭.『북한 외교의 어제와 오늘』. 서울: 일신사, 1997.

정덕구.『한국을 보는 중국의 본심』. 서울: 중앙북스, 2011.

_____ · 추수룡 편.『기로에 선 북중관계』. 서울: 중앙북스, 2013.

정은숙 편.『미 · 중 · 일 · 러의 대북정책 주변 4강 2000』. 성남: 세종연구소, 2001.

정재호.『중국의 부상과 한반도의 미래』. 서울: 서울대학교출판문화원, 2011.

정진위.『북방삼각관계: 북한의 대중 · 소관계를 중심으로』. 서울: 법문사, 1987.

조동호 외.『북한경제 발전전략의 모색』. 서울: 한국개발연구원, 2002.

_____ · 남영숙.『중국의 정치경제 변화에 따른 북한경제의 진로와 남북경협의 방향』. 서울: 대외경제정책연구원, 2013.

조명철.『북한과 중국의 경제관계 현황과 전망』. 서울: 대외경제정책연구원, 1997.

_____ 편.『북한의 대외경제정책 10년 평가와 과제』. 서울: 대외경제정책연구원, 2011.

_____ · 양문수 · 정승호 · 박순찬.『북한경제의 대중국 의존도 심화와 한국의 대응방안』. 서울: 대외경제정책연구원, 2005.

_____ · 김지연 · 홍익표 · 이종운.『북한의 대외경제 제약요인 분석과 정책적 시사점』. 서울: 대외경제정책연구원, 2009.

조영국.『탈냉전기 북한의 개혁 · 개방 성격에 관한 연구: 국가발전전략을 중심으로』. 파주: 한국학술정보, 2006.

조재관.『국제정치학』. 서울: 법문사, 1963.

최명해.『중국 · 북한 동맹관계: 불편한 동거의 역사』. 서울: 오름, 2009.

최수영.『북 · 중경제관계 확대와 대응방안』. 서울: 통일연구원, 2007.

_____.『북 · 중 경제관계와 남북경협의 대북 파급효과 비교분석』. 서울: 통일연구원, 2010.

_____ 외.『중국의 대북한 정책: 영향력 평가와 대응방향』. 서울: 경제 · 인문사회연구회, 2010.

최장호 · 김준영 · 임소정 · 최유정.『북 · 중 분업체계 분석과 대북 경제협력에 대한 시사점』. 세종: 대외경제정책연구원, 2015.

최춘흠. 『중국의 대북한 정책: 지속과 변화』. 서울: 통일연구원, 2006.

_____. 『중국의 동아시아 전략과 대북한 정책: 지속과 변화』. 서울: 통일연구원, 2001.

케니스 리버살. 『거버닝 차이나: 현대 중국정치의 이해』. 서울: 심산, 2013.

통일연구원. 『김정일 정권 10년: 변화와 전망』. 서울: 통일연구원, 2004.

_____ 편. 『독일지역 북한기밀 문서집』. 서울: 선인, 2006.

한국법제연구원. 『북한의 최근 경제법제의 동향과 평가』. 서울: 한국법제연구원, 2012.

한석희. 『후진타오 시대의 중국 대외관계』. 서울: 폴리테이아, 2007.

한용섭. 『북한 핵의 운명』. 서울: 박영사, 2018.

해리슨 E. 솔즈베리 저, 박월라·박병덕 옮김. 『새로운 황제들: 마오쩌둥과 덩샤오핑의 중국』. 파주: 다섯수레, 1993.

허문영. 『북한외교정책 결정구조와 과정: 김일성 시대와 김정일 시대의 비교』. 서울: 민족통일연구원, 1998.

히라이와 슌지 저, 이종국 역. 『북한·중국관계 60년: '순치관계'의 구조와 변용』. 서울: 선인, 2013.

황의각. 『북한경제론』. 서울: 나남, 1992.

황장엽. 『북한의 진실과 허위』. 서울: 시대정신, 2006.

KOTRA. 『북한의 대외무역동향』. 서울: KOTRA, 각 연도.

_____. 『1990~2000년도 북한의 대외무역동향』. 서울: KOTRA, 2001.

_____. 『중국기업의 북한 진출 현황』. 서울: KOTRA, 2012.

NEAR재단 엮음. 『신삼국지, 중국화 파고 속의 한국』. 서울: 매경출판, 2011.

2) 논문

강정일. "북중동맹의 공고성에 관한 연구." 『전략연구』. 통권 제54권, 2012, 127~153쪽.

강택구. "제2차 북핵 위기 이후 중국의 대북 정책: 압박과 유인간의 딜레마." 『국제지역연구』. 제13권 제4호, 2010, 3~22쪽.

고　과(高科). "북한 내부변화 및 북중관계와 중국의 안보전략."『북한학연구』. 2권
　　　2호, 2006, 23~32쪽.

고수석. "북한·중국 동맹의 변천과 위기의 동학: 동맹이론의 적용과 평가." 고려대
　　　학교 대학원 박사학위논문, 2007.

곽덕환·김용대. "중국의 대북한 외교관계 변화 연구."『중국연구』. 제58권, 2013,
　　　229~245쪽.

권영경. "김정은시대 북중 교역관계의 특징 분석과 유엔 2270호 제재 이후 전망."
　　　『통일문제연구』. 제29권 1호, 2017, 1~35쪽.

권오국. "중국의 대북 접경지역 개발전략이 갖는 지정학적 함의."『통일문제연구』.
　　　23권 1호, 2011, 229~269쪽.

김갑식. "북한의 대중(對中) 의존현상 및 시사점." 국회입법조사처.『이슈와 논점』.
　　　제241호, 2011.

김강녕. "중국의 대북정책·북중관계의 특성과 변화전망."『글로벌정치연구』. 제11
　　　권 제1호, 2018, 31~69쪽.

김규철. "북·중 무연탄 무역 연구: 무연탄가격을 중심으로."『KDI 북한경제리뷰』.
　　　2017년 2월호, 2017, 3~23쪽.

김근식. "북한 발전전략의 형성과 변화에 관한 연구: 1950년대와 1990년대를 중심
　　　으로." 서울대학교 대학원 정치학 박사학위논문, 1999.

_____·조재욱. "북한 시장화 실태와 시장권력 관계 고찰: 향후 북한 정치변동의
　　　함의."『한국과 국제정치』. 제33권 제3호, 2017, 167~194쪽.

김보미. "북한 '자주로선'의 형성 1953~1966: 비대칭동맹의 특수사례." 북한대학원
　　　대학교 북한학 박사학위논문, 2013.

_____. "중소분쟁시기 북방삼각관계가 조소·조중동맹의 체결에 미친 영향(1957~
　　　1961)."『북한연구학회보』. 제17권 제2호, 2013, 171~202쪽.

김상기. "북한의 대외무역동향."『KDI 북한경제리뷰』. 2011년 6월호, 2011, 57~68쪽.

_____. "2012년 북중무역 평가와 전망."『KDI 북한경제리뷰』. 2013년 1월호,
　　　68~80쪽.

김석진. "북중경협 확대 요인과 북한경제에 대한 영향."『KDI 북한경제리뷰』. 2013
　　　년 1월호, 2013, 93~119쪽.

김순수. "中國의 韓半島 安保戰略과 軍事外交." 경남대학교 북한대학원 북한학 박사학위논문, 2010.

김양희. "수입품목 분석을 통해서 본 북한 경제동향."『KDI 북한경제리뷰』. 2018년 3월호, 21~40쪽.

김영근. "동북아시아 경제협력 방안에 관한 일고찰." 고려대학교 중국학연구소. 『중국학논총』. 제37권, 2012, 235~256쪽.

김예경. "중국의 부상과 북한의 대응전략: 편승전략과 동맹, 유화 그리고 현안별 지지정책."『국제정치논총』. 제47권 제2호, 2007년 여름, 75~96쪽.

김용호. "비대칭동맹에 있어 동맹신뢰성과 후기동맹딜레마: 북·중동맹과 북한의 대미접근을 중심으로."『통일문제연구』. 2001년 하반기호, 5~37쪽.

김유리. "북·중 경제관계 현황 및 향후 남·북·중 협력에 대한 시사점."『수은북한경제』. 2016년 가을호, 60~87쪽.

김재철. "북한·중국 간 외교관계: 특수관계에서 보편적 관계로." 윤정석 편.『통일환경론』. 서울: 오름, 1996, 169~200쪽.

김종오. "중국 자본의 북한 진출에 대하여."『중소연구』. 통권 109호, 2006년 봄, 89~119쪽.

김 철. "북한－중국 경제무역 합작 현황 분석."『KDI 북한경제리뷰』. 2008년 5월호, 56~72쪽.

――――. "중·북 경협을 활성화하기 위한 정부의 주도적 역할."『KDI 북한경제리뷰』. 2011, 87~95쪽.

김한권. "4차 핵실험과 대북 경제 제재에 대한 중국의 전략적 고민."『KDI 북한경제리뷰』. 2016년 2월호, 3~14쪽.

――――. "북한 4차 핵실험 이후 북중관계 전망." 국립외교원 외교안보연구소.『주요국제문제분석』. 2016년 2호, 1~16쪽.

김효율. "中·蘇의 國營貿易制度와 GATT 加入." 성균관대학교 대학원 경제학 박사학위논문, 1991.

김흥규. "중국의 동반자외교 소고: 개념, 전개 및 함의에 대한 이해."『한국정치학회보』. 제43권 2호, 2009, 287~320쪽.

_____. "시진핑 시기 중국 외교와 북중관계." 『JPI 정책포럼』. 2015-04호, 1~13쪽.

_____ · 궈슈씨엔. "시진핑시기 북중관계: 연구동향에서 엿보인 소용돌이와 전환의 갈림길." 『국방정책연구』. 제32권 제4호, 2016, 45~81쪽.

나영주. "북핵문제와 북중동맹: 중국의 동맹 유지 전략." 백인학 외. 『북한, 그리고 동북아』. 서울: 매봉, 2014, 181~211쪽.

남성욱. "중국자본 대북투자 급증의 함의와 전망: 동반성장론과 동북4성론을 중심으로." 『통일문제연구』. 2006년 상반기호, 5~40쪽.

남진욱. "북한 광물자원 수출유형 분석: 무역통계를 중심으로." 『KDI 북한경제리뷰』. 2016년 9월호, 21~47쪽.

노영지. "김정일 중국방문의 의미와 특징분석." 이화여자대학교 대학원 석사학위논문, 2012.

런 밍. "2000년대 북한의 대중 경제의존 및 영향분석." 조선대 동북아연구소. 『동북아연구』. 제26권 제2호, 2011, 149~170쪽.

滿海峰. "북중관계 정립의 중요성: 상생하는 북중 국경 경제협력의 미래를 위하여 (珍惜中朝关系定位, 谋划中朝跨境经济 合作走向互利共赢的未来)." 『KDI 북한경제리뷰』. 2012년 2월호, 59~74쪽.

문대근. "탈냉전기 중국의 대북정책 결정요인 연구." 북한대학원대학교 정치학 박사학위논문, 2013.

문흥호. "중국의 21세기 한반도정책과 한 · 중관계." 『국제정치논총』. 제39집 2호, 1999, 71~86쪽.

_____. "중국의 대외전략: 동북아 및 한반도정책을 중심으로." 『한국과 국제정치』. 제21권 1호, 2005년 봄, 63~92쪽.

_____. "후진타오 집권기 중국의 대북한 인식과 정책: 변화와 지속." 『중소연구』. 제33권 제2호, 2009, 15~44쪽.

박동훈. "중국의 대북정책 변화와 중한관계: 천안함 사건 이후를 중심으로." 『한국과 국제정치』. 제27권 2호, 2011, 119~147쪽.

_____. "동북3성과 한반도 경협의 비전과 과제: 한중 전략적 협력관계 내실화의 관점에서." 『통일과 평화』. 5집 2호, 2013, 26~53쪽.

_____ · 이성환. "북중관계 변화의 동인과 시진핑시대의 대북정책." 『국제정치연구』. 제18집 1호, 2015, 241~259쪽.

박두복. "中共의 韓國戰爭 개입의 原因에 關한 研究." 원광대학교 정치외교학과. 『政治外交論叢』. Vol. 4, 1990, 85~113쪽.

_____. "중국의 대한반도 정책의 신추세와 한중관계의 발전 방향." 외교안보연구원. 『정책연구시리즈』. 2000-5호, 2001.

_____. "중국의 대북한 영향력과 북핵 문제에 대한 중국의 역할." 외교안보연구원. 『주요국제문제분석』. 2005, 1~19쪽.

박병광. "후진타오 시기 중국의 대북경제교류 확대에 관한 연구." 김연철 외. 『북한, 어디로 가는가?: 14인의 전문가가 본 북한체제의 변화 전망』. 서울: 플래닛미디어, 2009, 399~427쪽.

_____. "북한의 3차 핵실험과 중국의 대북정책 변화." 『KDI 북한경제리뷰』. Vol. 15, No. 3, 2013, 14~26쪽.

박승헌. "중국기업의 대북투자와 향후 과제." 『정책과학연구』. 16권 1호, 2006, 101~115쪽.

박종철. "북한에서의 '중국인민지원군'의 철군을 둘러싼 북중관계 연구." 『군사사연구총서』. 제5집, 2008, 193~241쪽.

_____. "북한과 중국의 관계정상화 과정에 대한 연구(1969~70년)." 『아태연구』. 제15권 제1호, 2008, 19~39쪽.

_____. "1960년대 중반의 북한과 중국: 긴장된 동맹." 『한국사회』. 제10집 2호, 2009, 125~159쪽.

_____. "중국의 대북 경제정책과 경제협력에 관한 연구." 『한국동북아논총』. 제62호, 2012, 75~101쪽.

_____. "김정은 지도체제 초기국면과 북중관계." 『대한정치학회보』. 20집 3호, 2013, 53~74쪽.

_____ · 정은이. "북한의 대중국 철광 무역에 관한 연구: 무산광산의 개발현황을 중심으로." 『한국동북아논총』. 제85호, 2017, 73~98쪽.

박창희. "지정학적 이익 변화와 북중동맹관계: 기원, 발전, 그리고 전망." 『중소연구』. 제31권 제1호, 2007년 봄, 27~57쪽.

박치정. "중국·북한 관계변화의 양상." 『중국연구』. 제23집, 2004, 23~46쪽.

박형준. "체제위기상황에서 북한의 경제관리에 관한 연구." 경기대학교 정치전문대학원 박사학위논문, 2009.

박형준. "중국의 대북정책 결정 요인과 영향력 연구: 북한 핵실험을 중심으로." 동국대학교 대학원 북한학 박사학위논문, 2015.

박홍서. "중국의 부상과 탈냉전기 중미 양국의 대한반도 동맹전략: 동맹전이 이론의 시각에서." 『한국정치학회보』. 제42권 제1호, 2008년 봄, 299~317쪽.

박희진. "중국의 동북 지역 개발과 북한 경제운용의 변화." 『수은북한경제』. 2011년 가을호, 19~36쪽.

배종렬. "북한 외자정책과 대북투자 활성화 방안." 『통일문제연구』. 6권 1호, 1994, 123~155쪽.

_____. "북한의 외국자본유치실태에 대한 평가 및 전망." 『동아연구』, 제32집, 1996, 37~64쪽.

_____. "김정일의 북한경제 10년: 무엇이 달라졌으며 어떻게 바뀔 것인가." 통일연구원. 『학술회의 총서』. 04-06호, 2004, 4~32쪽.

_____. "북·중 경제관계의 특성과 변화전망." 『수은북한경제』. 2006년 가을호, 45~72쪽.

_____. "최근 北中경제관계의 특징과 시사점." 『수은북한경제』. 2010년 겨울호, 19~44쪽.

_____. "라선특별시 지정배경과 개발과제." 『수은북한경제』. 2010년 여름호, 1~24쪽.

_____. "북한의 딜레마: 경제강국 건설과 시장경제." 『수은북한경제』. 2011년 여름호, 1~31쪽.

_____. "중국의 북한 석탄 수입수요 급증과 라진항 진출." 『수은북한경제』. 2011년 겨울호, 39~68쪽.

_____. "길림성의 대북투자: 현황과 유형." 『KDI 북한경제리뷰』. 2016년 5월호, 51~76쪽.

백성호. "국가수립시기 북한 외교의 특징 연구: '후견-피후견 국가관계'의 시각을 중심으로." 『북한연구학회보』. 제9권 제2호, 2005, 233~253쪽.

변진석. "미국의 대북한 금융제재: 법제와 실행." 『국제정치논총』. 제56집 4호, 2016, 49~78쪽.

서상문. "중국의 대한반도 정책의 지속과 변화: 역사와 현실." 군사편찬연구소. 『전략연구』. 통권 제63호, 2014, 65~103쪽.

션즈화. "극동에서 소련의 전략적 이익보장: 한국전쟁의 기원과 스탈린의 정책결정 동기." 『한국과 국제정치』. 제30권 제2호, 2014, 1~44쪽.

송종규. "북한과 중국의 관계변화에 관한 연구." 부경대학교 대학원 정치학 박사학위논문, 2013.

신동천. "중국의 대북투자와 북한경제." 『통일연구』. 제15권 1호, 2011, 5~21쪽.

신상진. "후진타오 집권 초기 중국의 대북정책 결정요인 분석." 『북한연구학회보』. 제10권 제1호, 2006, 207~227쪽.

_____. "중－미관계 변화와 중국의 대북정책: 후진타오 시기를 중심으로." 『중소연구』. 제41권 제2호, 2017, 7~35쪽.

신욱희. "중국의 한국전쟁 참전: 중국 대북정책의 역사적 형성과 지속." 『한국과 국제정치』. 제30권 제2호, 2014, 79~107쪽.

신종호. "중국의 대외정책에서 지방정부의 역할." 『현대중국연구』. 제16집 1호, 2014, 1~31쪽.

심완섭. "북한의 대중 의류 임가공 교역실태 및 전망." 『KIET 산업경제』. 2016년 12월, 84~95쪽.

沈志華·李丹慧. "프롤레타리아 국제주의의 딜레마에 관한 시론: 중소 동맹의 결렬로 본 사회주의 국가관계의 구조적 불균형." 『대동문화연구』, 제98집, 2017, 11~37쪽.

안광찬. "중국의 대한반도 정책기조와 한중관계 전망." 『국방정책연구』. 제26권 제4호, 2010, 75~102쪽.

안영섭. "북한·중국 관계변화와 한반도 안보정세: 북한의 최근 변화동향을 중심으로." 『북한연구학회보』. 제4권 제2호, 2000, 83~113쪽.

양문수. "북한경제의 대중국 의존 문제 소고." 『북한경제논총』. 제12호, 2006, 89~109쪽.

_____. "2000년대 북한경제의 구조적 변화."『KDI 북한경제리뷰』. 2007년 5월호, 3~23쪽.

_____. "북중경협 확대와 통중봉남의 미래."『황해문화』. Vol. 72, 2011, 239~249쪽.

_____. "북한의 시장화: 추세와 구조변화."『KDI 북한경제리뷰』. 2013년 6월호, 45~70쪽.

양장석·우상민. "북한의 對中 경제의존도 심화와 전망."『수은북한경제』. 2005년 겨울호, 58~86쪽.

연하청·노용환. "북한-중국 변경무역에 관한 소고."『KDI 정책포럼』. 제31호, 1994, 1~12쪽.

오승렬. "북·중관계 결정요인과 한국의 대응전략."『통일과 평화』. 4집 1호, 2012, 37~68쪽.

_____. "북한과 중국의 경제관계." 윤정석 편.『통일환경론』. 서울: 오름, 1996, 337~395쪽.

오용석. "중국 대외정책의 원칙 및 목표의 지속과 변용."『중소연구』. 제19집, 2000, 31~55쪽.

원동욱·김재관. "중국의 대북정책과 동맹의 딜레마: 천안함 사건을 중심으로."『현대중국연구』. 제12집 1호, 2010, 31~63쪽.

우영자. "최근 중·북 경제협력의 실태와 전망."『KDI 북한경제리뷰』. 2011년 11월호, 89~101쪽.

유승경. "북한경제의 중국 의존 깊어지고 있다."『LG Business Insight』. 2010, 22~33쪽.

유경민. "중국·북한관계를 통해서 본 중화사상의 현대적 해석." 연세대학교 대학원 석사학위논문, 2000.

유석렬. "북·중관계 발전과 우리의 정책방향." 외교안보연구원. 2001, 1~14쪽.

윤근로. "북한-중국 관계변화와 시사점: 경제 및 정치관계 변화를 중심으로."『亞太 쟁점과 연구』. 2권 1호, 2007년 봄, 47~60쪽.

윤승현. "북한의 개혁·개방 촉진을 위한 중국의 역할."『통일경제』. Vol. 52, 2012, 79~96쪽.

윤인주. "5·24 조치 이후 남·북·중 간 수산물교역 변화."『KDI 북한경제리뷰』. 2015년 2월호, 29~65쪽.

이금휘. "북·중 경제협력 활성화와 그 파급효과."『동북아연구』. 27권 2호, 2012, 195~227쪽.

_____. "북·중경제관계와 동북아지역구도의 상호작용." 동국대학교 대학원 북한학 박사학위논문, 2014.

이기현. "중국의 대북정책과 북·중동맹의 동학."『JPI 정책포럼』. 2011-15호, 1~17쪽.

_____. "중국의 대북정책 변화 가능성에 대한 소고: 2000년 이후 미중관계 변화와 중국의 대북 딜레마를 중심으로." 국가안보전략연구원.『국가안보와 전략』. 제16권 1호, 2016, 115~140쪽.

이 단. "북·중관계의 변화와 지속성에 관한 연구." 전남대학교 대학원 정치학 박사학위논문, 2003.

_____. "북·중 경협 강화의 실태, 특징, 그리고 함의."『서석사회과학논총』. 제1집 2호, 2008, 371~398쪽.

이동률. "중국 변경지역의 대외경제협력 추진 배경 및 정책 의도."『중국학연구』. Vol. 16, 1999, 71~91쪽.

_____. "천안함 사건 이후 미중 관계와 한중 관계: 중국 외교 전략의 변화를 중심으로."『JPI 정책포럼』. 2010, 1~14쪽.

_____. "중국의 대북전략과 북중관계: 2010년 이후 김정일의 중국방문 결과를 중심으로."『세계지역연구논총』. 29집 3호, 2011, 297~320쪽.

이상숙. "데탕트 시기 북·중관계의 비대칭갈등과 그 영향."『한국정치학회보』. 제42집 3호, 2008, 439~456쪽.

_____. "김정일－후진타오 시대의 북중관계: 불안정한 북한과 부강한 중국의 비대칭협력 강화."『한국과 국제정치』. 제26권 제4호, 2010, 119~144쪽.

_____. "북중우호조약의 현대적 함의와 양국관계." 외교안보연구원.『주요국제문제분석』. 2011-31호, 1~19쪽.

_____. "중국의 대외전략 변화와 한반도정책." 한국국제정치학회.『2011년도 안보국방학술회의』. 21~36쪽.

_____. "제4차 북핵실험 이후 최근 북중 경제협력의 실태(2016~2017." 국립외교원 외교안보연구소.『정책연구시리즈』. 2017-16호, 1~34쪽.

_____. "제4차 핵실험 이후 대북제재 하의 북한 경제와 북·중경협 현황 및 평가." 국립외교원 외교안보연구소. 『주요국제문제분석』. 2017-32호, 1~29쪽.

이 석. "대북경제제재의 효과: 남북교역, 북중무역으로 대체 가능한가." 『KDI 북한 경제리뷰』. 2010년 5월호, 3~13쪽.

_____·이재호. "5·24조치 이후 남북교역과 북중무역의 변화: 데이터와 시사점." 『KDI 북한경제리뷰』. 2012년 5월호, 3~31쪽.

이상우. "북한의 대중국 외교전략 연구." 서강대학교 대학원 정치학 박사학위논문, 2011.

이성봉. "중국과 북한의 상호인식과 대응전략." 『21세기정치학회보』. 제19집 1호, 2009, 235~252쪽.

_____. "북한의 핵실험과 중국의 대응전략: 제1, 2, 3차 핵실험 비교." 『21세기정치 학회보』. 제25집 1호, 2015, 81~98쪽.

이영학. "북한의 세차례 핵실험과 중국의 대북한 정책 변화 분석." 『국제정치논총』. 제53집 4호, 2013, 191~223쪽.

이영훈. "최근 북·중 경제관계의 특징과 시사점." 『KDI 북한경제리뷰』. 2006년 3 월호, 3~17쪽.

_____. "북·중무역의 현황과 북한경제에 미치는 영향." 한국은행. 『금융경제연 구』. 제246호, 2006, 1~59쪽.

이원근. "북한·중국의 경제관계 실태와 정치경제적 함의에 관한 소고." 『대한정치 학회보』. 20집 3호, 2013, 75~95쪽.

이재호. "동북아 역내분업구조와 북중무역: 특징 및 시사점." 『KDI 북한경제리뷰』. 2011년 4월호, 20~38쪽.

이정남. "냉전기 중국의 대북정책과 북중 동맹관계의 동학." 『평화연구』. 제19권 제1호, 2011, 125~154쪽.

이정태. "북한 후계체제에 대한 중국의 입장." 『한국동북아논총』. 제60호, 2011, 87~106쪽.

이종석. "2차 핵실험 이후 북한의 대외전략 변화와 그 배경." 세종연구소. 『정세와 정책』. 2009년 12월호, 5~8쪽.

_____. "북－중 경제협력의 심화: 특징과 함의."『정세와 정책』. 2011년 7월호, 8~11쪽.

이종규. "북한의 대중 무연탄 수출 감소: 원인과 의미."『KDI FOCUS』. 통권 제57호, 2015, 1~8쪽.

_____. "2016년 상반기 북한의 대외무역 동향과 대북제재."『KDI 북한경제리뷰』. 2016년 7월호, 3~17쪽.

이종림. "중국의 대북투자 리스크와 대응방안."『KDI 북한경제리뷰』. 2013년 2월호, 77~87쪽.

이종운. "북중 경제관계의 구조적 특성과 함의."『KDI 북한경제리뷰』. 2014년 1월호, 51~73쪽.

_____. "중국 경제력 신장이 북한 및 접경국가들에 미친 영향의 비교분석."『동북아경제연구』. 제27권 제4호, 2015, 261~300쪽.

이준우. "중국－북한 동맹관계사 연구." 건국대학교 대학원 정치학 박사학위논문, 2016.

이춘복. "북한 3차 핵실험 후 중국의 대응과 북중관계: 시진핑시대 중국의 대북정책은 진화하고 있는가."『JPI 정책포럼』. 2013-4호, 1~11쪽.

李春虎. "중조관계의 변화와 그 전망."『중소연구』. 통권 113호, 2007, 13~25쪽.

이태환. "북·중 관계." 세종연구소 북한연구센터 역음.『북한의 대외관계』. 서울: 한울아카데미, 2011, 243~297쪽.

이표규. "유엔안보리 대북제재의 현주소와 효과 제고를 위한 연구: 중국의 역할을 중심으로."『한국동북아논총』. 제80호, 2016, 149~173쪽.

이호남. "중국의 외교정책의 변화와 조선반도."『북한학연구』. 제5권 제2호, 2009, 73~86쪽.

이희옥. "중국의 대북한정책 변화의 함의: 동북4성론 논란을 포함하여."『현대중국연구』. 제8집 1호, 2006, 75~105쪽.

_____. "북·중관계의 변화와 한국의 대응." 대외경제정책연구원.『중국의 부상에 따른 한국의 국가전략연구Ⅰ』. 2009, 180~218쪽.

_____·박용국. "중국의 대북한 동맹안보딜레마 관리: 대미인식과 북한지정학의 재구성을 중심으로."『중소연구』. 제37권 제3호, 2013, 49~79쪽.

임강택. "최근 5년간 북한 대외무역의 주요 특징 및 전망." 『KDI 북한경제리뷰』. 2013년 2월호, 41~61쪽.

_____. "국제사회의 대북제재가 북한경제에 미치는 영향." 『수은북한경제』. 2016년 여름호, 47~80쪽.

임금숙. "중국기업의 대북한 투자에 관하여." 『통일정책연구』. 제14권 1호, 2005, 245~270쪽.

_____. "북한의 대외무역정책에 관한 연구." 창원대학교 대학원 경제학 박사학위논문, 2010.

_____. "길림성의 대북무역과 투자현황 및 과제." 『KDI 북한경제리뷰』. 2012년 1월호, 63~82쪽.

임방순. "중국의 대북한 원조에 관한 연구." 북한대학원대학교 박사학위논문, 2014.

_____. "한국전쟁직후 중국의 대북한 원조에 관한 연구." 『공공사회연구』. 제5권 1호, 2015, 368~399쪽.

임수호. "실존적 억지와 협상을 통한 확산: 북한의 핵정책과 위기조성외교(1989~2006)." 서울대학교 대학원 정치학 박사학위논문, 2007.

_____. "북·중경협의 현황과 전망." 『JPI 정책포럼』. 2011-16호, 1~14쪽.

_____. "탈냉전기 대외정책과 대외관계." 장달중 편. 『현대북한학강의』. 서울: 사회평론, 2013, 96~147쪽.

_____. "북한 3차 핵실험 이후 동북아정세와 남북관계." 『수은북한경제』. 2013년 봄호, 51~76쪽.

_____·최명해. "북·중 경제밀착의 배경과 시사점." 삼성경제연구소. 『Issue Paper』. 2010, 1~31쪽.

_____·최장호. "북한의 대외무역 2016년 평가 및 2017년 전망: 북중무역을 중심으로." 『KDI 북한경제리뷰』. 2017년 1월호, 65~78쪽.

장공자. "21세기 중국의 국가전략과 한반도정책." 『한국동북아논총』. 제24권, 2002, 299~316쪽.

장달중. "中共의 外交政策 變化: 이데올로기와 이익의 갈등." 경남대학교극동문제연구소. 『中共의 改革政治』. 1984, 135~157쪽.

장 봉. "중국과 북한관계 발전에 대한 사고."『정책과학연구』. 제14집 제2호, 2004, 125~137쪽.

장용석. "북·중관계의 성격과 중국의 부상에 대한 북한의 인식."『평화와 통일』. 4집 1호, 2012, 69~99쪽.

장혜지(張慧智). "북한의 경제 변화와 북한 핵실험이 북·중경제 관계에 미친 영향."『북한학연구』. 제2권 2호, 2006, 5~21쪽.

_____. "한국과 중국의 대북한 경제협력 분석."『북한학연구』. 제4권 1호, 2008, 23~36쪽.

전병곤. "중북관계." 한국국제정치학회 중국분과.『중국 현대국제관계』. 서울: 오름, 2008, 173~208쪽.

_____. "천안함 이후 북중관계의 변화와 영향,"『韓中社會科學研究』. 제9권 제1호, 2011, 1~25쪽.

_____. "북·중관계,"『통일환경 및 남북한관계 전망: 2013~2014』. 서울: 통일연구원, 2013, 59~63쪽.

정은이. "5·24조치가 북·중 무역에 미친 영향에 관한 분석: 한·중·북 삼각무역에서 편익·비용의 변동 추세를 중심으로."『통일문제연구』. 통권 제63호, 2015, 101~130쪽.

_____. "북·중무역과 대북제재의 한계."『수은북한경제』. 2017년 가을호, 47~83쪽.

_____·박종철. "중국의 대북한 무역에 관한 연구."『통일문제연구』. 제26권 2호, 2014, 293~341쪽.

정환우. "동북3성 지역의 발전 여건과 '동북진흥정책'."『중소연구』. 제38집, 2006, 375~400쪽.

조동호·이상근. "북한경제 중국예속론의 비판적 고찰."『국제지역연구』. 제12권 제3호, 2008, 363~394쪽.

조명철 외. "김정일 위원장의 방중과 북·중 경협 전망."『KIEP 오늘의세계경제』. 제11권 제18호, 2011, 1~17쪽.

조용진. "탈냉전시대 중국의 대북한 동맹정책." 부산외국어대학 국제문제연구소.『국제문제논총』. 제7집, 1995, 125~137쪽.

주장환. "중국의 북한에 대한 경제적 구상: '제36호' 문건에 대한 분석을 중심으로." 『KNSI 현안진단』. 제27호, 2006, 1~6쪽.

차문석. "북·중(北中) 관계의 역사와 현재: '북한의 중국 종속론' 비판을 중심으로." 『북한학연구』. 2권 1호, 2006, 142~172.

최명해. "1960년대 북한의 대중국 동맹 딜레마와 '계산된 모험주의." 『국제정치논총』. 제48권 제3호, 2008, 119~148쪽.

_____. "중국의 대북 정책: 변화와 지속." 『JPI 정책포럼』. 2010-22호, 2010, 1~13쪽.

_____. "중국의 대미 데탕트 시도와 북·중 동맹 관계의 재조명." 『아세아연구』. 제51권 3호, 2008, 230~307쪽.

_____. "북중관계 동향과 향후 전망." 국립외교원 중국연구센터. 『중국정세보고』. 2013~2016년 각 년호.

_____. "북·중 동맹조약 체결에 관한 소고." 『한국정치학회보』. 제42집 제4호, 2008, 315~338쪽.

_____. "북한의 2차 핵실험과 북·중관계." 『국방정책연구』. 제25권 제3호, 2009, 115~147쪽.

_____. "북한의 대중 '의존'과 중국의 대북 영향력 평가." 외교안보연구원. 『주요국제문제분석』. 2010, 75~93쪽.

최수영. "북한의 대중 경제의존 현황과 전망." 『수은북한경제』. 2009년 가을호, 16~36쪽.

최우길. "중국 동북진흥과 창지투(長吉圖)선도구 개발계획: 그 내용과 국제정치적 함의." 『한국동북아논총』. 제57호, 2010, 35~59쪽.

鐸木昌之. "북한·중공의 특별한 관계." 『공산권연구』. 제113호, 1988, 50~61쪽.

하현수 외. "중국의 국영무역제도 운영에 관한 연구." 『관세학회지』. 2007, 303~329쪽.

한기범. "북한 정책결정과정의 조직행태와 관료정치: 경제개혁 확대 및 후퇴를 중심으로(2000~09)." 경남대학교 대학원 정치학 박사학위논문, 2009.

한상준. "중국인민지원군 철군의 원인과 중·북관계." 『아태연구』. 제19권 제2호, 2012, 5~39쪽.

한석희. "중국 시진핑 정부의 출범과 북중관계 전망." 『수은북한경제』. 2013년 여름호, 31~48쪽.

_____. "김정은시대의 북·중관계." 『KDI 북한경제리뷰』. 2012년 9월호, 30~38쪽.

허동일. "중국의 대북한 국경무역 연구." 동국대학교 대학원 석사학위논문, 2017.

형혁규. "김정일 국방위원장 방중의 의미와 시사점." 국회입법조사처. 『이슈와 논
　　점』. 제109호, 2010.

홍익표. "최근 북한의 대외무역 및 경제협력." 『KDI 북한경제리뷰』. 2008년 5월호,
　　21~42쪽.

2. 중국 문헌

1) 단행본

劉金質·楊准生 主編. 『中國對朝鮮和韓國政策 文件汇編』. 北京: 中國社會科學出版社.

劉金質 外. 『中國與朝鮮半島國家關係 文件資料汇編(1991~2006)』. 北京: 世界知识
　　出版社), 上·下篇.

張郁慧. 『中國對外援助研究(1950~2010)』. 北京: 九州出版社, 2012.

2) 논문

徐文吉. "中國與朝鮮韓國關係的回顧與展望." 『서석사회과학논총』. 제2집 2호, 2009,
　　369~383쪽.

沈志華. "毛澤東時代中朝關係的特殊性及其終結." 『SungKyun China Observer』. Vol.
　　18, 2017, 27~39쪽.

杨霄·张清敏. "中国对外经贸关系与外交布局." 『國際政治科學』. 总第21期, 2010.

于美華. "中朝關係究竟怎麼樣." 『世界知識』. 2008年 第4期.

張車明. "關于 中－北朝 貿易與物流協力分析." 『韓中社會科學研究』. 제9권 제2호, 2011.

張清敏·刘兵. "首脑出访与中国外交." 『国际政治研究』. 2008年 第2期.

王俊生. "中朝特殊關係的邏輯: 複雜戰略平衡的産物." 『東北亞論壇』. 2016年 1期, 2015.

楚樹龍. "東北亞戰略形勢與中國." 『現代國際關係』. 2012年 第1期, 2012.

3. 서양 문헌

1) 단행본

Camilleri, Joseph. *Chinese Foreign Policy: The Maoist Era and Its Aftermath.* Seattle: Univ. of Washington Press, 1980.

C4ADS and The Asan Institute for Policy Studies. *In China's Shadow: Exposing North Korea's Overseas Networks.* Seoul: The Asan Institute for Policy Studies, 2016.

Johnson, Alastair Iain & Ross, Robert S. *New Directions in the Study of CHINA'S FOREIGN POLICY.* Stanford: Stanford University Press, 2006.

Kim, Byung-Yeon. *Unveiling the North Korean Economy: Collapse and Transition.* Cambridge: Cambridge University Press, 2017.

Scalapino, Robert A. & Lee, Chong-sik. *Communism in Korea.* California: University of California Press, 1972.

Scobell, Andrew. *China and North Korea: From Comrades-In-Arms to Allies at Arm's Length.* Pennsylvania: U.S. Army War College Strategic Studies Institute, 2004.

Snyder, Scott. *China's Rise and the Two Koreas: Politics, Economics, Security.* Lynne Rienner Publishers, 2009.

Waltz, Kenneth N. *Theory of International Politics.* Addison-Wesley Publishing Company, 1979.

Whiting, Allen S. *China Crosses the Yalu: The Decision to Enter the Korean War.* California: Stanford University Press, 1960.

2) 논문

Armstrong, Charles K. "'Fraternal Socialism': International Reconstruction, 1953-1962." *Cold War History.* Vol. 5, No. 2, May 2005, pp. 161~187.

_____. "The Deconstruction and Reconstruction of North Korea, 1950-1960." *The Asia Pacific Journal*. Vol. 7, March 2009, pp. 1~9.

Chen, Jian. "Limits of the 'Lips and Teeth' Alliance: An Historical Review of Chinese-North Korean Relations." *Asia Program Special Report*. No. 115, September 2003, pp. 4~10.

Chu, Shulong. "China's Perception and Policy about North Korea." *American Foreign Policy Interests*. 2015, pp. 273~278.

Dwivedi, Sangit Sarita. "North Korea-China Relations: An Asymmetric Alliance." *North Korean Review*. Fall 2012, pp. 76~93.

Glaser, Bonnie S. "China's Policy in the Wake of the Second DPRK Nuclear Test." *China Security*. Vol. 5, No. 2, 2009, pp. 1~11.

International Crisis Group. "China and North Korea: Comrades Forever?" *Asia Report*. No. 112, February 2006, pp. 1~37.

Jin, Qiangyi. "The Limited Choices for China-North Korea Economic Cooperation." *SERI Quarterly*, October 2013, pp. 78~83.

Kim, Samuel S. "The Making of China's Korea Policy in the Era of Reform." in David M. Lampton, ed, *The Making of Chinese Foreign and Security Policy in the Era of Reform*. Stanford: Stanford University Press, 2001, pp. 371~408.

_____. "China and North Korea in a Changing World." *Special Report*. No. 115, September 2003, pp. 11~17.

Kastner, Scott L. & Saunders, Phillip C. "Is China a Status Quo or Revisionist State?: Leadership Travel as an Empirical Indicator of Foreign Policy Priorities." *International Studies Quarterly*. Vol. 56, No. 1, March 2012, pp. 163-177.

Lee, Dongjun. "An Uneasy but Durable Brotherhood: Revisiting China's Alliance Strategy and North Korea." *GEMC Journal*. No. 6, March 2012, pp. 120~136.

Liu, Ming. "China and the North Korean Crisis: Facing Test and Transition." *Pacific Affairs*. Vol. 76, No. 3, Fall 2003, pp. 347~373.

Manyin, Mark & Nitikin, Mary Beth D. "Foreign Assistance to North Korea." *CRS Report for Congress*. April 2014, pp. 1~21.

Nanto, Dick K. & Manyin, Mark E. "China-North Korea Relations." *CRS Report for Congress*. December 2010, pp. 1~22.

Reilly, James. "China's Market Influence in North Korea." *Asian Survey*. Vol. 54, No. 5, 2014, pp. 894~917.

_____. "The Curious Case of China's Aid to North Korea." *Asian Survey*. Vol. 54, No. 6, November/December 2014, pp. 1158-1183.

Ren, Xiao. "Toward a Normal State-to-State Relationship? China and the DPRK in Changing Northeast Asia." *North Korean Review*. Fall 2015, pp. 63~78.

Scobell, Andrew & Cozad, Mark. "China's North Korea's Policy: Rethink or Recharge?" *Parameters*. Vol. 44, Issue 1, Spring 2014, pp. 51~63.

Shambaugh, David. "China and the Korean Peninsula: Playing for the Long Term." *The Washigon Quarterly*. Vol. 26, No. 2, March 2003, pp. 43~56.

Shen, Dingli. "North Korea's Strategic Significance to China." *China Security*. Autumn 2006, pp. 19~34.

Shen, Zhihua. "Sino-Soviet Relations and the Origins of the Korean War: Stalin's Strategic Goals in the Far East." *Journal of Cold War Studies*. Vol. 2, No. 2, Spring 2000, pp. 44~68.

_____ & Xia, Yafeng. "China and the Post-War Reconstruction of North Korea, 1953-1961." *NKIDP Working Paper*. No. 4, May 2012, pp. 1~88.

Shimotomai, Nobuo. "Kim Il Sung's Balancing Act Between Moscow and Beijing, 1956-1972." Tsuyoshi Hasegawa ed. *The Cold War in East Asia, 1945-1991*. Stanford: Stanford University Press, 2011, pp. 122~151.

Swaine, Michael D. "China's North Korea Dilemma." *China Leadership Monitor*. No. 30, November 2009, pp. 1~27.

Wang, Tianyi. "Small State, Big Influence: China's North Korea Policy Dilemma." *Georgetown Journal of Asian Affairs*. Fall/Winter 2014, pp. 2~27.

Zhu, Feng. "Shifting Tides: China and North Korea." *China Security*. Autumn 2006, pp. 35~51.

4. 기타 북한자료 등

『경제연구』.

『김일성 저작선집』.

『김일성 전집』.

『김정일 선집』.

『김정일 전집』.

『로동신문』.

『조선중앙년감』.

『환구시보(環球時報)』.

『China Daily』.

IMF.

Stratfor.

Wilson Center Digital Archive Service.

중국해관통계.

中华人民共和国商务部, 『2015年度中国对外直接投资统计公报』.

데일리NK(https://www.dailynk.com) 북한시장동향.

외교통상부 홈페이지(http://www.mofa.go.kr).

한국무역협회(http://stat.kita.net/).

조창상 趙昌相

기획재정부 국장으로 1993년 제37회 행정고시(재경직)로 공직에 입문했고, 기획재정부(전신인 경제기획원, 재정경제원, 재정경제부 포함), 대통령비서실, WCO(세계관세기구), 통계청, 동북아시대위원회 및 북방경제협력위원회 등에서 통상정책(FTA 및 WTO), 한미FTA 추가 협상, 한일FTA 재개 협상, 한중FTA 예비 협상, 한러 경제공동위 및 차관상환 협상, 한인도 CEPA 협상, EDCF 등 공적개발원조(ODA), 남북경협, 동북아 경제협력, 북방 경제협력, 기후변화 및 녹색성장, 관세협력·통관 원활화, 국제통계협력, 다자경제금융기구(IDB·ASEM·UNESCAP·UNCTAD) 협력 등 국제통상, 대외경제협력 등 분야에서 주로 경력을 쌓아 왔다. 녹색기후기금(GCF) 본부 유치 공로로 2013년 홍조근정훈장을 받았다. 2019년 2월 "북중 경제관계 변화의 정치적 요인 연구: 결박−보상 메커니즘을 중심으로"로 경남대학교 정치외교학과에서 정치학박사(국제정치) 학위를 받았고, 2018년에는 국방대학교 안보과정에 교육 파견되어 안보·군사 분야에 대한 식견을 넓혔다. 현실주의 국제정치학에 기반한 국가의 대외전략, 미중관계 등을 연구하고 있으며, 특히 국가 간의 경제관계를 결정짓는 정치관계 및 요인에 관심이 많다.